W0056824

Ihr persönlicher E-Book-Code

fUE8So5icHMX

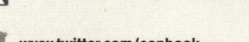

MIX
Papier aus verantwortungsvollen Quellen
FSC® C083411

1. Auflage 2015

© Conbook Medien GmbH, Meerbusch
Alle Rechte vorbehalten.

www.conbook-verlag.de
www.fettnaepfchenfuehrer.de

Einbandgestaltung und Satz: David Janik unter Verwendung von
Material © istockphoto.com/classeclaes
Illustration Karte: Diana Stanciulescu
Druck und Verarbeitung: CPI – Ebner & Spiegel GmbH, Ulm

Die illustrierte Karte von Berlin ist als **hochwertiges Stadtposter** im
Format 50 × 70 cm erhältlich (ISBN 978-3-95889-096-1). Alle Informationen
gibt's bei Ihrem Buchhändler oder unter www.conbook-verlag.de/stadtposter.

Printed in Germany

ISBN 978-3-943176-98-8

FETTNÄPFCHENFÜHRER

Stadt-Edition

BERLIN

Der Reiseknigge für 96 Kieze und ihre Spleens

Rike Wolf

E-Book inside

Dieses Buch enthält einen individuellen Code, mit dem Sie sich einmalig kostenlos eine E-Book-Ausgabe herunterladen können.

1. Gehen Sie auf: www.conbook-verlag.de/ebookinside
2. Lesen Sie sich die dort aufgeführten Hinweise sorgfältig durch.
3. Wählen Sie dann Ihr gewünschtes E-Book-Format und tragen Sie Ihre E-Mail-Adresse und den in dieses Buch eingedruckten Code ein.
4. Wir schicken Ihnen daraufhin einen Downloadlink an die angegebene E-Mail-Adresse, mit dem Sie das E-Book herunterladen und dann auf Ihr Gerät übertragen können. Bei Amazon-Kindle-Nutzern erfolgt der Versand des E-Books direkt auf den Reader.

Wir wünschen Ihnen viel Freude beim Lesen.

Ihr CONBOOK Verlag

Für Barbara, Berliner Taxifahrerin
und Engel inkognito

Danke für Eure Mitarbeit:
Patricia, Amir, Frank, Fred,
Heiko, Igor, Tom und Torsten.

Inhalt

Inhalt

Inhalt

Einleitung

Berlin hat mehr Tourismus als Rom. Berlin hat 60 Milliarden Euro Schulden. Berlins künftiger Flughafen BER soll ein Jahresvolumen von 27 Millionen Reisenden gewuppt kriegen. In Berlin haben Preußenkönige, Nazis und Sozialisten regiert. Berlin ist Hauptstadt. Berlin ist das New York City der BRD. Berlin ist eine Aussichtsplattform, auf der man sieht, wie groß die Welt ist, wie riskant und wie lebendig. Berlin kann schockierend hässlich sein, zeigt alles und beschönigt nichts. In Berlin gehen Menschen zugrunde. In Berlin werden Stars geboren. Berlin ist berauschend, im Schrecklichen wie im Schönen. Berlin macht, dass man alles mit anderen Augen sieht. Berlin hat die größten Probleme. Und die meisten Verliebten.

Für einen Trip in die Hauptstadt gibt es viele gute Gründe. Eine Modern-Art-Ausstellung in der Neuen Nationalgalerie. Shopping auf dem Potsdamer Platz. Bei der Nacht der Wissenschaften oder der Nacht der Museen dabei sein. Oder die Mauer sehen. Und mit eigenen Händen einen Beton berühren, der vom Herrschaftszeichen einer Diktatur des Kalten Krieges zum Symbol der Befreiung wurde. Aus der ganzen Welt kommen Menschen, die an die Freiheit glauben, zur Berliner Mauer.

Berlin ist die Stadt der Künstler und eine Studentenstadt. Wer neu nach Berlin kommt, glaubt, dass *er* jetzt in der Hauptstadt lebe, würde die Welt aus den Angeln heben. Und sei das größte Ereignis des Jahres. Und müsste eigentlich in die Nachrichten kommen. Das hängt mit dem »Hype«, also der großen Erwartung zusammen und ist ganz normal und geht erst mal jedem so. Es geht auch von allein wieder weg. Und das meistens sehr schnell. Nach der ersten Euphorie merkt man, dass Berlin weniger ein Freund, als eher ein knallharter Trainer ist. Der einen völlig auspowert, damit man nicht nur vom Starksein redet, sondern stark *wird*. Wie in *Rocky* oder *Million Dollar Baby*. Viele, die abspringen, umgibt zu Hause noch der geheimnisvolle Nimbus, mal in Berlin gelebt zu haben. Und von denen, die geblieben sind, hört man, dass sie nirgendwo anders mehr leben könnten, weil keine andere Stadt so intensiv ist. Weil es in Berlin immer um alles geht. Jede Minute. Jeden Tag.

Dieses Buch zeigt Berlins Menschen. Wer sie sind, wo sie sind und was im Umgang mit ihnen und der Stadt total schiefgehen kann. Dieses Buch wird nicht verhindern können, dass man einen Neuberliner als Neuberliner erkennt und einen Touri als Touri. Aber es stellt seinen Leserinnen und Lesern die Spleens und Fettnäpfchenfallen Berlins vor, sodass sie nicht mehr reintreten müssen. Das verschafft einen Vorsprung. Und in der schnellsten Stadt Deutschlands ist ein kleiner Vorsprung ganz nützlich.

Zigarettenfabrikant Reemtsma erläutert die Herkunft des Wortes »Fettnäpfchen« so: *In Bauernhäusern des Erzgebirges stand zwischen Tür und Ofen ein Fettnäpfchen, mit dessen Inhalt die nassen Stiefel geschmiert wurden. Wer das Fettnäpfchen umkippte und so Fettflecken auf der Diele verursachte, zog sich den Unwillen der Hausfrau zu.*

Den Leserinnen und Lesern dieses Buches viel Spaß, und dass sie der Liebling ihres Trainers werden mögen.

1   Baustelle Berlin

Die Fahrt nach Berlin verlief ereignislos, bis auf die Tatsache, dass im ADAC-Postbus der Kaffeeautomat mal wieder kaputt war. Als der Busfahrer den Berliner Ring verließ, machte sich unter den Fahrgästen ein Anflug von Verunsicherung bemerkbar. Ich sah aus dem Fenster. Am dunklen Himmel leuchtete eine Neonschrift: »Autohaus Tegel«. Das war falsch. Der Berliner ZOB lag im Westend. Jetzt wurde ich auch nervös. Schließlich meldete sich der Fahrer über Lautsprecher und erklärte, wegen nächtlicher Bauarbeiten auf der Stadtautobahn müssten wir einen Umweg machen. Der Bus hatte über fünfundzwanzig Minuten Verspätung, als wir im ZOB einfuhren. Aber der Funkturm erleuchtete die Nacht, und ich freute mich auf Berlin. Ganz in der Nähe, an der Haltestelle Kaiserdamm, fuhr die U2 Richtung Pankow. Das war die rote U-Bahn-Linie, die am Zoologischen Garten und am Alexanderplatz hielt. Ich würde ins Herz der deutschen Hauptstadt fahren. Beschwingt zog ich los.

Die Fahrt war kurz. Nach ein paar Minuten fuhr die U-Bahn im Bahnhof Bismarckstraße ein und blieb mit offenen Türen auf dem Gleis stehen. Eine Lautsprecherdurchsage hallte über den Bahnsteig. Alles stieg aus. Ohne eine Ahnung, wohin es danach ging, lief ich den anderen zum Ausgang hinterher. Auf der Treppe war ein junges Pärchen neben mir. Sie unaufhörlich vor sich hinschimpfend, er die besonnen-beruhigende Hälfte. Der Aussprache nach waren beide Berliner. Sie wollten zum Alex, genau wie ich, und sagten mir, es müsse irgendwo ein Bus warten, der die Fahrgäste der U-Bahn weiterbefördert. Den Bus müssten wir jetzt finden. Zielstrebig überquerten sie die Straße.

»Wisst ihr, wo wir hin müssen?«, fragte ich.

»Ick hab keen Schimmer«, sagte die junge Frau.

»Und warum fährt die U-Bahn nicht weiter?«, fragte ich.

»Pendelverkehr. Weil sie die Gleise neu machen«, sagte ihr Freund. Beide verschwanden in der Nacht.

Beunruhigt blieb ich stehen. Mein Gefühl sagte mir, dass sie in die falsche Richtung liefen. Ich drehte mich um und nahm die Gegenrichtung. Vor mir lag eine gähnend leere Fußgängerzone. Hier hielt kein Bus. Ohne noch mehr Zeit zu verlieren, rannte ich zum U-Bahnhof zurück. Die anderen Mitfahrer standen an einer zugigen Bushaltestelle. Mir taten die Füße weh, als ich dazukam. Ein paar rauchten. Die meisten schwiegen. Es ging auf elf Uhr zu. Jeder war erschöpft. Alle waren verwirrt. Keiner hatte mehr Lust. und alle wollten nach Hause. Es erinnerte an eine fehlorganisierte Kindergeburtstagsrallye. Aus der Dunkelheit tauchte ein Bus auf, der während der Fahrt schepperte, als würde er jeden Moment zusammenbrechen. Wahrscheinlich holten sie für solche Einsätze noch mal die ganz alten Dinger aus der Garage. Um zu erfahren, ob der Bus bis zum Alex fahren würde, sprach ich eine ältere Dame neben mir an. Sie erklärte mir, der Bus führe bis Wittenbergplatz. Allerdings würden wir nicht auf direktem Weg hinfahren.

»Und warum nicht?«, wollte ich wissen und erfuhr, dass der Kurfürstendamm zur Zeit auf einer Fahrspur wegen Ausbesserung mehrerer Schlaglöcher gesperrt sei.

»Und wohin geht es vom Wittenbergplatz aus weiter?«, fragte ich.

Sie zuckte die Achseln und antwortete: »So weit es eben geht.« Das klang weise.

Dann hielt der Bus. Wieder mussten alle raus. Ich beschloss, nicht auf mein Gefühl zu hören, und lief ohne nachzudenken dem Trupp hinterher.

Vor dem Bahnhof Wittenbergplatz standen zwei Sicherheitsleute der Berliner Verkehrsbetriebe, kauten Anabolika-Kaugummis und glaubten mir nicht. Ich sagte ihnen noch mal, am Bahnhof Bismarckstraße hätte ruhig jemand von der BVG den Leuten den Weg zum Bus zeigen können. Aber es sei niemand dagewesen.

Nichts regte ihre Mienen. Schließlich sagte der eine: »Theoretisch müsste da einer stehen.« Theoretisch? Ich kam mir leicht veralbert vor.

»Sonst könn Se ja zur Säule da gehn«, meldete sich der andere und zeigte auf etwas hinter mir. »Drückn Se uff'm jelm Knopp.« Auf den gelben Knopf drücken? Das Ding war eine Notrufsäule. Nein, lieber nicht.

Von Wittenbergplatz fuhren Züge der grünen Linie U1 und der roten Linie U2. Vom Bahnsteig der Linie U1 fuhr, laut Anzeigetafel, heute Nacht ausnahmsweise die Linie U2 nach Pankow. Also zum Alexanderplatz. Also zum Ziel. Erleichtert stieg ich in den warten-den Zug, plumpste fußlahm mit Reisetasche auf eine Bank und ent-deckte das Pärchen vom U-Bahnhof Bismarckstraße.

»Is dit allet eene Scheiße!«, gähnte sie.

»Na, immerhin sitzen wir im richtigen Zug«, sagte er.

Leider bewies die Einfahrt in den nächsten Bahnhof das Gegen-teil. Die U-Bahn hielt Kurfürstenstraße, wir saßen in der U1, der Linie, die weit draußen in Dahlem endet. Fluchtartig verließen wir das Abteil. Eine knappe halbe Stunde vor Mitternacht fanden wir in den labyrinthartigen Gängen des Bahnhofs eine U-Bahn, die uns zurück zum Wittenbergplatz brachte. Fest entschlossen, keinen Feh-ler mehr zu machen, suchte ich nach den beiden BVGlern mit dem gelben Knopf. Die mochten sich inzwischen ein Beispiel an den Kol-legen von der Bismarckstraße genommen haben, jedenfalls standen sie nur noch theoretisch da, praktisch nicht. Aber zwei dunkelblau Uniformierte fielen mir auf.

»Sind Sie von der BVG?«, fragte ich. Höflich bejahendes Nicken.

»Würden Sie mir bitte den Zug zum Alexanderplatz zeigen?«, fragte ich. Man eskortierte mich zum richtigen Bahnsteig.

»Der Zug Richtung Pankow fährt von diesem Gleis«, sagte der freundliche Herr und seine Kollegin nickte vertrauenerweckend. Tatsächlich kam zwei Minuten später ein Zug der Linie U2. Vor-ne drauf stand »Ruhleben«, was die entgegengesetzte Richtung zu Pankow ist. Mein Gefühl riet dringend davon ab, einzusteigen. Ich beschloss, nicht auf mein Gefühl zu hören. Vor der Einfahrt in den Bahnhof Gleisdreieck ertönt eine Zugdurchsage. Übermüdet wie ich war, verstand ich: »Bitte übernachten Sie beim Aussteigen«, und wurde mit einem Schlag wach. Zwei japanische Berlinbesucher saßen mir gegenüber. Wahrscheinlich hatten sie eine ähnliche Odyssee wie ich hinter sich, denn als die Durchsage begann, schauten sie mich forschend an. Pendelverkehr? Gleisarbeiten? Schlaglöcher? Mussten wir wieder geschlossen raus? Endlich verstand ich, was die Stimme sagte. »Bitte beachten Sie beim Aussteigen die Lücke zwischen Zug und Bahnsteigkante.« Alle blieben sitzen und gleich folgte die englische Übersetzung: »*Please mind the gap between platform and train.*« Die Gesichter der Japaner entspannten sich.

Endlich am Alex angekommen, fühlte ich Heldenstatus. Wegen nichts als dem Erreichen des richtigen Bahnhofs? Musste so eine Art Hauptstadteffekt sein. Die Fahrkartenkontrolleure nahm ich als Empfangskomitee. Wo ich denn eingestiegen sei, fragte der eine, mein Fahrschein sei nur zwei Stunden gültig, die seien aber schon um. Weitere zehn Minuten lang erklärte ich, was hinter mir lag. Man glaubte mir. Das sparte vierzig Euro.

»Ich hoffe, die sind bald fertig mit den Bauarbeiten«, seufzte ich.

Die Kontros, bisher freundlich, sahen mich an, als würden sie gleich die Polizei holen, weil sie eine Verrückte vor sich hatten. »Wat, die und fertich werden?«, fragte der eine heiser. »Vergessen Sie's! Det hört niemals uff, niemals!«

Berlin – endlose Baustelle

Dreißig Minuten länger als planmäßig im Reisebus sitzen zu müssen ist zwar ärgerlich, aber für Berliner Verhältnisse eine vergleichsweise komfortable Verspätung. Wenn am Alexanderplatz wegen Sanierungsarbeiten tagelang der gesamte S-Bahn-Verkehr eingestellt werden muss, ist das eine Meldung, die es sofort auf Seite eins sämtlicher Berliner Tageszeitungen schafft. Vom ersten Morgen der Bauarbeiten an bis zum Abschlusstag grassiert dann in der Stadt ein akutes Nervenfieber. Die Baustellenproblematik der deutschen Hauptstadt ähnelt dem Ärger, den man mit einem alten Auto hat. Immer werden Reparaturen genau dann fällig, wenn man den Wagen am dringendsten braucht. Ganz heil wird er nie, weil stets nur das Nötigste geflickschustert werden kann, die Rechnungen der Werkstatt übersteigen trotzdem längst den Kaufpreis für ein neues Auto, aber wirklich eins zu kaufen, dafür fehlt das Geld. Zu den anfälligsten verkehrstechnischen Altlasten Berlins gehören die maroden Gleisanlagen des Personennahverkehrs, Witterungsschäden und Schlaglöcher im Straßenasphalt der gesamten Stadt und die überlasteten Berliner Brücken und Autobahnen.

Wer länger in der Hauptstadt lebt, lernt das Wort »Schienenersatzverkehr« (SEV) kennen und fürchten. Gemeint ist der ersatzweise Einsatz von Bussen und Regionalzügen, solange bestimmte Streckenabschnitte des Schienennetzes saniert werden. Auch der sogenannte »Pendelverkehr« der U-Bahnen gehört dazu: Bei den vorzugsweise nächtlichen Bauarbeiten in U-Bahn-Tunneln setzt die BVG (Berliner Verkehrsgesellschaft) bis in die frühen Morgenstunden Pendelzüge ein, die nur in einer Richtung auf verkürzten Strecke der Linie hin- und herfahren. Es gehört robuste Gelassenheit dazu, sich spätabends nach einem langen Arbeitstag auf einen unerwarteterweise völlig veränderten Heimweg einzustellen. Das berühmte »dicke Fell« könnte eine Berliner Erfindung sein. Für Berlintouristen stellt sich das häufig als Überforderung dar, zumal die SEV-Haltestellen der Busse manchmal weit von den S-Bahnhöfen entfernt liegen. Kommen die Regionalzüge des Verkehrsverbunds Berlin-Brandenburg (VBB) entlastungshalber zum Einsatz, sind sie oft so überfüllt, dass die Anzahl der Türen für die Zusteigenden nicht reicht. Nicht selten müssen Bahnmitarbeiter eingreifen, um den Andrang der Massen zu ordnen. Was zu weiteren Verspätungen führt. Oft wird empfohlen, Baustellen mit der Berliner Ringbahn zu umfahren. Doch auch die Ringbahn ist schnell überfüllt. Der Forderung des Fahrgastverbandes, endlich Züge mit acht Wagen statt der üblichen sechs einzusetzen, wurde bisher nicht gefolgt. Zum einen, weil die nötige Anzahl an Wagen fehlt. Zum anderen, weil einige Ringbahnhöfe für so lange S-Bahn-Züge zu kurze Bahnsteige haben und die Fahrgäste schlecht mitten auf den Gleisen aussteigen können. Werden Berlins Schienen nach all dem Ärger wenigstens irgendwann ein für allemal repariert sein? Die Prognosen fallen pessimistisch aus. Länger als 15 Jahre halten die Sanierungen meistens nicht.

Also doch lieber BMW statt BVG? Leider ist auch der Zustand von Berlins Straßen wenig ermutigend. Der Verkehr auf stark frequentierten Strecken führt regelmäßig dazu, dass der Asphalt einfach absackt. Eins der bekanntesten Beispiele ist die Potsdamer Straße in Tiergarten, einem der Bezirke in denen ständig Geld für Instandhaltung fehlt. An der Kreuzung Pohlstraße sackte nach Erneuerung der Wasserrohre die ganze Straße ab. Die Instandsetzung des Asphalts auf der gesamten Kreuzung hielt keine sieben Jahre, danach war der Belag wieder hinfällig. Nach Sanierungsarbeiten am Reichpietschufer, zwischen Schöneberger Straße und Köthener Straße, sackte die linke Spur vor der Köthener Brücke ab. Berliner Zeitungen berichteten darüber, wie der Papst bei seinem Berlinbesuch an dieser Stelle mit dem Wagen buchstäblich abhob.

Ein weiteres Dauerproblem sind die witterungsbedingten Straßenschäden und Schlaglöcher. Regen, Schneefälle und Temperaturschwankungen bringen die oft nur provisorisch befestigten Straßen Berlins in einen besorgniserregenden Zustand. Oft müssen Fahrspuren gesperrt werden. Verkehrsstaus und Auffahrunfälle sind die Folge. Allein von Verkehrsteilnehmern werden der Stadt jedes Jahr ein paar hundert Straßenschäden gemeldet. Immer wieder einzelne Schlaglöcher zu stopfen ist unterm Strich teurer als eine großflächige Sanierung. Doch für die ist kein Geld da. Hier sollte das »Schlaglochsonderprogramm« der Stadt mit zweistelligen Millionenbeträgen helfen. Allerdings werden die Mittel Jahr für Jahr gekürzt, meistens mit der Begründung, die milder werdenden Winter würden weniger Schäden am Asphalt anrichten. Die betroffenen

Bezirke sprechen von einem fatalen Irrtum. Vielerorts ist der Straßenbelag so marode, dass langfristig nur noch 30 km/h gefahren werden könnten, wenn nicht bald endlich richtig saniert wird. Auch wenn Berlin im deutschen Städtevergleich die wenigsten Autos hat, ist die Vorstellung von weit über einer Million Personenkraftwagen, die auf einspurigen Fahrbahnen und in kilometerlangen 30er-Zonen dahinkriechen doch ziemlich erschreckend und für immer mehr Berliner ein Grund, aufs Fahrrad umzusatteln.

★ Do it yourself ★

Um das Nacherleben solcher oder ähnlicher Szenerien kommt man in Berlin ohnehin nicht herum. Wer sich dennoch gezielt informieren möchte, findet unter www.meinestadt.de und www.ls.brandenburg.de Hinweise auf aktuelle Verkehrsstörungen im Berliner Liniennetz.

Die alte Brücke zierte ein Schild, dessen Schrift ich einfach nicht entziffern
konnte. Die ersten vier Buchstaben waren klar, die ergaben das Wort »Ober«.
Und dann kam der Buchstabe P.

»Entschuldigung«, fragte hinter mir jemand. »Kannst du mir sagen, wo es zum Badeschiff geht?«

»Tut mir leid«, sagte ich. »Keine Ahnung.« Aber wie schmeichel-
haft, als Neuberlinerin für ortskundig gehalten zu werden. Wo war
ich stehengeblieben? »Ober« und danach ein P. Es konnte allerdings
auch ein F sein. Aber was war das für ein Wort? »Preinr«? Oder
»Freinr«? Das ergab doch überhaupt keinen Sinn.

»Hi! Entschuldigung?«, hörte ich den Nächsten fragen. »Hier soll
irgendwo das Badeschiff sein, weißt du wo?«

Oder »Prchen«, dachte ich. Aber »Prchen« ist kein Wort. Ich drehte
mich um. »Tut mir leid, weiß ich nicht«, sagte ich bedauernd.

Die beiden hatten sogar Luftmatratzen unter dem Arm. Ich sah
ihnen nach. Schien nett zu sein, wo die hinwollten.

Was die Inschrift anging, vertiefte sie zumindest mein Mitgefühl
mit den Analphabeten. Eine Frau schob ihr Fahrrad auf mich zu. Ein
buntes Tuch im Nacken zusammengeknotet, am Lenker eine bunte
Korbtasche.

»Wissen Sie zufällig, wie diese Brücke heißt?«, fragte ich. »Ich
krieg einfach nicht raus, was auf dem Schild steht.«

»Da muss ich leider passen«, sagte sie. »Ich hab auch eine Frage.
Wissen Sie, wo das Badeschiff ist?«

»Nein«, sagte ich. »Aber es kann nicht weit sein.«

Allet fließt

Wie ein schillernder Swimmingpool auf der Spree sieht das Treptower **Badeschiff** aus. Borofskys *Molecule Man* in Sichtweite, sitzt man bei Cocktails und kleinen Snacks zusammen. Wenn alle Besucher gleichzeitig Lust hätten, schwimmen zu gehen, würde der Überlaufschutz des Pools wahrscheinlich kapitulieren. Zum Glück ist gesehen werden wichtiger und Liegestühle reichlich vorhanden. Der ehemalige Betriebshof der Allgemeinen Omnibus AG (ABOAG) ist heute Teil der Treptower Arena, in der auch das Badeschiff im Sommer geöffnet hat. Industrieruinen bilden den Hintergrund des Geländes, das mit wenig Mitteln und dem typischen Berliner Trash-Charme zum Lieblingstreffpunkt für Berlinbesucher und alle, die schon im Urlaub waren, oder sich dies Jahr keinen Urlaub leisten können, geworden ist.

▌ **Badeschiff** • In der Sommersaison (Mai–September) 8–0 Uhr • Tageskarte Erwachsene 5 €, ermäßigt 3 €, Kinder (6–12 Jahre) 2 € • Eichenstraße 4, Treptow • U-Bahn: Schlesisches Tor oder S-Bahn: Treptower Park • www.arena.berlin/portfolio/badeschiff

Durch kreativen Einsatz von Neuberliner Seite hat Treptow sich zum Kiez der szenigsten Uferplätze gemausert. Unter der Brücke mit dem unentzifferbaren Schild, bei der es sich um die Freiarchenbrücke von 1893 handelt, liegt der **Club der Visionäre**. Unter Weidenzweigen sitzen die Gäste bei Musik und Cocktails auf dem schaukelnden Anleger.

▌ **Club der Visionäre** • Mo–Fr ab 14 Uhr, Sa/So ab 12 Uhr • Am Flutgraben 1, Treptow • U-Bahn: Schlesisches Tor oder S-Bahn: Treptower Park • www.clubdervisionaere.com

Ein Stück weiter ragt in Sichtweite der Steg des **Freischwimmers** aufs Wasser. Ein Bootshaus und malerisch eingerichtete Gästeräume lassen einen vergessen, dass man mitten in einer Millionenstadt lebt.

▌ **Freischwimmer** • Mo–Fr ab 12 Uhr, Sa/So ab 10 Uhr, im Winter Di–Fr ab 10 Uhr • Vor dem Schlesischen Tor 2a, Kreuzberg • U-Bahn: Schlesisches Tor oder S-Bahn: Treptower Park • www.freischwimmer-berlin.com

Hinter dem Badeschiff hat die **Hoppetosse** festgemacht. Das alte Dampfschiff hat auf Café-, Bar- und Restaurantbetrieb umgerüstet, strahlt den Charme der Subkultur aus und wird von Berlinern jeden Alters wegen der entspannten Atmosphäre an Bord geliebt.

❚ **MS Hoppetosse** • Mo–Fr 12–5 Uhr, Sa 14–5 Uhr, So 11–5 Uhr • Eichenstraße 4, Treptow • U-Bahn: Schlesisches Tor oder S-Bahn: Treptower Park • www.hoppetosse.berlin

In Mitte erreicht man die schönsten Uferwege der Spree am einfachsten vom S-Bahnhof Hackescher Markt aus. Der **James Simon Park** [Hackescher Markt], benannt nach Berlins Museumsmäzen, liegt gegenüber dem Ufer der Museumsinsel. Gleich nebendran findet sich noch eine stille Oase im Großstadtgetriebe, der **Monbijoupark** [Hackescher Markt] in der Oranienburger Straße. Wer von Berlin einen nostalgisch-romantischen Eindruck mitnehmen will, sollte Zeit für einen Spaziergang an den Uferwegen einplanen.

Aber auch der **Tiergarten** [Potsdamer Platz], Berlins größter Stadtpark, liegt nicht auf dem Trockenen. Ein Spaziergang den Großen Weg entlang führt vielerorts ans Wasser des Landwehrkanals. Auch zur **Luiseninsel** lockt der Charme längst vergangener Zeiten. Zu Ehren Königin Luises, die hier gern spazieren ging, wurde eine künstliche Insel aufgeschüttet und in ein Blumenparadies verwandelt. Man erreicht die Luiseninsel zu Fuß vom Potsdamer Platz aus Ecke Tiergartenstraße und Stauffenbergstraße.

Zu einem perfekten Tag im Tiergarten gehört das **Café am Neuen See**, ganz in der Nähe des Zoos. Im weißen Pavillon ist das ganze Jahr Gastronomiebetrieb, sommers hat draußen der Biergarten geöffnet. Das Café am Neuen See vermietet Tretboote und es kommt gar nicht so selten vor, dass man vom Boot aus echte, lebende Schildkröten beobachten kann.

❚ **Café am Neuen See** • Restaurant täglich ab 9 Uhr, Biergarten Mo–Fr ab 11 Uhr, Sa/So ab 10 Uhr • Lichtensteinallee 2, Tiergarten • S-Bahn: Zoologischer Garten • www.cafeamneuensee.de

Zum Abschluss unbedingt noch den **Schleusenkrug** besuchen, der gleichfalls in der Nähe von Zoo und Bahnhof Zoo liegt. Das Gartencafé mit Blick auf die Schleuse gehört zu den gemütlichsten Ausflugszielen Berlins.

I Schleusenkrug • Täglich 10–23 Uhr • Müller-Breslau-Straße, Charlottenburg • S-Bahn: Zoologischer Garten • www.schleusenkrug.de

So schön er ist, der Landwehrkanal hat's nicht leicht. Im Tiergarten sieht man davon noch nichts, aber in Kreuzberg hat er schwer zu kämpfen. Grund sind die maroden Ufer, die seit Jahren Anwohner und Senat in Atem halten. Es hat sich eine scheinbar unendliche Geschichte der Sanierungsprobleme daraus entwickelt, den Kanal einerseits weiterhin touristisch nutzbar zu erhalten und andererseits dabei gleichzeitig die Uferbefestigung vor dem Absacken zu bewahren.

Als im Frühjahr 2007 unter der **Ankerklause** [Kottbusser Damm, Kreuzberg • U-Bahn: Kottbusser Tor oder Schönleinstraße] die Kanalwand absackte, gingen Taucher dem Problem zum ersten Mal auf den Grund. Sie fanden genug versenkte Sofas, um sämtliche Cafés Kreuzbergs damit auszustatten. Auch an versenkten Fernsehgeräten mangelte es nicht. Und schließlich stellten sie fest, dass die Ufermauer auf einer Länge von annähernd elf Kilometern baufällig war. 1850 eröffnet und bis 1890 erweitert, war die denkmalgeschützte Anlage auf den Ansturm des Dampfschiffverkehrs nicht vorbereitet und drohte, daran buchstäblich zugrunde zu gehen. Der Landwehrkanal, seinerzeit zwei Meter tief gebaut, ist streckenweise um fast einen Meter abgesackt und unterspült die Uferwände.

Aber wurde deshalb der Schiffsverkehr reduziert? Nein. Stattdessen forderte das Wasser- und Schifffahrtamt, 200 Bäume zu fällen, die auf der Ufermauer wuchsen. Begründung: das Gewicht der alten Kastanien sei zu schwer. Natürlich wehrten sich die Anwohner. Bürgerinitiativen wurden gegründet, es gab massiven Protest. Am Ende wurden nur 37 Bäume gefällt, und eine wissenschaftliche Untersuchung ergab, dass das Wurzelwerk der Kastanien die Ufermauer stütze, also zu ihrer Stabilität einen unverzichtbaren Beitrag leiste.

Dafür musste sich die Stadt Berlin der peinlichen Frage stellen, wofür die 300.000 Euro eigentlich ausgegeben worden seien, die ein hochdotiertes Mediationsverfahren zur Rettung der gefährdeten Kanalufer gekostet hatte. Zwar war viel von »Realisierungsvarianten« und »Zielvarianten« zu lesen, doch beschlossen wurde nichts. Wahrscheinlich ging es bei der Interessenvertretung der Wasser- und Schifffahrtsverwaltung zu stur in die falsche Richtung – denn dass weniger Schiffsverkehr die beste Maßnahme für die Ufermauern wäre, tauchte als Option gar nicht erst auf. Auf den Vorwurf, es seien Steuergelder verschwendet worden, reagierte das Amt schweigsam.

Auch wenn im Fall des Landwehrkanals weniger sicherlich mehr wäre, sind Dampferfahrten durch Berlin eine schöne Möglichkeit, die Stadt kennenzulernen. Auf den Fähren der BVG kann man mit normalem Fahrschein vom Ufer ablegen. Ist man in Treptow unterwegs, zum Beispiel zur romantischen Insel der Jugend (»Liebesinsel«), sieht man häufig weiße Dampfer mit einem Symbol, das leicht russisch-nostalgisch anmutet: Stern und Kreis ist ein Berliner Schifffahrtunternehmen mit Sitz in Alt-Treptow, das 1888 gegründet wurde. Im geteilten Berlin fuhren Stern-und-Kreis-Dampfer nur im Westteil der Stadt. Nach der Wiedervereinigung wurde das Unternehmen mit der Weißen Flotte aus Ostberlin vereint. An 80 Anlegestellen – bis zum Wannsee und zum Müggelsee – fährt heute eine Flotte von über dreißig Schiffen mit jährlich mehr als einer Million Fahrgästen an Bord.

⭐ Do it yourself ⭐

Das Angebot der **Schiffstouren** reicht von der Architektur-Tour bis zur Erkundung der City von Berlin und den Berliner Brücken. Vom Wasser aus kann das jährliche Event »Berlin leuchtet« bestaunt werden. Es gibt Sommernachtsfahrten und eine eigene Eastside-Tour.

Mehr Infos zur Eastside-Tour unter http://bwsg-berlin.de/fahrplan/east-side-tour. Karten für die Sommernachtsfahrt (und viele andere Event-dampfertouren) über www.berlin.de bestellbar.

Berlin leuchtet: Berlin leuchtet, wenn die dunkle Jahreszeit beginnt. Lichtkünstler aus der ganzen Welt machen öffentliche Gebäude der Stadt mit aufwendigen Projektionen etwa zwei Wochen lang zu Kunstwerken.

▌ Das Lichterfest von Berlin findet alljährlich im Oktober statt • Kostenlos • www.berlin-leuchtet.com

3   Berlin im Film

Normalerweise erschrickt man nicht,
wenn einer auf ein Haus zeigt und sagt:
»Da wohne ich.« Aber der hat's nicht
bloß *gesagt*. Der hat richtig *gebrüllt*.

Und nicht bloß: »Da wohne ich.« Sondern: »DIT WAR MEIN
FENSTER, EBEN! KRASS, DIE GEHEN AN *MEINEM HAUS*
LANG!!«

Das in einem dunklen Kino. Und direkt hinter mir. Der Film damals hieß *Sommer vorm Balkon* und die Handlung spielte am Helmholtzplatz im Ortsteil Prenzlauer Berg. Als nach der Vorstellung das
Licht anging, drehte ich mich um. »Haben Sie eigentlich eine Ahnung, wie Sie mich erschreckt haben? Sie können doch nicht mitten
im Film einfach losbrüllen«, sagte ich.

Falls Sie glauben, dass er sich bei mir entschuldigte, haben Sie
vergessen, dass wir in Berlin sind. »Gloobste, dit war für mich keen
Schreck?«, wollte der Typ wissen. Richtig empört, fast vorwurfsvoll.
»Dit war *mein* Haus! Ick seh *mein* Haus im Kino und denk, ick krich 'n
Knall!«

Filmhauptstadt Berlin

Berlin ist deutsche Filmhauptstadt. In knapp 2.000 hier ansässigen
Unternehmen der Film- und TV-Branche sind über 12.000 Mitarbeiter beschäftigt. Freie Mitarbeiter und Selbständige mitgerechnet,
verdreifacht sich die Zahl auf 36.000. Die Jahresumsätze der Bran-
che werden auf über drei Milliarden Euro geschätzt. Hinzu kommen

Cateringunternehmen, Castingagenturen, Personenschutzfirmen sowie Hotel- und Gaststättengewerbe, die vom Film- und Fernsehgeschäft ganz oder teilweise leben.

Mehr als 100 Filme werden jedes Jahr in Berlin gedreht, auch wenn es manchmal nur einzelne Szenen sind, die an Berliner Schauplätzen spielen. So sieht der Zuschauer in *Die Bourne Verschwörung* Hauptdarsteller Matt Damon alias Jason Bourne am Bahnhof Zoologischer Garten über die Hardenbergstraße zum Theater des Westens rennen. Schon knapp zwei Minuten später ist er bereits an der Brücke Bahnhof Friedrichstraße und läuft dem Reichtagsufer entgegen. Dazwischen liegt in Wirklichkeit die für einen Sprint herausfordernde Strecke von sechs Kilometern. Schnitt sei Dank, übersteht Bourne den Run ohne Kreislaufkollaps.

Die Verfolgungsjagd am Schluss des Films soll zwar in Moskau spielen, tatsächlich hat man sich aber auch hier für den kostengünstigeren Drehort Berlin entschieden. In Schnittwechseln sind der Kreml und die Karl-Marx-Allee in Berlin-Mitte zu sehen. Die Agenten rasen deutlich sichtbar am Kino International vorbei. In einer Szene, in der Schüsse auf Bourne abgefeuert werden, ist statt Moskau die Leipziger Straße zu sehen, mit einem Firmenschild des – ganz und gar unrussischen und seit 2012 insolventen – Berliner Bekleidungsunternehmens Ebbinghaus.

Tom Tykwers geniale Vision der Vergeblichkeit *Lola rennt* machte erstmals Franka Potente (später Filmpartnerin von Matt Damon in Teil 1 und 2 der Bourne-Trilogie) und zum zigsten Mal Berlins Straßen berühmt. Um für ihren Freund Manni (gespielt von Moritz Bleibtreu) 100.000 D-Mark klarzumachen, rennt Lola quer durch die Hauptstadt. Aber wie im Fall von Jason Bourne springt auch hier der Schnitt von Stadtteil zu Stadtteil durch Mitte, Friedrichshain, Kreuzberg und Wedding und lässt bekannte und unbekannte Straßen nur so durcheinandersausen. An einigen Stationen allerdings können Filmfans mit absoluter Sicherheit auf Lolas Spuren wandeln. Ihr spreeüberquerender Marathon von Kreuzberg nach Friedrichshain führte die rothaarige Schöne an eine Etappe, die man gut wiedererkennt: die **Oberbaumbrücke**, gelegen zwischen Stralauer Allee und Oberbaumstraße [U-Bahn: Schlesisches Tor oder S-Bahn: Warschauer Straße].

In einer der besten Szenen des Films trägt Lola 100.000 D-Mark in einer Mülltüte an schwerbewaffneten Spezialeinheiten der Polizei vor das Portal der Deutschen Transfer Bank, in der ihr Vater Direktor ist. Von den Scharfschützen, die sich keinen Bankräuber wie Lola vorstellen können, wird sie dringend gebeten, schleunigst aus der Schusslinie zu gehen und das Weite zu suchen. Mit ihrer zasterschweren Mülltüte in der Hand natürlich. Im Haus der fiktiven Deutschen Transfer Bank, das bis 1945 Hauptgebäude der Dresdner Bank war, vermietet heute das Fünfsternehaus **Hotel de Rome** Zimmer und Suiten der absoluten Luxusklasse [Behrenstraße 37, Mitte • U-Bahn: Französische Straße. Die luxuriöse Dachterrasse ist von 12–22 Uhr geöffnet]. Gut zehn Jahre nach Lola interpretierte Tom Tykwer für seinen Thriller *The International* das Sony Center am Potsdamer Platz als Brüsseler Bankgebäude um.

Nicht weit vom Hotel de Rome entfernt, inszenierte Regisseur Dani Levy am letzten Drehtag von *Mein Führer* eine Massenszene. Hunderte von Komparsen traten mitten in Berlin auf abgesperrtem Gelände zwischen dem **Alten Museum** und dem **Lustgarten** auf [Am Lustgarten, Mitte • S-Bahn: Hackescher Markt]. Von der Museumsinsel zum Berliner Dom blickend, konnte man an diesem Tag irritierenderweise wieder Hakenkreuzfahnen in Berlin hängen sehen.

Auch Hollywood-Celebrity Tom Cruise drehte in Berlin. Hitlers Attentäter Graf von Stauffenberg mimend, soll Cruise mit *Operation Walküre* den Versuch unternommen haben, als einer, der auf der richtigen Seite steht, Sympathien für die ihm nahestehende Scientology-Sekte zu gewinnen. Regisseur Bryan Singer drehte Szenen des Films im **Detlev-Rohwedder-Haus** [Wilhelmstraße 97, Mitte • Bus: Leipziger Straße/Wilhelmstraße] dem heutigen Bundesministerium der Finanzen, das 1935 als Reichsluftfahrtministerium erbaut worden ist.

Wer sich anschauen möchte, wo *Goodbye Lenin* gedreht wurde, kann in der **Berolinastraße** [U-Bahn: Schillingstraße], in der Nähe der Karl-Marx-Allee, vielleicht noch die Atmosphäre heruntergekommener

Altbauten erahnen, in der Wolfgang Becker 2003 mit Daniel Brühl die Geschichte eines jungen Mannes drehte, dessen Mutter aus dem Koma erwacht und aus Rücksicht auf ihre fragile Gesundheit von der Wahrheit verschont werden muss, dass es die DDR nicht mehr gibt.

Auch Dani Levys Berlin-Komödie *Alles auf Zucker,* deren rasantes Billy-Wilder-Tempo sich dem glänzenden Drehbuch und einem überragenden Henry Hübchen verdankt, wurde in der **Karl-Marx-Allee** [U-Bahn: Strausberger Platz] gedreht. Schauspielerin Anja Franke, im Film die Tochter von Billardgauner Zucker, springt als ehemalige Hochleistungssportlerin der DDR über Straßenbänke hinweg, um den davonrennenden Vater ihrer Tochter einzuholen, der inzwischen strenggläubiger Jude geworden ist.

Als der Bestseller *Herr Lehmann* vom Sänger der Band Element of Crime, Sven Regener, verfilmt wurde, wählte Regisseur Leander Haußmann für den Tresen, an dem Lehmann sein Frustbier trinkt, die Eckkneipe **Zum Elefanten** [Oranienstraße 12, Kreuzberg • U-Bahn: Kottbusser Tor oder Bus: Heinrichplatz]. Der »Elefant«, seit 1977 Urgestein der »O-straße«, hat bis morgens um zwei geöffnet und war auch schon Drehort für die Kreuzberger Anwaltsserie *Liebling Kreuzberg* mit Manfred Krug.

Jackie Chan stand für den Slapstick-Kung-Fu-Streifen *In 80 Tagen um die Welt* ebenfalls in Berlin vor der Kamera. Das international besetzte Remake von Jules Vernes Science-Fiction-Roman *Reise um die Erde in achtzig Tagen* spielt unter anderem am **Gendarmenmarkt**. Den man auf den ersten Blick nicht ganz leicht erkennt, denn er soll im Film so aussehen wie im neunzehnten Jahrhundert.

Am besten gelingt der Zeitsprung zurück in die Filmgeschichte Berlins im **Filmmuseum** [Potsdamer Straße 2, Tiergarten • Di–So 10–18 Uhr, Do 10–20 Uhr]. Die Deutsche Kinemathek bezog die Räumlichkeiten im Jahr 2000. Das Museum ist eine Pilgerstätte für Cineasten. In ständiger Ausstellung werden Filmplakate, Fotos, Filmkostüme, Architekturskizzen und Requisiten präsentiert und Marlene-Dietrich-Fans regelmäßig von kleptomanischen Anwandlungen erfasst. Sonderausstellungen begleiten alljährlich die Retrospektive der Berlinale.

Marlene Dietrich, Greta Garbo, Zarah Leander, Hertha Feiler, Marianne Hoppe und Elisabeth Flickenschildt gehörten wie Hans Albers, Curd Jürgens, Emil Jannings, Hans Moser, Willy Fritsch und Curt Goetz zum Olymp mondän-glamouröser Starlegenden der UFA. Die einstige Universum Film AG wurde 1917 in Berlin mit der Absicht gegründet, die Möglichkeiten des Films zur psychologischen Kriegführung zu nutzen. Absicht des deutschen Generalstabs und insbesondere von General Ludendorff war der Aufbau eines staatlich kontrollierten Filmkonzerns als Lieferant von Propagandafilmen, die Deutschlands Ansehen im Ausland stärken sollten. Die Deutsche Bank, Gründungsmitglied der UFA, fand die Geschäfte, die man mit Filmen machen konnte, jedoch sehr viel reizvoller als seine Einsatzmöglichkeiten in Militär und Propaganda. Bald darauf wurden die ersten Unterhaltungsfilme gedreht, seit 1922 in den Ateliers in Babelsberg. Mit Filmen wie *Dr. Mabuse* (1922) und Stars wie Emil Jannings und Pola Negri erlebte die Ufa ihren schwindelerregenden Aufstieg zum erstrangigen Konkurrenten der Traumfabrik Hollywood.

Die erhalten gebliebene **UFA-Fabrik** in der Kreuzberger Viktoriastraße 10–18 war Drehort weltberühmter UFA-Filme wie *Metropolis* und *Das Kabinett des Dr. Caligari*. Seit 1979 befindet sich auf dem besucheroffenen Areal ein Kulturzentrum.

Nach dem Krieg fiel im geteilten Deutschland der Eiserne Kinovorhang zwischen Ost und West. Potsdam und die Babelsberger Filmstudios der UFA fielen in die Sowjetische Besatzungszone (SBZ). Im Oktober 1945 wurden sämtliche zum Gebiet der SBZ gehörenden Vermögenswerte der Filmproduktion von den Sowjets beschlagnahmt. Im **Hotel Adlon** beratschlagten Kulturfunktionäre, Filmleute und Schriftsteller über den Aufbau einer Filmbranche in der sowjetisch besetzten Zone. 1946 wurde die DEFA gegründet. Wiederum, um die Möglichkeiten des Films für Propagandazwecke zu nutzen. Allerdings nicht wie in den früheren Plänen der Ufa, um Deutschlands Ansehen im Ausland aufzupolieren. Sondern um die Bevölkerung der SBZ und späteren DDR auf den ideologischen Kurs eines Arbeiter- und Bauernstaates zu bringen.

Der erste deutsche Spielfilm der Nachkriegsgeschichte, *Die Mörder sind unter uns,* war ein DEFA-Film und wurde 1946 mit Hildegard Knef in der Hauptrolle in den Trümmern des zerbombten Berlin gedreht. Der Kultfilm *Spur der Steine* mit Manfred Krug als Hannes Balla lief nur drei Tage lang, bevor er wegen »antisozialistischer Tendenzen« verboten wurde. Erst im Oktober 1989 durfte der Film wieder in der DDR aufgeführt werden. Berühmt wurde auch die DEFA-Produktion *Die Legende von Paul und Paula* mit Winfried Glatzeder und Angelica Domröse aus dem Jahr 1973.

4   Berlin international

Am Hackeschen Markt verließ mich wieder einmal mein Orientierungssinn. Irgendwo ganz in der Nähe musste der Monbijoupark sein, den ich mir ansehen wollte. Bloß wo? Um mich herum pulste das Leben, also fragte ich jemanden.

»Entschuldigung, können Sie mir vielleicht sagen ... «, fing ich an.

Ein nettes Ehepaar, das Bedauern der beiden war echt und herzlich: »*Sorry, we don't speak german.*«

Amerikaner? Ich erwiderte ihr weltoffenes Lächeln: »Ok! Macht nichts!«

Als nächstes fragte ich einen, der für mich auf jeden Fall nach Berliner aussah: Turnschuhe, auffallendes Brillengestell, Kuriertasche, Smartphone.

»Kurze Frage, kannst du mir bitte sagen, wie ich zum Monbijou...«

»*Lo siento*«, er zuckte die Achseln.

Kein Problem.

Und die Dame mit der weißen Lederjacke und dem gutgelaunten Lächeln?

»Wissen Sie vielleicht, wo der Monbijoupark ist?«, fragte ich.

»*Speak english?*«, fragte sie zurück.

»Ähm ... ja. *Do you know,* äh, wo *the Monbijoupark* ist?«

Ihr Versuch, den Namen des Parks richtig nachzusprechen, klang wie »Muppet Show«.

»*What is that?*«, fragte sie. »*A new coffeebar?*«

Das machte wenig Hoffnung. »Äh, nein. *Thanks. It's a Park*«, sagte ich.

Zum Abschied gab sie mir einen guten Rat: »*Honey, if you don't speak English, you should not come to Berlin.*«

Es gibt nichts, was man in Berlin nicht lernen könnte – außer der deutschen Sprache (Mark Twain)

Jedes Jahr wächst die Einwohnerzahl von Berlin um 40.000 neue Bewohner. Menschen aus über 180 Nationen leben und arbeiten hier. Architekten, Dirigenten, Anwältinnen, Theaterleute, Studenten, Taxifahrerinnen, Kellner, Künstlerinnen und zunehmend ungelernte Arbeiter aus Südosteuropa. Die Jüngeren wollen im internationalen Berlin die Welt erobern und das Leben genießen. Wer etabliert ist, schätzt die Chancen lukrativer Geschäftsabschlüsse in der ständig wachsenden Stadt. Für Tausende ist Berlin die letzte Hoffnung, aus der Armut herauszukommen. Alle kommen mit hoher Motivation und großen Erwartungen. Allein im Bezirk Neukölln sind 147 der 180 Nationen vertreten. Gut 900.000 Menschen mit Migrationshintergrund leben in Berlin.

In der Hoffnung auf bessere Arbeitsaussichten als in ihrem eigenen Land, kommen Neuberliner aus Bulgarien und Rumänien, aber längst auch aus Spanien und Italien, wo die Arbeitslosigkeit ebenfalls immer schlimmer wird.

Die Achse Berlin-New York City bleibt lebendig wie eh und je. Über 20.500 Amerikaner leben in Berlin und für viele von ihnen ist es mit seinem wilden, lockeren Leben längst das neue New York. Seit der Jahrtausendwende hat sich ihre Zahl mehr als verdoppelt. Immer mehr beschließen, als Neuberliner dauerhaft zu bleiben. Trotz aller Hektik in Berlin kommt ihnen das Leben im »Brooklyn an der Spree« leichter und weniger stressig vor als in New York. Das hängt mit günstigeren Lebenshaltungskosten und den wesentlich günstigeren Mieten zusammen. Viele Berliner klagen über ständig steigende Mietpreise, aber im internationalen Vergleich ist ihre Stadt eben immer noch eine der erschwinglicheren.

Aus Großbritannien sind weit über 14.000 Menschen an die Spree gezogen. Kein Zufall, dass man in Mitte in jedem Café und überall auf der Straße so viel Englisch hört. Von den Exil-New-Yorkern sind viele Künstler, DJs, Musiker und Fotografen. Sie schwärmen von der Energie und der magischen Anziehungskraft der Stadt. Zu den profaneren Argumenten gehört, dass man auf der Straße Bier trinken und Joints rauchen kann und es leicht ist, Gras zu kaufen.

Schon viele Jahre lang sind die Polen die größte Zuwanderungsgruppe in Berlin. Beim EU-Beitritt im Jahr 2004 nahmen viele junge Leute es ernst, als die Politiker sagten: »Wir gehören zu Europa«, und kamen nach Berlin. Auf den ersten Blick scheinen die Polen gut integriert zu sein, weil sie nicht anders als der Durchschnittsdeutsche aussehen. Doch obwohl viele hervorragend Deutsch sprechen, erleben sie im Berufsleben noch immer keine Chancengleichheit. Polnische Akademikerinnen, die Putzen gehen, gehören leider genauso zum Berliner Alltag wie polnische Ingenieure, die auf dem Bau malochen.

Seit die EU 2014 entsprechende gesetzliche Beschränkungen fallen ließ, kommen ungelernte Arbeiter aus Bulgarien und Rumänien in die BRD. Die von Brüssel und Berlin diktierten Spar- und Privatisierungsprogramme haben das soziale Elend in diesen ärmsten Ländern Europas dramatisch verschlimmert. In Deutschland ist die Sorge groß, die Armutsflüchtlinge könnten den Arbeitsmarkt überrennen und Sozialleistungen fordern. Berechtigt sind diese Befürchtungen nicht, denn die EU-Einwanderer kommen nach Deutschland, um zu arbeiten.

Selten melden die Meinungsmedien, dass Rumänien und Bulgarien unter anderem von deutschen Baufirmen systematisch als Niedriglohnländer ausgebeutet werden. Billigarbeitskräfte aus Südosteuropa sind also keineswegs eine Konkurrenz für deutsche Arbeitskräfte, denn etliche Großunternehmen der BRD sind längst nicht mehr bereit, tarifliche Löhne zu zahlen. Ihnen ermöglicht die EU, über das vorhandene Angebot an deutschen Arbeitskräften hinwegzugehen und stattdessen Billiglöhne an Armutsflüchtlinge zu zahlen, die von Subunternehmen vermittelt werden. Häufig zwingen diese Firmen ihre Beschäftigten zu regelrechter Sklaverei. Ein Subunternehmer ließ Arbeiter für nur 1.400 Euro Lohn bis zu 270 Stunden arbeiten. Von diesem Lohn zog er für Unterkunft und angeblich verschlissenes Werkzeug so viel ab, dass fast nichts mehr übrig blieb. Andern Arbeitern blieben am Ende 1,09 Euro pro Stunde. Auch bei der Unterbringung herrschen katastrophale Zustände. Die Arbeiter müssen mitunter in leeren Fabrikhallen auf dem Boden schlafen, oft ohne Matratzen. Es geschieht nicht selten, dass sich fünfzig Arbeiter eine Toilette teilen müssen.

Michael Knogler vom Institut für Ost- und Südeuropaforschung hält Befürchtungen wegen der sozialen Gefahr durch neue Einwanderer für »völlig verfehlt«. Viele wissenschaftliche Experten weisen seit Jahren auf die Haltlosigkeit der Angst vor Einwanderern aus Südosteuropa hin. Das Rheinisch-Westfälische Institut für Wirtschaftsforschung (RWI) etwa hat einer Berichterstattung über die Armutseinwanderung den Titel »Unstatistik des Monats« verliehen: Im Jahr 2011 lag der Zuwanderungssaldo wegen derjenigen, die zurück nach Bulgarien und Rumänien gegangen waren, bei einem Anteil von lediglich 0,086 Prozent der Bevölkerung in Deutschland.

Doch die Medien scheint wissenschaftlich begründete Argumentation wenig zu kümmern. »Droht Deutschland eine Roma-Welle?«, titelte Bild. Die Frankfurter Allgemeine Zeitung warnte vor der Armutseinwanderung, die eine »Gefahr für den sozialen Frieden« sei. Wem nützt diese öffentliche Meinung? Man muss sich fragen, wer ein Interesse daran hat, über die Medien systematisch Angst und Ausländerhass zu verbreiten. Die Antwort liegt nahe: Beschäftigte und Beschäftigungslose in der BRD, die Armutsflüchtlingen die Schuld an Arbeitslosigkeit und Armut in Deutschland geben, kommen so nicht auf die Idee, gegen die eigentlich Verantwortlichen, die Elite der Großkonzerne und Politiker, zu protestieren.

Als EU-Länder gewähren auch Bulgarien und Rumänien ihren Bürgern Arbeitslosengeld und Sozialhilfe. Doch in beiden Ländern wird das Arbeitslosengeld nur maximal zwölf Monate gezahlt. Und es ist deutlich weniger als in Deutschland, denn die Löhne sind viel niedriger. Ein rumänischer Facharbeiter mit vorherigem Bruttoverdienst von 400 Euro und fünfjähriger Beitragszahlung erhält neun Monate lang rund 105 Euro Arbeitslosengeld. In Bulgarien erhalten arbeitslose Facharbeiter mit vorherigem Nettoverdienst von 250 Euro und fünfjähriger Beitragszahlung acht Monate lang rund 150 Euro Arbeitslosengeld. Einheitliche Sozialhilfe wie in der BRD gibt es in Rumänien und Bulgarien nicht. Familien mit drei Kindern können in beiden Ländern etwa 150 Euro Sozialhilfe monatlich erhalten. Das ist fast nichts, obendrein sind die Lebensmittelpreise in Rumänien und Bulgarien praktisch genauso hoch wie in der BRD. Auch der Benzinpreis liegt nur leicht unter deutschem Niveau.

Im bulgarischen Ghetto Stoliponowo leben die Bewohner ohne Strom und Wasser. 50.000 von ihnen sind Roma. Diese Menschen sind EU-Mitglieder und so arm, dass sie in Bretterhütten leben müssen und ihre Kinder selbst im Winter ohne Schuhe herumlaufen. Programme zur Armutsbekämpfung werden nicht durchgeführt, weil der Internationale Währungsfond (IWF) verlangt, öffentliche Ausgaben drastisch zu kürzen.

In Berlin-Neukölln leben mittlerweile 10.000 der insgesamt rund 300.000 Einwohner aus Bulgarien und Rumänien. 800 Kinder dieser Einwanderer sind in den vergangenen Jahren eingeschult worden. Vize-Bürgermeisterin Franziska Giffey, die auch Stadträtin für Bildung, Schule und Kultur in Neukölln ist, hat Willkommensklassen eingerichtet, in denen die Kinder rund ein Jahr lang verstärkt Deutsch lernen, ehe sie in die Regelklassen integriert werden. Die Lehrer staunen, wie sehr die Kinder lernen wollen und sich anstrengen. Ihre Eltern stehen als Neuankömmlinge auf der sozialen Leiter ganz unten: Sie zahlen Wuchermieten für Zimmer. Oft wird pro Schlafplatz abgerechnet, nicht selten 200 Euro monatlich. In Berlin machen die Roma Schmutzjobs. Viele betteln für Organisationen, die ihnen nicht mehr als die Hälfte des erbettelten Geldes lassen. Andere gehen am Großen Stern den Autofahrern auf die Nerven, wenn sie ungefragt die Scheiben putzen. Und viele musizieren in U- und S-Bahnen.

Eine Schöpfungsgeschichte der Roma

Nach der Erschaffung der Welt fühlte Gott sich müde. Er wusste, dass alle Menschen eines Tages sterben würden. Aber wohin mit ihren Seelen, sodass sie für die Ewigkeit getröstet würden? Ein kleines Mädchen begann zu singen. Da weinte Gott. Er fragte sie: »Wo kommst du her, kleines Mädchen?« Sie antwortete: »Allmächtiger Gott, ich gehöre zu einem eingewanderten Volk. Wir haben keinen Platz auf der Erde, wo wir bleiben können. Außer in unseren Liedern. Kannst du uns ein Lied als Heimatland geben?« Und Gott beschloss, dass es so sein solle. Die Seelen sollen im Himmel wie Sterne verstreut sein. Die Lieder sollen auf der Erde bleiben und die Menschen den Tod vergessen lassen.
(Roma-Hörbuch, Silberfuchsverlag)

★ Do it yourself ★

Das ganze Jahr über gibt es in Berlin internationale Volksfeste und kulturelles Programm:

Im Januar/Februar findet in Berlin der **Black History Month** statt.
▌Werkstatt der Kulturen, Wissmannstraße 32, Neukölln • U Bahn: Hermannplatz • www.werkstatt-der-kulturen.de/de/festivals/black_history_month

Ebenfalls zur Winterzeit steigt im Januar/Februar das rauschende **Chinesische Neujahrsfest.**
▌Festort ist der Potsdamer Platz, Mitte • S- und U-Bahn: Potsdamer Platz • www.c-k-b.eu

Im Juli putscht das **Deutsch-Französische Volksfest** Berlin mit Charme und Chansons auf, der Nationalfeiertag der Franzosen am 14. Juli ist alljährlich der Höhepunkt.

▌Festplatz Kurt-Schumacher-Damm, Reinickendorf • Bus: M21 und 128 bis Aristide-Briand-Brücke • www.volksfest-berlin.de

Etwa zur gleichen Zeit, von Juli bis August, feiern die Berliner seit 1961 jeden Sommer das **Deutsch-Amerikanische Volksfest.**
▌Heidestraße 30, Tiergarten • S-Bahn: Hauptbahnhof •
www.deutsch-amerikanisches-volksfest.de

5   Berlin relaxt

Im Café Schwarzsauer in der Kastanienallee hatte ich Kaffee getrunken und Zeitung gelesen. Als ich am Prater vorbei zur Straßenbahnhaltestelle stapfte, fragte mich ein etwas mitgenommen aussehender Mann: »Hassu Neuro für Sterni?«

Neuro? Ich sah ihm ins Gesicht. Bleich war er. War »Neuro« Berliner Slang für »Neuroleptikum«? Seine Hände zitterten. Ich sorgte mich. Eine Hirnkrankheit?

Dann blieb er vor mir stehen und die Frage kam noch mal: »Du, hassma Neuro für Sterni?«

Sterni, überlegte ich, das war wohl er selbst. Wenn der öfter so auf die Glocke bekam, dass er Sterne vor den Augen tanzen sah – und den Eindruck hatte ich–, dann hatten die Kumpels ihm irgendwann den Spitznamen Sterni gegeben. Typisch Berlin, immer druff. Beruhigt war ich deshalb nicht. Neuroleptika wurden auch zur Behandlung von Psychosen verschrieben. Vielleicht bekam der Arme gleich einen Schub, das konnte fürchterlich werden. Was sollte ich nur tun?

»Sterni, wenn Sie dringend ein Neuroleptikum brauchen, helfe ich Ihnen. Soll ich Sie zur Apotheke begleiten?«, fragte ich.

Mit glasigem Blick glotzte er mich an.

»Haben Sie ein Rezept von Ihrem Arzt, Sterni?«, erkundigte ich mich.

»Wismar vaäppeln?«

»Ich dachte, Sie brauchen Geld für die Apotheke?«, fragte ich unsicher.

»Hä, neee! Für'n Spääätii! Und hassu ne Taageskaarte, die du nichmehr brauchs?«

Wer sind Sterni und Späti?

In Berlin sind Parktrinker keine Tippelbrüder. Das »Bier to go« ist bei Studenten, Hipstern und selbst Rechtsanwälten, die ihren Feierabend genießen, beliebt. Open air und walkingweise ein Bierchen zu gluckern, gehört in der Stadt zum entspannten Lifestyle. Man hört in letzter Zeit sogar öfter von Neuberlinern aus New York City, dass nicht zuletzt das »Bier auf die Hand« ausschlaggebend für sie gewesen sei, nach Berlin zu kommen. Ein kaltes Bier zu kaufen, für das ein Flaschenöffner neben der Kasse bereit liegt, sodass man es gleich aufmachen und trinken kann, das ist mehr, als selbst das Land der unbegrenzten Möglichkeiten zu bieten hat. Als Anwalt würde man sich allerdings eher gegen Sterni und stattdessen für ein Beck's entscheiden. Sterni, wie Sternburg Export von seinen zahlreichen Anhängern genannt wird, überzeugt vor allem wegen des niedrigen Preissegments.

Mit Späti bezeichnen die Berliner den Spätverkauf in ihrer Straße. Ganz wichtig, der Späti ist mehr als ein Kiosk. Viel mehr. Auf der rein praktischen Ebene wegen des Warenangebots, das, je nach Einstellung des Betreibers, Frischmilch, Brot, Butter, Aufschnitt, Konserven, Klopapier, Tampons, Deo, Duschgel und Futter für Katze und Hund umfasst. In vielen Spätis werden vom Betreiber hausgemachte Bouletten oder frisch zubereitete türkische Snacks angeboten. Trotzdem ist der Späti kein Imbiss. Mit der Notaufnahme im Krankenhaus wurden Spätis schon verglichen, weil man reinkommt und zu jeder Uhrzeit sofort versorgt wird.

Der Späti ist praktischer Widerstand gegen die Anonymität der Großstadt und sein Inhaber vergleichbar mit einem Barkeeper ohne Cocktailshaker. Erstens hört er zu, erteilt zweitens Ratschläge (ob gefragt oder ungefragt ist völlig egal, wir sind schließlich in Berlin) und drittens kennt er deine Straße und weiß über jeden Ärger von allen Anwohnern am genauesten Bescheid. Denn ein großer Teil der Späti-Betreiber wohnt über dem eigenen Laden und kennt den Kiez seit eh und je. Im Späti liegt fast immer eine Petition gehen abgehobene Bauvorhaben zum Unterschreiben aus. Und man sollte unterschreiben, denn Späti und Investor, das sind zwei politische Programme, die sich gegenseitig ausschließen. Ein Späti-Betreiber, ob Türke, Asiatin oder Urberliner, ob mit »Wortschatz 300« oder bühnenreifer Rede, weiß jeden Kummer zu trösten. Was die Stammkundschaft liebt und wertschätzt. Der Späti gibt Sicherheit. Und wo kannst du deinen Hausschlüssel hinterlegen, wenn du kurz weg musst, damit dein Besuch schon mal seine Rucksäcke hochtragen kann? In deinem Späti.

Relaxen geht im Sommer naturgemäß einfacher als zur Winterzeit. Die Berliner Band Seeed sang über die saisonalen Extreme Stadt: »Im Sommer tust du gut und im Winter tut's weh.« Grundsätzlich richtig. Keiner würde sich einfallen lassen, bei Minustemperaturen im Müggelsee zu baden. Auch die Idee, sich im Januar sonnengeölt aufs Tempelhofer Feld zu legen, ergibt nur bei entsprechend sattem Wetteinsatz einen Sinn. Baden, sonnen, was noch? Über eine Sache, die im Sommer so richtig relaxt, stellten sich die Berliner irgendwann die Frage, ob man dazu den Sommer überhaupt braucht: nämlich zum Grillen.

Getreu dem Motto: »Sonne ist nicht das einzige, was wärmt«, läuten Berlins Wintergriller in der ersten Kalenderwoche mit dampfenden Glühweinbechern zwischen pelzgefütterten Fäustlingen die Spareribsaison ein. »Je geht nicht – desto cool«, denkt man, wenn euphorische Wintergriller in Outdoorjacken und Pudelmützen bunte Gartenstuhlpolster auf die schneeverwehten Stufen ihres Miethauses legen und »open ice-air« mit Papptellern und BBQ-Saucen herumhantieren. Die Kälte wird weggelacht, die Knie in Decken gewickelt und gewartet, dass auf dem Rost die Chose endlich in Gang kommt. Und plötzlich ist es soweit. Der Grill duftet einladend, es fängt wieder an zu schneien und im schräg fallenden Schneegestöber werden heiße Steaks und Bratwürstchen rumgereicht.

Auch beim Schlauchbootfahren auf dem Landwehrkanal handelt es sich um eine Fünf-Sterne-Entspannungserfahrung, die die Stadt den Neuberlinern verdankt. Die Anschaffung eines geeigneten Bootes, etwa aus der Sportabteilung von Karstadt am Herrmannplatz, ist einfach und kostet wenig. Boot, Pumpe und Ruder werden als Set verkauft. Niedrigpreisige Exemplare tun es voll und ganz. Eine Genehmigung, mit Gummiboot auf Tour zu gehen, könnte es theoretisch geben, auch wenn in Kreuzberg und Neukölln niemand je von einem Schlauchbootschein gehört hat. Ihn vorzuzeigen, wurde jedenfalls noch nie verlangt. Der richtige Gebrauch der Paddel ist anfangs schwierig, zumal vor Publikum. Hämische Rufe sollte man gelassen überhören, denn spätestens nach einer halben Stunde erweist sich Schlauchbootfahren als anfängerfreundlicher Learning-by-Doing-Sport.

Aufs Wasser gelangt man über die zahlreichen Treppen in den Ufermauern von Neukölln bis Kreuzberg, und schon kann's losgehen. Wenn Touristendampfer in Sicht kommen, rechtzeitig beiseite rudern und hinterher den Wellenschlag genießen. Wie alle Trendsportarten, ändert sich auch Gummibootfahren von Saison zu Saison. Aber schon seit Jahren gehört es zum Standard des *urban relaxings,* sein Boot an einer Boje zu vertäuen, um sich in Ruhe sonnen zu können. Neuerdings geht der Trend zum Zweitboot, gern einem kleinen Kinderschlauchboot, das irgendjemand noch »von früher« hat. Darin werden Getränke und Proviant hinter dem Mutterschiff her gezogen. Unter den Brücken hindurch, von Schwänen eskortiert und von den Blicken mal winkender, mal neidischer Ufersonner begleitet, lassen sich im Schlauchboot geniale Nachmittage und Abende verbringen.

★ Do it yourself ★

Kult-Spätis sind **Jashims Tante Emma Laden** im Wedding [Otawistraße 23, Wedding] oder **Späti International** [Weserstraße 190, Neukölln]. Im **Graefe-Spätverkauf** [Graefestraße 10, Kreuzberg] siegte Gewitztheit über Gewalt: mit kochendem Wasser aus dem Wasserkocher blanchierte die Besitzerin einem Einbrecher die Hände und schützte ihre Kasse so vor unerwünschtem Zugriff. Viele weitere Spätis unter www.spätifinder.de.

Tipps zum Relaxen

Insel der Jugend im Treptower Park: Über die langgestreckte Abteibrücke gelangt man auf die ehemalige Abteiinsel, die in der DDR »Insel der Jugend« getauft wurde. Sie wird in Berlin »Liebesinsel« genannt, obwohl es sich bei der historischen Liebesinsel um den unbegehbaren kleinen Dschungelfleck in der Rummelsburger Bucht handelt. Auf der Insel der Jugend lädt ein Restaurantcafé zum Erholen ein.

❙ S-Bahn: Treptower Park

Liebesinsel im Treptower Park: »Nach der Liebesinsel lasst uns geh'n, das ist der Zauber von Berlin«, dichtete Paul Lincke im Jahr 1903 für seinen Schlager über die kleine Insel in der Rummelsburger Bucht, an der man mit dem Boot vorüberfahren, aber nicht anlegen kann.

Tempelhofer Park: Die »Tempelhofer Freiheit«, Berlins »Große Freiheit« und schönste Hymne an den »Himmel über Berlin«, lädt bei jedem Wetter, egal ob Sonne, Schnee oder Sturm, Skater, Spaziergänger, Partypeople und Drachenfreunde auf die endlosen Rollfelder des ehemaligen Flughafens Tempelhof ein.

❙ Platz der Luftbrücke, Tempelhof • S- und U-Bahn: Tempelhof

Schlosspark Charlottenburg: Berlins ältester erhaltener Park stammt aus dem Jahr 1697 und war seinerzeit Deutschlands erster Barockgarten nach französischem Vorbild. Hier findet der Besucher das Mausoleum der Königin Luise und wunderschöne, gepflegte Gartenanlagen. Ab 10 Uhr kann man das Schloss besichtigen, der Eintritt kostet 12 Euro.

▌ Spandauer Damm 10–22, Charlottenburg • S-Bahn: Westend oder Bus: Schloss Charlottenburg

Volkspark Humboldthain: Die elfenbeinturmhohe Treppe im Humboldthain schätzen extra hartgekochte Jogger als Kür und Herausforderung. Wer es lieber gemütlich mag, nimmt ein paar Erdnüsse mit und füttert die Eichhörnchen. In der Nähe des Parkeingangs sieht man das historische Portal der AEG, die unter dem Humboldthain einen Versuchstunnel (erhalten, doch leider nicht öffentlich zugänglich) für die erste Berliner U-Bahn gebaut hat. Der Verein Berliner Unterwelten e. V. informiert über den ehemaligen Flakturm im Humboldthain [www.berliner-unterwelten.de].

▌ Zwischen Wiesen- und Brunnenstraße, Wedding • S-Bahn: Humboldthain

Volkspark Friedrichshain: Berlins älteste öffentliche Parkanlage bietet genug zum Gucken für einen langen Nachmittag. Der Märchenbrunnen und seine steinernen Fabelwesen sind ein wunderschönes Fotomotiv. Die grünen Bunkerberge, Berlins »Mont Klamott«, sind 78 und 48 Meter hoch, zum Glück gerade noch ohne Sauerstoffflasche zu schaffen. Im Park kann man Kaffeetrinken gehen und im Sommer laufen abends Filme im Freiluftkino Friedrichshain.

▌ Am Friedrichshain, Friedrichshain • Bus: Weinstraße

Der Wasserfall im Viktoriapark: Ein meditativer Platz zum Ausruhen und mit das schönste Fotomotiv der Stadt. Vom Nationaldenkmal stürzt aus 66 Metern Höhe der Wasserfall des Viktoriaparks. Die Herausforderung ist groß, über die schlüpfrigen Steine hinweg von einem Ufer zum anderen zu gelangen. Glückliche Zehen empfehlen, statt barfuß oder Flipflops in festem Schuhwerk den Sprung zu wagen.

▌ Kreuzbergstraße, Kreuzberg • Bus: Kreuzberg/Wasserfall

Mauerpark: Der Mauerpark ist nicht schön, eher grau als grün und groß genug für alle. Vielleicht weil man über das Lebensgefühl in

Berlin genau dasselbe sagen kann, lieben ihn Neuberliner, Berliner und Berlinbesucher gleichermaßen. Friedliches Zusammensein wie auf dem Tempelhofer Flugfeld, fast genauso viel Himmel und statt der Start- und Landebahnen sonntags Flohmarkt.

▌ Eberswalder Straße/Schwedter Straße, Prenzlauer Berg • U-Bahn: Eberswalder Straße

Um Abstand von Berlin zu bekommen

Dachterrasse vom Hotel de Rome: »The Rooftop Terrace« bietet einen weiten Blick über das historische Zentrum der Stadt. Von hier aus sieht man Dom, Fernsehturm, Staatsoper und viele Berliner Highlights mehr. Ein sehr empfehlenswerter Platz zum Ausruhen und Genießen (hausgemachte Ingwerlimo!) auf bequemen Loungemöbeln und unter freiem Himmel.

▌ Bei gutem Wetter im Frühjahr und im Sommer 12–22 Uhr • Behrenstraße 37, Mitte • U-Bahn: Französische Straße

Bar 203 im Fernsehturm: 203 Meter ist die höchste Bar Berlins hoch. Von hier aus sieht man bei Snacks und Cocktails den Reichstag, die Siegessäule, das Rote Rathaus und mehr, mehr, mehr von Berlin, so weit das Auge reicht. Happy Hour ist täglich von 14–16 Uhr.

▌ März–Oktober 9–24 Uhr, November–Februar 10–24 Uhr • Alexanderplatz, Mitte • S- und U-Bahn: Alexanderplatz

Eichhörnchen in Berliner Parks

In den Parks von Berlin gibt es rote und graue Eichhörnchen. Und auch wenn es unglaublich klingt, manche Leute halten den Satz: »Die Grauen fressen die Roten«, für wahr. In Wirklichkeit ist das natürlich purer Blödsinn. Rote Guthörnchen und graue Böshörnchen, das ist frei erfunden. Zutreffend ist, dass die beiden Arten nicht zusammenleben können, weil die Grauhörnchen durch ihre Nahrungsgewohnheiten den Pflanzen- und Vogelbestand im Habitat verändern. Dadurch verdrängen sie die roten Eichhörnchen aus ihrem Lebensraum.

Das einheimische rote Eichhörnchen *(Sciurus vulgaris)*, auch Europäisches Eichhörnchen genannt, wird von den Berlinern innig geliebt, mit Erdnüssen gefüttert und bei sämtlicher Sprung- und Kletterakrobatik fotografiert. Im Humboldthain sind die »possierlichen Tierchen« (Heinz Sielmann) so zahm geworden, dass sie sich von den Parkbesuchern streicheln lassen.

Die Grauhörnchen *(Sciurus carolinensis)* kommen ursprünglich aus den Vereinigten Staaten und Kanada. Seit dem 19. Jahrhundert leben sie in England, inzwischen gibt es sie auch bei uns. Grauhörnchen sind zutraulicher als ihre Kollegen im roten Pelz. Für die roten Eichhörnchen sind die Grauhörnchen ein Problem, ohne dass es zwischen ihnen zum Kampf kommt. Das Parapoxvirus wird von Grauhörnchen eingeschleppt und löst Eichhörnchenpocken aus, die das rote Eichhörnchen umbringen, während die Grauhörnchen dagegen immun sind.

Top Ten: Lieblingscafés und -kneipen

1 **Café Schwarzsauer:** Wenn schon Barbesuch in der »Castingallee« (Kastanienallee), dann im Schwarzsauer, das unabhängig vom Hipster-Kinderzimmer-Kitsch der anderen, seit zwanzig Jahren mit rauchig-dunklem Flirtappeal lockt.
▌ Kastanienallee 13, Prenzlauer Berg • U-Bahn: Eberswalder Straße

2 **Eschloraque:** Seit 1995 Bar des Künstlerhauses Schwarzenberg mit Phantasy-Stahlinstallationen und DJ. Unbedingt mit einem Besuch der hydraulikbetriebenen Stahlkreaturen von Hannes Heiner im Monsterkabinett verbinden(Kontakt über 030/30872573).
▌ Täglich ab 14 Uhr • Rosenthaler Straße 39, Mitte • U-Bahn: Weinmeisterstraße

3 **Café am Neuen See:** Lebendiges Idyll am See für endlos verplauderte Nachmittage und sonntäglich gehobene Stimmung wie auf Max Liebermanns Gemälden.
▌ Lichtensteinallee 2, Tiergarten • Bus: Nordische Botschaften/Adenauer-Stiftung

4 **Ankerklause:** Über dem Landwehrkanal gelegen, mit familiärer Hafenkneipenstimmung wie in St. Pauli. Abends oft DJ Betrieb.
▌ Kottbusser Damm 104, Kreuzberg • U-Bahn: Kottbusser Tor oder Schönleinstraße, Bus: Kottbusser Brücke

5 **Schleusenkrug:** Ausflugslokal mit Blick auf Schleusenbetrieb, toll zum Zugucken für Kinder. Im Biergarten hört man hinter sich die Stimmen der Tiere aus dem Zoo.

▌Müller-Breslau-Straße, Charlottenburg • Bus: Tiergarten

6 **Bateau Ivre:** Benannt nach Rimbauds berühmtem Gedicht *(Das trunkene Schiff)*, drinnen hängen die künstlerischsten Lampions der Stadt. Zum Leutegucken perfekt.

▌Oranienstraße 18, Kreuzberg • U-Bahn: Kottbusser Tor, Bus: Heinrichplatz

7 **Barcomi's Kaffeerösterei:** Über Berlin hinaus bekannt für besten Kaffee und idealer Treffpunkt in der Bergmannstraße. Die Markthalle liegt gleich gegenüber.

▌Bergmannstraße 21, Kreuzberg • Bus: Marheinekeplatz

8 **Bar Würgeengel:** Kreuzberger Klassiker mit Art Déco-Charme, benannt nach Bunuels gleichnamigem Film. Der Gast wird nicht erwürgt, sondern mit Cocktails verzaubert.

▌Täglich ab 19 Uhr • Dresdener Straße 122, Kreuzberg • U-Bahn: Kottbusser Tor

9 **Bierhimmel:** Urgestein von Kreuzberg mit leicht schwulem Flair. Was der Name nicht ahnen lässt: die selbstgebackenen Kuchen und Torten im Bierhimmel sind spitze.

▌Oranienstraße 183, Kreuzberg • U-Bahn: Kottbusser Tor

10 **Nemo:** Aus einem autonomen Wohnprojekt in der Oderberger Straße entstanden, mit Kickertischen und Helge-Schneider-Endlostonband auf den Klos. Die Wände hat Berlins bekannter Cartoonist OL bemalt.

▌Täglich ab 18 Uhr • Oderberger Straße 46, Prenzlauer Berg • U-Bahn: Eberswalder Straße

6 Berliner Architektur

In der Karl-Marx-Allee kehrte ich zum Mittagstisch in der Fleischerei Neuling ein. Ich orderte zwei Schaschlikspieße und dazu Pommes Frites. Den ersten gegen den Hunger, den zweiten für den Genuss. Der Tipp kam von einer U-Bahn-Bekanntschaft, die wusste, wie hungrig Berlin macht. Während ich wartete, las ich in meinem Architekturführer über die Geschichte der Karl-Marx-Allee.

»Passen Sie auf, dass nicht das teure Büchlein noch fettig wird«, sagte die Bedienung und schüttelte meine Pommes aus dem Frittierkorb.

»Die Berliner Architektur finde ich überhaupt am spannendsten«, sagte ich.

»Hmm, was soll das sein?«, fragte sie.

Die Spieße sahen köstlich aus. Und die Pommes waren perfekt. »Wie meinen Sie das?«, fragte ich.

Meinen Teller schob sie mir über den Tresen, zusammen mit einer großen Tube Ketchup und der Frage: »Wie soll was, was es nicht gibt, spannend sein? Schaschlik kann spannend sein. Currywurst auch.«

Die Berliner schienen ein Riecher dafür zu haben, einen vor den Kopf zu stoßen.

»Also, ich finde ...«, begann ich zaghaft. Und kam natürlich nicht weiter.

»Nee, nee, nee. Erst die Preußen, später die Sozialisten, heute die Investoren: jeder baut hier, was er will und einer reißt ab, was der andere gemacht hat. *Die* Berliner Architektur, gibt's nicht. Dafür sind wir 'ne viel zu wilde Stadt. Lassen Sie 's sich schmecken!«

Die Stadt der großen Pläne

Wenn man heute noch sehen will, wo Berlin um 1230 herum entstanden ist, beginnt die Erkundung der Stadt im **Nikolaiviertel** und im **Marienviertel**. Die Straßen um die Nikolaikirche herum sind der historische Kern der alten märkischen Kaufmanns- und Residenzstadt Berlin. Und auch wenn in der Nikolaikirche heute keine Gottesdienste mehr abgehalten werden – sie ist inzwischen ein Museum –, handelt es sich noch immer um das älteste erhaltene Gebäude der Stadt. Erbaut zur Zeit der Stadtgründung, steht die erste Pfarrkirche schon seit über achthundert Jahren. Nur 600 Meter entfernt markiert die Marienkirche das historische Marienviertel, einen der ältesten Teile Berlins. 1292 wurde die Kirche zum ersten Mal urkundlich erwähnt, noch heute finden hier Gottesdienste statt.

▌ **Nikolaikirche** • Nikolaikirchplatz, Mitte Berlin • Bus: 248 und M 48 bis Nikolaiviertel
▌ **Marienkirche** • Karl-Liebknecht-Straße 8, Mitte • Bus: 100 bis Alexanderplatz oder S-Bahn: Alexanderplatz

Wenn vom **Scheunenviertel** die Rede ist, ist damit das Gebiet zwischen Torstraße, Münzstraße und Rosenthaler Straße gemeint. Um die Stadt vor Feuer zu schützen, erließ Kurfürst Friedrich Wilhelm 1672 eine Feuerschutzordnung, der gemäß Getreide und Stroh wegen ihrer leichten Entflammbarkeit in Scheunen vor der Stadtmauer gelagert zu werden hatten. Das Scheunenviertel wurde etwa ab 1700 Spandauer Vorstadt genannt und zu neuem Siedlungsgebiet gemacht. Noch über hundert Jahre lang überlieferten die Straßennamen (Scheunengasse) in der Spandauer Vorstadt die Geschichte des Viertels. Während der Industrialisierung, der Entstehung und massenhaften Verarmung des Proletariats, entwickelte sich das Scheunenviertel/Spandauer Vorstadt zum Elendsquartier der Stadt. Hier suchten auch Juden Unterschlupf, die aus Russland und Polen vor Pogromen nach Berlin flüchteten. Um die **Synagoge** in der Oranienburger Straße herum und in den heutigen Straßen Almstadtstraße und Max-Beer-Straße entstand das jüdische Viertel.

❙ Neue Synagoge Berlin • Oranienburger Straße 28–30, Mitte •
S-Bahn: Oranienburger Straße

Im Krieg wurde das Quartier schwer beschädigt und fiel nach der Aufteilung durch die Alliierten in die Sowjetische Besatzungszone (SBZ). Im Sozialismus wurden hochfliegende Pläne für die Neubebauung des Areals um den heutigen Alexanderplatz geschmiedet. Ein 150 Meter hohes Parteihochhaus plante man damals, das Symbol für die Macht und Überlegenheit Stalins sein sollte, doch gebaut wurde es nie. Der **Fernsehturm**, Berlins Wahrzeichen aus der Zeit der DDR, war bei Fertigstellung im Jahr 1969 der zweithöchste Fernsehturm der Welt. Als die Sonne drauf schien, herrschte betretenes Schweigen. Auf dem Prestigebau des atheistischen Arbeiter- und Bauernstaats glänzt bei Sonnenschein weithin sichtbar ein prächtiges Kreuz.

❙ Fernsehturm • März–Oktober 9–24 Uhr, November bis Februar 10–24 •
Erwachsene 12,50 €, Kinder bis 16 Jahre 8 €, Kinder bis 3 Jahre frei •
Alexanderplatz, Mitte • S- und U-Bahn: Alexanderplatz

Seit dem Ende des 17. Jahrhunderts verband die historische **Bischofstraße** die heutige Achse zwischen Neptunbrunnen und Fernsehturm. Ihren Namen hatte sie von den darin liegenden Amtswohnungen der Bischöfe. Die Bischofstraße gibt es heute nicht mehr. Als imposante Staatsachse führte in der DDR die Karl-Liebknecht-Straße vom Alexanderplatz zum Palast der Republik. Flankiert wird sie heute noch von der Marienkirche und dem etwas zurückgelegenen Roten Rathaus.

Das Berliner Schloss stand auf der Spreeinsel. Mit herrschaftlichen 200 Metern Länge, 120 Metern Breite und einer 70 Meter hohen Kuppel wurde das von Kurfürst Friedrich II. (1413–1473) geplante Schloss Residenz der Markgrafen und Kurfürsten von Brandenburg. Später residierten hier die preußischen Könige und die deutschen Kaiser aus dem Hause Hohenzollern. Im 15. Jahrhundert ging der Bau als »Berliner Unwille« in die Geschichte ein – Kurfürst Friedrich zwang die Städter, ihm Land für sein Schloss abzutreten und setzte den Bau gegen ihren Willen durch.

Das Schloss wurde 1945 während der Luftangriffe auf Berlin in Schutt und Asche gelegt. Was Walter Ulbricht vom Schloss schließlich sprengen ließ, waren lediglich die Kriegsruinen. Von der Sprengung blieb ein Stück verschont: Das historische Schlossportal IV. Es tauchte 200 Meter vom Standort des Schlosses entfernt im Staatsratsgebäude wieder auf. Der Grund: Vor dem Portal Nr. IV hatte Karl Liebknecht am 9. November 1918 die Gründung der Sozialistischen Republik in Deutschland verkündet. Ein historisches Ereignis, von dem keine Fotoaufnahmen existieren. Das von der DDR-Führung 1962–1964 erbaute Staatsratsgebäude war das erste neu gebaute Regierungsgebäude der DDR und ebenso hoch wie vorher das Berliner Schloss. Ein Fünftel der verbauten Steine stammten aus dem alten Hohenzollernschloss. Nach Sanierungen im Umfang von 35 Millionen Euro wurde das Staatsratsgebäude der DDR 2006 zum Sitz der ESMT-Managerschule.

Als »Bekenntnis zur Vergangenheit« gab es im wiedervereinigten Berlin schon früh Ambitionen, die Schlossfassade nach historischem Vorbild wieder aufzubauen. Der Wunsch, die Identität Deutschlands und Berlins mit einem Gebäude wieder sichtbar zu machen, entspricht dem Denken des Historismus und gehört zum selbstbewusst gewordenen Bürgertum des 19. Jahrhunderts.

Viele Kritiker bedauern diese rückwärtsgewandte, millionenteure Geste und würden stattdessen lieber eine Planung sehen, die neue architektonische Einflüsse aufgreift und das Ganze zu einem zeitgemäßen und originellen Entwurf führt. Weltoffenheit würde deutlich besser mit dem Humboldt-Forum zusammenpassen, das hinter der nachgebauten Fassade des Schlosses ab 2019 als Ort der Künste, Wissenschaften und intellektuellen Debatte seinen Standort haben soll. Ironisch wird die Schlossfassade mit den User-Oberflächen der Smartphone-Ära verglichen: Das Schloss als leicht zu konsumierende Ikonenoberfläche ohne Hintergrund. Von der Schlossanlage ist noch der 1891 gebaute Neptunbrunnen zu sehen, der heute nicht mehr auf dem Schlossplatz steht, sondern zwischen Marienkirche und Rotem Rathaus zwischen Parkbänken plätschert.

Nach der Sprengung der Schlossruine 1950 entstand dort für 500 Millionen Ostmark der Palast der Republik als kostspieligster Prestigebau der DDR. Die über 10.000 Kugelleuchten trugen dem Palast den Spottnamen »Erichs Lampenladen« ein. Das moderne Kulturhaus folgte Schinkels Vision eines »Volkshauses«, gemeinsam genutzt von Staatsführung und Volk, für Regierungsdebatten mit Gaststätten, Kegelbahn und Theater unter einem Dach. Der Palast der Republik wurde nach der Wende Ort des Triumphes der friedlichen Revolution von 1989. Hier fand am 5. April 1990 die 10. Volkskammer, die erste freigewählte DDR-Volkskammer zusammen. Ihr gehörten 409 Abgeordnete an, Präsidentin war die CDU-Abgeordnete Sabine Bergmann-Pohl. Bis zu ihrer letzten Tagung am 2. Oktober 1990 hielten die Abgeordneten 38 Plenarsitzungen ab und verabschiedeten in einem regelrechten Arbeitsmarathon 164 Gesetze und fassten 93 Beschlüsse, um die gesetzlichen Grundlagen eines demokratischen Staates und die Voraussetzungen für ein geeintes Deutschland zu schaffen. Dann übernahm die BRD die Macht. Bereits am 4. Oktober 1990 hielt der neue Bundestag im Berliner Reichstagsgebäude die erste Sitzung ab.

Die Geschichte der Karl-Marx-Allee, des großen Prachtboulevards Ostberlins, fand 1952 ihren ersten Höhepunkt. Zum 73. Geburtstag Josef Stalins übergab Oberbürgermeister Friedrich Ebert (Sohn von Sozialdemokrat und Reichspräsident Friedrich Ebert) in einem Festakt die ersten 1.148 Wohnungen in der – damals noch so genannten – Stalinallee an die neuen Mieter. Ursprünglich hatte es Pläne gegeben, auf dem Gelände Arbeitersiedlungen und Kleingärten zu bauen, dann entschied sich die SED dafür, stattdessen Macht und Größe zu demonstrieren. Schließlich sollte die Stalinallee ihrem Namensgeber ein würdiges Denkmal setzen. Moskauer Architektur beeinflusste die Entwürfe, deren Figurenreliefs, massige Säulen und neoklassizistische Stilelemente der Anlage den Spottnamen »Stalin-Gotik« einbrachten. Ein bisschen zu viel der Häme. Die aufwendig mit Meißner Keramik verkleideten Fassaden der Häuserzüge gehören mit zum Schönsten der Stadt.

Auf dem ersten Bauabschnitt vom Strausberger Platz Richtung Osten entstanden auf zwei Kilometern Länge bis Mitte der 1950er-Jahre 3.220 Wohnungen in Blöcken von 100 bis 300 Metern Länge. Auch die beiden Turmbauten am Frankfurter Tor stammen aus dieser Zeit. Gebaut wurde zu 70 Prozent aus den Trümmern des Zweiten Weltkriegs. Die Wohnungen waren mit Aufzug, Parkettfußböden, Fernwärme und Dachterrasse außergewöhnlich komfortabel und dabei bezahlbar: 90 Pfennig pro Quadratmeter. Aber dafür mussten die Mieter der sozialistischen Vorzeige- und Paradestraße auch ein bisschen was tun. Die Teilnahme an Mieterkommissionen und den staatlich organisierten Demonstrationen war Pflicht. Wer aus seiner Wohnung ausziehen wollte, machte sich bei der SED verdächtig.

Vom Strausberger Platz bis zum Alexanderplatz wurde die herrschaftliche Allee für Massendemonstrationen und Militärparaden konzipiert. Hier entstanden das Haus des Lehrers mit der farbenfrohen Banderole von Walter Womacka, das Café Moskau und das Filmtheater International. Den Namen Stalinallee verlor die Prachtstraße, nachdem 1956 auf dem 20. Parteitag der KPdSU die Verbrechen des Diktators ans Licht gekommen waren. Am 14. November 1961 wurde bekanntgegeben, dass die Stalinallee in **Karl-Marx-Allee** und **Frankfurter Allee** umbenannt worden sei. Die Karl-Marx-Allee sollte zum Weltkulturerbe erklärt werden, doch die UNESCO lehnte den Antrag ab.

Auch das Berliner **Hansaviertel** war als Weltkulturerbe nominiert, ohne es in den Bestand des Welterbes zu schaffen. Sehr zum Bedauern der Stadt. Die Gärten und Häuser des Areals zwischen Spree und Tiergarten, das im Nordosten an den S-Bahnhof Bellevue und im Südwesten an den S-Bahnhof Tiergarten grenzt, sind heute denkmalgeschützt. Im Hansaviertel lebten der Maler Lovis Corinth, Theologe Dietrich Bonhoeffer, Schauspieler Heinrich George, Rosa Luxemburg, Else Lasker-Schüler und Käthe Kollwitz. Die **Akademie der Künste** [Hanseatenweg 10, Tiergarten • U-Bahn: Hansaplatz] direkt am Tiergarten und das **Kinder- und Jugendtheater Grips** [Altonaer Straße 22, Tiergarten • U-Bahn: Hansaplatz] gehören zu den bekanntesten Gebäuden des Quartiers. Einen Eindruck der alten Baupracht vermittelt das erhaltene und schön restaurierte Mietshaus Cuxhavener Straße 14 [U-Bahn: Hansaplatz].

Das alte Hansaviertel entstand am Ende des 19. Jahrhunderts als Projekt einer Hamburger Gesellschaft für Wohnungsbau. Sie verkaufte die Grundstücke an private Bauherren, die sie nach eigenem Geschmack bebauen konnten. Es entstand ein gutbürgerliches Wohnquartier der Kaufleute, Bankiers, Fabrikanten und Beamten. Ungefähr 10 Prozent der Häuser gehörten jüdischen Eigentümern. Nach der Machtübertragung begann die Vertreibung der Juden aus dem Hansaviertel. Während des Krieges richteten die Luftangriffe schwere Schäden an. Viele Bürgerhäuser und erhalten gebliebene Fassaden wurden nach 1945 voreilig beseitigt, um eine neue Stadt zu bauen. Selbst von den noch etwa vierzig erhalten gebliebenen Gebäuden wurde der überwiegende Teil zugunsten neuer Bebauungspläne abgerissen. Um Neues zu schaffen, wurden sogar erhalten gebliebene Straßen beseitigt, was heute kaum noch nachvollziehbar ist. In Berlins Geschichte der übereilten Abrisse stellt das Hansaviertel einen Höhepunkt dar.

Aber wie abgerissen wurde, so wurde in Berlin auch neu gebaut. In den 1990er-Jahren entstand auf der jahrelang verwaisten Großbrache Potsdamer Platz die größte innerstädtische Baustelle Europas. Das **Sony Center** [Potsdamer Straße 4, Tiergarten • S- und U-Bahn: Potsdamer Platz] mit mehreren Gebäuden auf einer Fläche von rund 27.000 qm wurde nach einem Entwurf des deutschen Architekten Helmut Jahn gebaut, der auch den Messeturm in Frankfurt entworfen hat. Zum Sony Center gehören das Filmmuseum und die Europazentrale von Sony. Neben dem Areal des japanischen Elektronikkonzerns steht der 103 Meter hohe **Bahn Tower** [Potsdamer Platz 2, Tiergarten • S- und U-Bahn Potsdamer Platz], Sitz der Deutschen Bahn in Berlin. Auch den Bahntower entwarf Architekt Helmut Jahn.

Gegenüber ragt das **Kollhoff-Hochhaus** [Potsdamer Platz 1, Tiergarten • S- und U-Bahn: Potsdamer Platz] mit 101 Metern Höhe in den Himmel über

Berlin. Hans Kollhoffs spektakulärer Entwurf aus stufenförmig gemauertem, verklinkertem Backstein soll an den Baustil der 1920er-Jahre in New York City erinnern. Der Kollhoff Tower betreibt den schnellsten Aufzug Europas und bietet von der Aussichtsplattform aus einen herrlichen Panoramablick. 20 Sekunden braucht der Fahrstuhl, um Besucher nach oben zu bringen. Von dort sieht man über Berlin hinweg das Brandenburger Tor, die Siegessäule und Schloss Bellevue. Eine Freiluftausstellung präsentiert die Geschichte des Potsdamer Platzes auf zwei begehbaren Ebenen [Im Sommer täglich 10:00–20:00 Uhr, im Winter 10:00–18:00 Uhr].

Die Eröffnung des **Beisheim-Centers** [Inge-Beisheim-Platz 1, Tiergarten • S- und U-Bahn: Potsdamer Platz] mit seiner eleganten Fassade aus hellfarbigem Muschelkalk war 2004 der krönende Abschluss des neu entstandenen Potsdamer Platzes. Zum Kollhoff-Tower steht das 70 Meter hohe Gebäude in spannungsreichem Gegensatz. Während Kollhoff den Backsteinexpressionismus der 1920er-Jahre zitiert, ist das Beisheim Center in klarer Abgrenzung vom Expressionismus im Stil moderner Sachlichkeit gebaut und erinnert in seinen klar strukturierten Formen an Bauhaus.

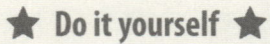

★ Do it yourself ★

Architekturspaziergang

Es gibt in Berlin wenige Gebäude, die man nach gängigem Verständnis als historische Bauten bezeichnen könnte. Was es jedoch gibt, sind die verschiedenen Typen, die als Baudokumente ihrer Epoche die Hoffnungen und Bestrebungen der Menschen dieser Zeit deutlich werden lassen. Um davon einen Eindruck zu bekommen, kann man durch den Tiergarten ins alte Zentrum der Stadt spazieren, ehe man es durch die Karl-Marx-Allee wieder verlässt. Dabei werden einem sämtliche Zeugnisse der Kultur begegnen, die zugleich Zeugnisse europäischer Geschichte sind.

Im nördlichen Bereich des Tiergartens liegt das ehemals stark jüdisch geprägte **Hansaviertel**, das nach fast vollständiger Kriegszerstörung im Rahmen der Internationalen Bauausstellung (IBA) von 1957 für den sozialen Wohnungsbau wieder aufgebaut wurde. Grundlage dafür ist der sogenannte »Kollektivplan für Gesamtberlin« von Hans Scharoun gewesen, von dem auch der Entwurf für die Philharmonie stammt.

Neue Grundrissformen entstanden, so z. B. der sogenannte »Splitlevel«, bei dem statt durchgehender Decken diese jeweils um ein halbes Geschoss versetzt werden. Gewissermaßen handelt es sich um einen Maisonette-Grundriss im Hochhausbau, wodurch auf spielerische Weise reizvolle, dem Auge ungewohnte Innenräume geschaffen wurden.

Im historischen Areal des Hansaviertels haben alle modernen Architekten (u. a. Walter Gropius, Alvar Alto, Hans Schwippert, Jacob Berend Bakema, Oskar Niemeier, Arne Jakobsen, Egon Eiermann, Sep Ruf und Max Taut) gebaut. Unter dem Eindruck der gesellschaftlichen Bedingungen, die zum Faschismus geführt hatten, ergriffen sie die Gelegenheit, die neue Stadt und ein neues Zusammenleben zu gestalten.

Geht man weiter durch den Tiergarten, gelangt man zum nördlicherseits gelegenen **Bundeskanzleramt**, mit der massiven Repräsentanz, die nach der Wiedervereinigung für das Selbstverständnis der BRD typisch geworden ist. Am Anfang der Tiergartenstraße, im südlichen Bereich des Tiergartens, liegen die modernen **Botschaften**. In ihrer Gestaltung gibt sich das Selbstverständnis der Staaten nach außen ein repräsentatives Gewand. Um und beim neuen Botschaftsviertel finden sich auch noch die Botschaften von Italien und Japan, die – deutlich in der Zeit des deutschen Faschismus – mit den entsprechenden Ausgestaltungen entworfen wurden.

Man betritt dann den quadratischen **Pariser Platz**, der zusammen mit dem Oktogon des **Leipziger Platzes** beim Potsdamer Tor und der Wiederaufbauarchitektur des Rondells am **Mehringplatz** vom Halleschen Tor die Reste der zentralen Plätze der barocken Stadterweiterung Berlins bildet. Unter den Linden liegt die russische Botschaft, gebaut auf dem Gelände einer uralten Gesandtschaft. Ursprünglich stand hier ein Rokokopalais.

Unter den Linden kann man weiterlaufen, kann sich an der **Museumsinsel** erfreuen, die nördlich liegt, und sich am **Schlossplatz** vor dem Hintergrund des Abrisses des Palastes der Republik fragen, inwieweit der Wiederaufbau wilhelminischer Fassadenarchitektur einer zeitgemäßen Gestaltung des öffentlichen Raumes entspricht.

Weiter geht es über die zentralen Neugestaltungen der DDR, vom **Fernsehturm** bis zum **Alexanderplatz** (dort sehenswert ist das **Haus des Lehrers**, die **Weltzeituhr** und das **Kongresszentrum**, heute bcc), an dem man rechts in die **Karl-Marx-Allee** abbiegen kann. Deren Bebauung stellt in all ihrer Vielschichtigkeit einen Gegenentwurf zu den eingangs erwähnten Bauten im Hansaviertel dar und lief in mehreren Bauphasen ab. Die früheste knüpft noch bewusst ans Bauhaus der Weimarer Republik an, bevor sie anschließend zur Verwendung sowjetisch-stalinistischer Vorbilder und dem heute noch sichtbaren architektonischen Zuckerbäckerstil führt.

Aus den Erfahrungen des Wohnungsbaus entstanden sowohl im Westen im Hansaviertel, wie auch im Osten in der Karl-Marx-Allee planerische Überlegungen, die Wirtschaftlichkeit in den Vordergrund zu stellen. Ein gestalterisch aufwändiger Wohnungsbau entlang der Prachtstraßen war in der DDR wirtschaftlich nicht durchzuhalten. Es entstanden Plattenbauten im Westen (**Grophiusstadt** und **Märkisches Viertel**) wie im Osten der Stadt. Gleiches geschah nach den Erfahrungen mit den Bauten im Hansaviertel, die ebenfalls sehr aufwändig waren und nicht weiter als Beispiel für eine Stadterneuerung im Westen dienen konnten. Auch hier wurden – dem Diktat der Wirtschaftlichkeit folgend – Plattenbauten an der Peripherie des historischen Areals als sinnvolle Alternative angesehen.

Darüber hinaus bietet Berlin historisch hochinteressante Großsiedlungen wie Bruno Tauts **Hufeisensiedlung** in Britz, heute ebenso UNESCO-Welterbe wie die **Siemensstadt** von Walter Gropius in Spandau. Bis hin zu den Großsiedlungen der 60er- und 70er-Jahre, in Westberlin etwa der die Straße überspannende Hochhausriegel des **Pallasseums** bzw. **Sozialpalastes** am Standort des abgerissenen Sportpalastes in Schöneberg (wo Propagandaminister Joseph Goebbels seine Rede für den »Totalen Krieg« gehalten hat) sowie die Betonsiedlung **Neues Kreuzberger Zentrum** am Kottbusser Tor, das ebenfalls über die Straße hinweg gebaut ist.

Die S-Bahn fuhr vom Alex Richtung Hauptbahnhof. Was man auf dieser Strecke an Architektur sehen kann, ist schon ziemlich atemberaubend und als kurze Sightseeing-Tour sehr zu empfehlen. Für die wirtschaftliche Lage der Stadt sind die neuentstandenen Gebäude allerdings weniger repräsentativ als für Berlins Anspruch auf Prestige. Dem Ehepaar, das neben mir in der S-Bahn am Fenster saß und das Panorama bestaunte, war das wahrscheinlich noch nicht klar. Oft kommt die typische Berliner »Überdosis Realität« prompt vorbei in Gestalt eines Drogensüchtigen mit Hund oder als Obdachloser, der im Abteil ein Straßenmagazin verkaufen will. In diesem Fall jedoch nicht.

»Was die hier alles gebaut haben!«, rief die Frau. »Das ist ja postmoderne Architektur in Reinkultur!« Anscheinend war das Regierungsviertel bei ihrem letzten Berlinbesuch noch nicht fertig gewesen.

»So muss eine Hauptstadt aussehen«, pflichtete ihr Mann zufrieden bei. »Da kann man ja froh sein, dass Wowereits Spruch nicht mehr stimmt, von wegen: ›Berlin ist arm, aber sexy.‹ Aber das ist ja auch schon lange her.«

Lockere Sprüche zur verheerenden Wirklichkeit

2004 war für Berlin das Jahr der MoMa-Ausstellung (Museum of Modern Art). Mehr als 1,2 Millionen Besucher strömten in die Neue Nationalgalerie am Potsdamer Platz. Klaus Wowereit wurde damals gebeten, Berlin mit New York City zu vergleichen, und prägte den Satz: »Berlin ist arm, aber sexy.« Wenn der Bürgermeister materielle Not mit erotischer Anziehungskraft assoziiert, ist keine wirksame Armutsbekämpfung mehr zu erwarten.

Wie kam es dazu, dass Berlin die deutsche Hauptstadt der Hartz-IV-Empfänger und der Flaschensammler, der Obdachlosigkeit und der Kinderarmut wurde? Der Abstieg begann nicht erst mit der Verschuldung des Berliner Senats nach der Wiedervereinigung. Sondern schon mit Berlins Verlusten nach dem Zweiten Weltkrieg und dem Ende der Preußischen Republik.

Obwohl der Marshall-Plan der Amerikaner die deutsche Industrie ermutigte, den Standort Berlin zu behalten, wanderten Großkonzerne wie Siemens in westdeutsche Städte ab. Ihnen war in der geteilten Stadt die Nähe der Russen ein allzu großer Unsicherheitsfaktor. Für Berlin gingen damit die Industrie und Hunderttausende Arbeitsplätze verloren. Auch nach der Wiedervereinigung ist von den großen Industriekonzernen keiner nach Berlin zurückgekehrt. Dasselbe gilt auch für die Banken, die sich in Frankfurt niederließen und die Mainmetropole zum wichtigsten Finanzstandort Deutschlands machten. Auch ihnen konnte das wiedervereinigte Berlin keine Vorteile bieten. Die Folge: sie blieben der deutschen Hauptstadt fern.

Berlins größter Verlust nach dem Zweiten Weltkrieg war die jüdische Elite. Vor dem Faschismus waren Privatbanken und Kaufhäuser jüdischer Unternehmer ein bedeutender Wirtschaftsfaktor der Hauptstadt gewesen, der wesentlich zu Berlins Wohlstand beigetragen hatte. Sofern ihnen die Flucht aus Deutschland gelang, ließen sich jüdische Unternehmer in New York City und an anderen Exilstandorten nieder und kehrten nicht nach Berlin zurück.

Hinzu kommt der Verlust jüdischer Wissenschaftler, Gelehrter und Kulturschaffender. Berlins Opern- und Konzerthäuser, Theater, Verlage und Galerien beschäftigten überdurchschnittlich viele jüdische Sängerinnen, Musiker, Schauspielerinnen, Regisseure und Schriftsteller. An Berlins Universitäten und Forschungsinstituten arbeiteten jüdische Gelehrte. Die Mehrzahl der in Berlin lebenden Nobelpreisträger waren Juden. Sie alle mussten fliehen oder wurden ermordet. Verluste, die nie wieder gutzumachen sind.

Nach dem Ende des Zweiten Weltkriegs wurde Deutschland von den Alliierten in Besatzungszonen eingeteilt und der Staat Preußen aufgelöst. Der entsprechende Artikel des Kontrollratsgesetzes trat am 25. Februar 1947 in Kraft. Für Berlin, ehemals Hauptstadt des Freistaats Preußens bzw. der Preußischen Republik, brach die wirtschaftliche Absicherung eines wohlhabenden Zahlmeisters weg, als die Alliierten Preußen abschafften. Zu den Einnahmen des Freistaats hatten neben der Industrie Berlins die Zechen aus dem Ruhrpott und die Bergwerke Oberschlesiens gehört. Preußens Steuergelder waren in reichlicher Menge in die Hauptstadt an der Spree gesteckt worden – und mit einem Mal existierte Preußen nicht mehr und Berlin saß finanziell auf dem Trocknen.

Während seiner Zeit als Hauptstadt Preußens waren die kulturellen Einrichtungen Berlins nicht von der Stadt, sondern erst vom Königreich Preußen und ab 1918 vom Freistaat finanziert worden. Zwar wird ein wichtiger Teil des preußischen Erbes, die Berliner Museen und die Staatsbibliothek als Stiftung Preußischer Kulturbesitz überwiegend vom Bund finanziert. Doch für die Universitäten, die Staatsoper Unter den Linden und die ehemaligen Staatstheater muss die Stadt Berlin aufkommen, die dafür vorher nie zuständig war. Für Münchens Opernhäuser, Museen und Universitäten kommt der Freistaat Bayern auf. Für Berlin zahlt kein Preußen mehr.

Die Teilung der Stadt nach dem Ende des Krieges hatte zur Folge, dass Berlins begabter Nachwuchs jahrzehntelang nach Westdeutschland ging, um Karriere zu machen. Infolgedessen wurde in Westberlin versucht, ausgleichsweise im Öffentlichen Dienst (Verwaltung, Ämter, Verkehrsbetriebe u. a.) Arbeitsplätze zu schaffen. Viele dieser künstlich geschaffenen Stellen wurden nach der Wende radikal gestrichen, um die Ausgaben der Stadt zu senken. Das Ergebnis ist, dass der Öffentliche Dienst in Berlin heute im Vergleich mit allen anderen westdeutschen Städten unterbesetzt, überaltert und unterbezahlt ist.

Stand Berlin bereits nach dem Zweiten Weltkrieg in wirtschaftlicher Hinsicht schon deutlich schlechter als westdeutsche Städte da, galt die eingeschlossene Stadt der damaligen Bonner Regierung dennoch als »Schaufenster des Westens« (also: zum Ostblock) und wurde nach besten Kräften subventioniert. Aus eigener Kraft wäre Berlins Wirtschaft während des Kalten Krieges nicht lebensfähig gewesen. Doch mit der Wiedervereinigung endete die Unterstützung abrupt. Also genau zu dem Zeitpunkt, als Berlin sie dringender denn je gebraucht hätte.

Denn was stand an? Es galt, zwei halbe Städte zu einer zusammenzufügen. Öffentlicher Dienst, Krankenversorgung, Wasser- und Stadtreinigungsbetriebe, Schulwesen, Telefon, alles musste synchronisiert werden. Das bedeutete immense Kosten für Sanierung und Modernisierung. Während gleichzeitig Zehntausende arbeitslos wurden. Dazu gehörten die Beschäftigten der Maschinenbau- und Elektroindustrie Ostberlins, deren Betriebe vom Markt gedrängt worden waren. Hinzu kamen die Beschäftigten der DDR-Behörden, von denen viele für den Rest ihres Lebens keine neue Arbeit mehr fanden. Natürlich entfielen mit dem Ende der DDR auch die Subventionen, die Ostberlin erhalten hatte. Westberlin und Ostberlin standen über Nacht ohne einen Pfennig Unterstützung da. Keine andere deutsche Stadt hatte für die Wiedervereinigung annähernd dieselben finanziellen Kraftanstrengungen zu leisten wie Berlin – ausgerechnet die wirtschaftlich schwächste Stadt von allen.

Heute ist mehr als jeder fünfte Berliner von Armut bedroht. Das geht aus dem Armutsbericht 2013 der Nationalen Armutskonferenz und des Paritätischen Wohlfahrtsverbandes hervor. Die Armutsquote der Berliner Bevölkerung liegt bei 21,2 Prozent. Zum Vergleich: Der bundesdeutsche Durchschnitt liegt bei 15,2 Prozent. Der Hauptgeschäftsführer des Wohlfahrtsverbandes erklärt, die Armut sei in Deutschland dauerhaft auf dem Vormarsch. Und nicht auf dem Rückzug, wie die Bundesregierung vor der Wahl erklärt habe. Grund dafür sei die Zunahme prekärer Beschäftigungsverhältnisse in einem wachsenden Niedriglohnsektor. Als armutsgefährdet gilt, wer weniger als 60 Prozent des mittleren Einkommens zur Verfügung hat. Für einen Singlehaushalt lag diese Grenze 2012 bei gut 869 Euro.

Wie der Armutsbericht belegt, wird der zahlungsschwache Teil der Bevölkerung immer weiter an den Berliner Stadtrand gedrängt. Dort haben die Menschen jedoch weder Zugang zu pädagogisch empfehlenswerten Kitas und guten Schulen, noch können sie an Kulturveranstaltungen oder auch nur einem lebendigen Straßenleben teilnehmen. Die Befürchtung vieler Soziologen, in Berlin könnten Banlieues wie in Paris entstehen, scheint sich rasant zu verwirklichen.

Am härtesten trifft Berlins Armut die Kinder. 200.000 Kinder leben in der deutschen Hauptstadt unterhalb der Armutsgrenze, also mehr als die Stadt Mainz Einwohner zählt. Jedes dritte Berliner Kind lebt in Armut. Die Auswirkungen der Armut sind bekannt: Arme Kinder haben geringere Bildungschancen. Sie können am Kulturleben der Stadt kaum teilnehmen. Da schlechte Bildung die Aussicht auf einen Ausbildungs- und Arbeitsplatz verschlechtert, entsteht ein Teufelskreis – die Chancen aus der Armutsspirale herauszukommen werden immer geringer.

Über die psychologischen Folgen wird selten gesprochen. In Armut lebende Kinder wachsen in Scham auf. Oft leben ihre Familien aus Scham isoliert. Die Eltern haben nur wenige oder keine Freunde. Ihre Kinder erleben keine Gesprächskultur, keinen Gedankenaustausch, keine Meinungsvielfalt, keine Lebensfreude. Nach Abzug der Miete und aller Nebenkosten bleiben pro Kind und Tag etwa drei bis fünf Euro. Davon müssen die Eltern Essen, Kleidung, Spielsachen, Schulmaterialien, Ausflüge, Sportverein, Monatskarten, Geburtstagsgeschenke und vieles mehr bezahlen. In vielen armutsbetroffenen Familien führen die prekäre Lebenssituation und der Mangel an Geist, Witz, Gedankenfreiheit und Bildung zu körperlicher Gewalt. Kinder sind die häufigsten Opfer gewaltbereiter Erwachsener. Seit Jahren weist der Berliner Kinderschutzbund auf die Einschränkung der Lebensqualität und der Entwicklungsmöglichkeiten der in Armut lebenden Kindern hin.

Doch ganz offensichtlich – und Sprüche wie Wowereits »Berlin ist arm aber sexy« verdeutlichen es – fehlen der Landesregierung Mitgefühl, Empathie und vor allem die Vorstellungskraft, endlich ein Programm zur Bekämpfung der Kinderarmut auf die Beine zu stellen. Jedes dritte Kind lebt in Armut. Viele müssen zu Hause schreckliche Verwahrlosung ertragen. Was geschieht in fünf bis zehn Jahren, wenn aus diesen Kindern volljährige Erwachsene, also neue Arbeitslose, also neue Hartz-IV-Empfänger geworden sind? Welche neue Welle der Gewaltbereitschaft, der Suchtgefährdung, der Minderwertigkeitsgefühle und des Hasses auf die Privilegien der anderen kommen dann auf die Stadt zu? In fünf bis zehn Jahren gehen diese Kinder wählen. Was steht Berlin bevor mit einer Bevölkerung, deren Erwachsene zu einem Drittel in Armut, Scham und Resignation aufgewachsen sind? Der Verfasser des Armutsberichts spricht von der »Vererbung von Hartz-IV-Biografien«. Wie viel Kraft muss es ein Kind kosten, zur Schule zu gehen, wenn alle um es herum jede Hoffnung auf einen Job und geregelten Alltag aufgegeben haben?

Je nach Jahreszeit leben in Berlin ein paar hundert Kinder auf der Straße. Die meisten leben in Obdachlosigkeit, weil sie zu Hause unter permanenter Gewalt, Streit oder sexuellem und seelischem Missbrauch leiden mussten. Um aus der endlosen seelischen und körperlichen Not zu Hause zu entkommen, reißen die Kinder aus und brechen den Kontakt zu ihren Müttern und Vätern ab. Nach Ausgabe der Zeugnisse nimmt – aus Angst vor häuslicher Gewalt wegen schlechter Noten – die Anzahl der Straßenkinder in Berlin alljährlich deutlich zu. Die Betreuer der Berliner Straßenkinder berichten, vielen der Kinder hätten ihre Eltern noch nie im Leben eine warme Mahlzeit zubereitet.

Berlin ist die Hauptstadt der Obdachlosen. Bis zu 1.000 Menschen leben auf der Straße. Da reichen die durchschnittlich 433 Notschlafplätze der Kältehilfe längst nicht aus. Und auch die gesundheitliche Versorgung wird immer schwieriger. Die Verelendung von Obdachlosen in Berlin nimmt nach Einschätzung von Sozialverbänden zu. Ihr Gesundheitszustand hat sich im Vergleich zu den Vorjahren deutlich verschlechtert, wie das Deutsche Rote Kreuz bekanntgibt. Viele Obdachlose kämen aus Osteuropa, seien also EU-Bürger. Trotzdem hätten sie keinen Anspruch auf Krankenversorgung. Es ist daher schwierig bis unmöglich, diese Menschen außerhalb von Obdachlosenpraxen medizinisch zu behandeln. Hinzu kommt, dass viele Obdachlosenpraxen im Zuge der Kürzungen geschlossen worden sind.

Die Berliner Kältehilfe bietet Obdachlosen in 16 Notübernachtungsstellen und 13 Nachtcafés Schutz. Die von Kirchengemeinden, Diakonie, Caritas und dem Deutschen Roten Kreuz (DRK) organisierte Kältehilfe bietet täglich durchschnittlich rund 430 Schlafplätze an. An Spitzentagen werden dem Caritasverband zufolge bis zu 471 Plätze angeboten, die Nachtcafés haben allerdings nicht an allen Tagen geöffnet.

★ Do it yourself ★

Querstadtein: Wer die Hauptstadt mal aus einer anderen Perspektive betrachten möchte, kann hier Stadtrundgänge durch Mitte und Charlottenburg-Wilmersdorf unter Führung ehemaliger Obdachloser miterleben.

❚ www.querstadtein.org

8   Berliner Brachen

Tante Alice ist nicht wirklich meine Tante. Als sie und meine Oma in Stuttgart zusammen Abitur machten, stand Berlin im Ruf, genauso aufregend und sündig wie Paris zu sein. »Also komme ich dich auf jeden Fall besuchen!«, frohlockte Alice am Telefon. »Und damit es noch aufregender ist, komme ich mit dem Flugzeug.« Danach hörte ich eine Woche lang nichts von ihr und rief sie an.

»Und, Tante Alice? Wie steht's mit deinen Reiseplänen?«, fragte ich.

»Ich weiß nicht«, sagte sie. »Ich bin etwas unsicher.«

Tante Alice und unsicher? Kaum vorstellbar. »Hast du schon einen Flug gebucht?«, erkundigte ich mich.

»Das ist es ja gerade, was mich so verunsichert. Ich habe im Reisebüro angerufen. Ein junger Mann war am Telefon. So weit so gut. Dann habe ich ihm gesagt, zu welchem Flughafen in Berlin ich will ... Na, halt so, wie wir sonst auch geflogen sind ...« Sie stockte.

»Ja, und weiter?«, bohrte ich.

»Der junge Mann hat gerufen: ›Wie wär's, wenn Sie 'n Lenkdrachen mitbringen!‹ Als ich nachfragen wollte, war die Verbindung unterbrochen. Der hat einfach aufgelegt, Kind! Sehr höflich finde ich das nicht.«

Berlins Brachflächen –
Großstadtfantasie gegen Investorenpläne

Auf dem Areal des früheren Flughafens Tempelhof ist der sportivste Volkspark Berlins entstanden. Mit Lenkdrachen und Skateboard erreichen Kiteskater auf den stillgelegten Rollfeldern Geschwindigkeiten von bis zu 90 km/h. Einsatz und Engagement der Stadtbewohner gegen ein geplantes Großprojekt für Wohnungsbau haben sich gelohnt. Per Bürgerentscheid erreichten die Berliner im Sommer 2009, dass der Flughafen als Denkmal erhalten bleibt und die Start- und Landebahnen für alle offen sind. Vielen war das ein Anliegen. 90.000 Berlinerinnen und Berliner gaben ihre Stimme ab. Davon waren 60.000 dafür, den Flughafen zu lassen, wie er ist. Wie die riesige Brachfläche am Platz der Luftbrücke in ihrem zweiten Leben als Park geworden ist, schaut man sich am besten selbst an.

Über der **Tempelhofer Freiheit** [S-Bahn: Tempelhof oder U-Bahn: Paradestraße], wie die Brache seit Stilllegung heißt, kreisen Drachen am Himmel. Hoch oben knattern sportliche Schnellflieger aus Kunstseide. Bodennah torkeln Kinderdrachen mit Comicfiguren drauf. Obwohl immer ein Wind geht und trotz der vielen Besucher ist es auf dem Flugfeld angenehm still. Man hört die Stimmen der anderen, aber sie klingen gedämpft wie am Strand. Viele schwören auf das Urlaubsgefühl, das man durch den weiten Blick bekommt, den man hier überall hat. Jeder fängt beim Spazierengehen auf den endlosen Start- und Landebahnen der Tempelhofer Freiheit irgendwann an, glücklich vor sich hin zu grinsen. Solche Weite und so viel Himmel kennen die Augen sonst nur vom Meer. Insofern gibt es eigentlich auch kein »zu schlechtes Wetter« fürs Flugfeld. Toll ist auch, wie sauber die Anlage ist. Was hoffentlich so bleibt.

Für Berlin sind die großen Brachen mitten in der Stadt ein Top-Charmefaktor. Freie Flächen locken Künstler, Artisten und junge, neugierige Menschen an. Das ehemalige **Kunsthaus Tacheles** [Oranienburger Straße 54–56, Mitte • S-Bahn: Oranienburger Straße], die Freifläche **Cuvrystraße** [Hausnummer 50, Kreuzberg • U-Bahn: Schlesisches Tor] mit den berühmten Wandbildern, die **Neue Heimat** auf dem alten RAW-Gelände [Revaler Straße 99, Friedrichshain • S-Bahn: Warschauer Straße] oder die Brache neben dem **Mauerpark** [Bernauer Straße 63–64, Wedding • Tram: M10 bis Jahn-Sportpark] im Bezirk Mitte sind bzw. waren lebendige und kreative Plätze, die Berlin verjüngen und jung halten. Wo nichts war, entsteht aus dem Nichts der Zauber liebevoller Ideen und ihrer farbenfrohen Umsetzung mit einfachsten Mitteln. Und dann schreibt die Presse drüber und alle kommen hin. So entsteht Gentrifizierung. Es ist paradox und selbst mit größter Anstrengung kaum aufzuhalten, dass fantasievolle, nicht selten mittellose Leute mit ihrem Engagement Berlins Kieze zu einem Geschäft für Investoren machen und hinterher als erste aus dem Kiez gedrängt werden. Für Investoren sind Flächen wie die Cuvrystraße urbane »Filetstücke«, heiß umkämpft und umlagert. Sie wollen Profit machen. Den kulturellen Wert der »Ware Wohnraum« zu erhalten, interessiert sie nicht.

Zwischen Friedrichshain und Kreuzberg, den beiden Lieblingskiezen der neuen Bohéme, wird auf dem 70.000 Quadratmeter großen alten RAW-Gelände in der Revaler Straße weiterhin gegen Bebauung und unbezahlbare Wohnungen gekämpft. Der Erfolg beim Tempelhofer Flugfeld hat den Betreibern des Subkulturzentrums **RAW-Tempel** Mut gemacht. Ein Gang über das Gelände zeigt, wie viel Fantasie und Hingabe hier eingesetzt wurden. 1867 wurde auf dem Areal die »Königlich-Preußische Eisenbahnhauptwerkstatt« eröffnet, die später Reichsbahnausbesserungswerkstatt (RAW) hieß.

Die Freifläche in der **Cuvrystraße** scheint den Kampf gegen Investoreninteressen zu verlieren. Das monumentale Wandbild eines gesichtslosen Geschäftsmanns, der zwei zusammengekettete Rolex-Uhren wie Handschellen trägt, prangt über der selbsternannten »Favela« (nach dem portugiesischen Wort für Slum) im Wrangelkiez. Die Brache zwischen Schlesischer Straße und Cuvrystraße ist von der Größe her etwa mit einem Fußballfeld vergleichbar. In Bretterbuden und Tipis aus zusammengeklebten Plastikplanen leben Familien mit bis zu fünf Kindern im Müll. Die Kinder besuchen keine Schule, sondern lernen Deutsch auf der Straße und gehen betteln. Ein Mädchen erzählt, sie sei zwölf Jahre alt und vor einem Jahr mit ihren Eltern aus Bosnien nach Berlin gekommen. Mit Bücherspenden wurde die vollgemüllte kleine Bibliothek in einer Baracke am Eingang der Favela eingerichtet, inzwischen schlafen Obdachlose in dem winzigen Raum. Wasser und Strom gibt es nicht. Gekocht wird in Konservendosen auf offenen Feuerstellen, weil es in den Baracken keine Töpfe und keinen Herd gibt.

Auf einem Sperrmüllsofa sitzt ein junger Berliner Obdachloser mit seinem Kumpel und hält einen leeren Kaffeebecher für Spenden hin.

Auf die Frage: »Was macht ihr?«, antworteten sie: »Nichts. Überleben.« Den ganzen Winter hätten sie hier verbracht, eingepackt in Schlafsäcke und Möbelkartons. Trotzdem sei es kalt gewesen.

Für die Cuvry-Brache sind Neubauten geplant. Bislang wurde das Bebauungsplanverfahren nicht abgeschlossen. Noch verhandelt der Berliner Senat mit Bauherr Artur Süsskind über den Anteil mietgünstiger Wohnungen. Wenn die Brache geräumt ist, sollen fünf- bis sechsstöckige Neubauten entstehen.

Kunsthaus Tacheles

Das Tacheles eröffnete 1908 als Kaufhaus Friedrichstraßenpassage und reichte damals von der Friedrichstraße bis zur Oranienburger Straße. Das fünfgeschossige Gebäude ist eine Stahlbetonkonstruktion der frühen Moderne. 1909 mietete Wolf Wertheim die Passage, die 1914 vor Beginn des Krieges zwangsversteigert wurde. Ab 1928 nutzte die AEG das Gebäude, das nun als »Haus der Technik« bezeichnet wurde. Hier fand Ende der 1930er-Jahre die weltweit erste Fernsehübertragung statt. Seit der Machtübernahme wurde das Haus von der NSDAP genutzt. Die Deutsche Arbeitsfront zog ein und wurde 1941 Eigentümerin. Um französische Kriegsgefangene im Dachgeschoss unterzubringen, wurden ab 1943 Dachoberlichter und die entsprechenden Dachreiter entfernt. Während der Schlacht um Berlin fluteten die Nazis einen der Tiefkeller, der bis heute unter Wasser steht. Den Zweiten Weltkrieg überstand der Bau relativ gut.

1948 übernahm der Freie Deutsche Gewerkschaftsbund (FDGB) das Haus, das im Laufe der Jahre zunehmend baufällig wurde. Damals waren in seinen Hallen das Deutsche Reisebüro, eine Artistenschule, eine Hundeschuranstalt, die Fachschule für Außenwirtschaft und Büroräume der Rundfunk- und Fernmeldetechnik RFT untergebracht. Das Kellergeschoss nutzte die Nationale Volksarmee. Das Kino Camera eröffnete im Torbau an der Friedrichstraße, doch die Räume waren baufällig. 1958 wurde der alte Vortragssaal der AEG ausgebaut und unter dem Namen OTL (Oranienburger Tor Lichtspiele) wiedereröffnet. Der Kinosaal wurde später zum Theatersaal des Tacheles umgebaut. Flake Lorenz, später Keyboarder bei Rammstein, organisierte nach der Wende den Theaterbetrieb.

Statikgutachten aus den Jahren 1969 und 1977 erklärten den Abriss des Hauses für notwendig. Der Abbau begann 1980. Zwei Jahre später wurde das Kino geschlossen und der noch komplett erhaltene Kuppelbau gesprengt. Der bis heute erhaltene Gebäudeteil sollte im April 1990 gesprengt werden. Kurz vor Sprengungstermin wurde das Tacheles am 13. Februar 1990 von der Künstlerinitiative Tacheles besetzt. Ein beim Berliner Runden Tisch gestellter Dringlichkeitsantrag stoppte den Abriss vorläufig. Die Künstlerinitiative ließ ein neues Gutachten zur Bausubstanz und Statik erstellen. Auf Grund des positiven Ergebnisses wurde das Haus zunächst vorläufig unter Denkmalschutz gestellt.

Ateliers wurden eingerichtet und Künstler begannen im Tacheles zu arbeiten. Im Theatersaal fanden vielbeachtete Butho-Tanzaufführungen statt. Ausstellungen machten die Arbeit der Künstler dem Berliner Publikum bekannt. Im Erdgeschoss lag das Café Zapata mit Café- und Barbetrieb. Abends fanden oft Konzerte statt. Im Tacheles entpuppte sich die deutsche Wiedervereinigung als lebhaft, polemisch und aufrichtig geführter Dialog zwischen Künstlern aus Ost und West. Der »Blaue Salon«, ein 400 m² großer Raum, wurde hauptsächlich für Konzerte, Lesungen etc. genutzt. Der »Goldene Saal« umfasst die gesamte erste Etage des Tacheles – hier befindet sich eine Bühne, die ein wichtiger Spielort für die Off-Theaterszene und vor allem für die freie Tanzszene in Berlin war.

Das Tacheles war »ein buntschillernder Artefakt in einer verbürgerlichten Wohngegend«, wie es der Stadtsoziologe Andrej Holm formulierte. Und das Tacheles blieb kontrovers. Der künstlerische Leiter Jochen Sandig verließ das Haus schon 1994. Rauheit und Lärm waren stilbildend für die »sixtinische Kapelle des Graffiti«, etwa die Schweißerwerkstatt des Metallkünstlers Kemal Cantürk, der mit seinen rostigen Skulpturen das Image des rohen Hauses mitprägte. Oder im Erdgeschoss das Café Zapata, das Betreiber Ludwig Eben mit lauten Konzerten bespielte. Doch 300.000 Besucher jedes Jahr in den Ateliers und Galerien sorgten bald dafür, dass immer mehr Künstler genug davon hatten, als Touristenattraktion bestaunt zu werden. Der einzige international etablierte Tacheles-Künstler war übrigens der Weißrusse Alexandr Rodin.

Schließlich rückten die Investoren an. 1998 erwarb die Fundus-Gruppe für 2,8 Millionen D-Mark das 1.250 m² große Grundstück. Der Tacheles e. V. handelte in der Folge einen Mietvertrag mit dem neuen Eigentümer aus, der bis zum 31. Dezember 2008 galt. Als eher symbolische Mietzahlung wurde eine Mark (50 Cent) pro m² pro Monat vereinbart. Nach dem Auslaufen des alten Mietvertrags konnte kein neuer ausgehandelt werden. Da der Verein die geforderte Nutzungsentschädigung von 108.000 Euro nicht aufbringen konnte, meldete er Ende 2009 Insolvenz an.

Am 4. September 2012 schloss das Tacheles.

Veranstaltungen auf Berlins Brachen

Lebendig sind sie allemal. Das historische Gasdepot auf dem **RAW-Gelände** beherbergt inzwischen einen Imbiss mit vegetarischer Küche. Für Tangoabende wird das alte Stoff- und Gerätelager genutzt. Aus dem Spitzbunker der Kriegsjahre ist ein Kletterturm gebaut worden. Aus den historischen Hallen des »RAW Franz Stenzer« sind seit 1999 Ateliers und Produktionsräume für Künstler und Veranstaltungsräume für Konzerte und Theateraufführungen entstanden. Es gibt eine Skatehalle, in der Kinder unter Aufsicht skaten können. Der Club Cassiopeia betreibt im Sommer das süße Freiluftkino *Insel* mit Barbetrieb.

Vor halbverfallenen, zu großen Teilen kunstvoll bemalten Lagerhallen findet jeden Sonntag der **Neue-Heimat-Markt** statt, auf dem Trödelsammler und Flohmarktfans feilschen, kaufen und verkaufen. An etlichen Ständen werden neben frischgepresstem Orangensaft appetitliche Kochkunstwerke abend- und morgenländischer Snackküchen angeboten.

▌**RAW-Flohmarkt** • Jeden Sonntag 9–19 Uhr • Revaler Straße 99, Friedrichshain • S- und U-Bahn: Warschauer Straße

Ganz ähnlich, wenn auch bedeutend größer, geht es seit gut zehn Jahren sonntags auf dem **Flohmarkt Mauerpark** zu. Die Freifläche im ehemaligen Grenzgebiet zwischen Wedding und Prenzlauer Berg hat sich über die Jahre zu einem veritablen Budenlabyrinth für Schnäppchenjäger gemausert. Bei schönem Wetter kommen so viele Leute, dass der Eindruck entsteht, der ganze Kiez sei ein Basar. Neubetreiber Rainer Perske will deshalb die bisherigen 500 Stände auf 400 reduzieren. Angeboten werden Schallplatten, Bücher, Kunst und Antiquitäten. Und natürlich kilometerweise Klamotten, zu mehr als fairen Preisen, verkauft von Leuten, die Urlaubsgeld für ihre nächste Asienreise brauchen ...

❚ Flohmarkt am Mauerpark • Jeden Sonntag 9–18 Uhr • Bernauer Straße 63–64, Wedding • Tram: M10 bis Jahn-Sportpark

Neben den rappelvollen Gängen des Flohmarktgeländes erstreckt sich weit und offen der **Mauerpark**. Hier gehört die Stadt wirklich allen und jeder kann kommen wie er will, ohne mit Blicken abgecheckt zu werden. Hier sind die Leute einfach zusammen, und das macht Spaß. Die Basketballer spielen ohne Aggression gegeneinander, es wird gelacht, Sport ist ein Spiel. Und es sind fast immer Musiker im Mauerpark. Viele trommeln, manchmal kommt eine Band, bringt einen Generator mit und gibt spontan ein Livekonzert. Das geheimnisvolle Amphitheater lädt, wie es so schön heißt, zum Verweilen und Zuhören ein. Aus dem erhalten gebliebenen Mauerstück oben am Hang ist um die Jahrtausendwende eine Galerie der besten Sprüher der Stadt geworden. Akim, der Prinz mit dem rabenschwarzen Peitschenzopf, hat damals virtuose Meisterwerke hinterlassen, die ihn über Berlin hinaus berühmt machten. Von Akim stammt auch die Spielidee, sich beim Anblick des Sonnenuntergangs über dem Wedding gemeinsam jeden Abend einen berühmten Maler zu überlegen, der den Himmel so gemalt haben könnte. Caspar David Friedrich? Camille Pissarro? Alfred Sisley?

Vor der Mauer stehen Schaukeln, auf denen Berliner Gören über dreißig in den Himmel fliegen. Eine Wahlberlinerin hat die Atmosphäre im Mauerpark mal so zusammengefasst: »Das ist auch was, das einem Halt gibt. Zu wissen, da ist ein Ort, wo es jeden Sonntag schön ist.«

9   Berliner Juden

Das **Künstlerhaus Bethanien** [Kottbusser Straße 10, Kreuzberg ● U-Bahn: Kottbusser Tor] in Kreuzberg wurde Mitte des 19. Jahrhunderts von Preußenkönig Friedrich Wilhelm IV. erbaut und war ursprünglich ein Krankenhaus. Vom Sehen kannte ich das herrschaftliche alte Gebäude mit den beiden schmalen Türmchen längst und hatte mich immer gefragt, was wohl aktuell da los sein mochte. Dann las ich von der Ausstellungseröffnung und ging hin. Für Berlin ist das Künstlerhaus Bethanien ein renommierter Kulturstandort. Hunderte von Kunstprojekten wurden seit 1975 in seinen Hallen auf die Beine gestellt, dabei von Anfang an disziplinübergreifend aus den Bereichen Performance, Architektur, Tanz und Theater, Bildende Kunst, Musik und Literatur. Für annähernd 1.000 Künstlerinnen und Künstler aus aller Welt war das Künstlerhaus-Stipendium der Anfang einer internationalen Karriere.

Die aktuelle Ausstellung präsentierte eine neue Arbeit von Amir Fattal aus Israel. Das Berliner Zafraan Ensemble unter Leitung von Holly Mathieson führte eine Komposition des preisgekrönten Künstlers auf. Ich wusste nur, dass es etwas mit Wagner zu tun hatte, und war gespannt. Was ich hörte, beeindruckte mich tief. Fattal hatte Isoldes *Liebestod*-Arie zu einem zwölfminütigen Musikstück umgearbeitet. Genauer gesagt hatte er die Partitur gespiegelt und brachte sie nun unter dem Titel *From the End to the Beginning* mit Instrumentalbesetzung und einer ausgezeichneten Sopranistin auf die Bühne. Ich kann nicht sagen, dass ich die Originalvorlage erkannt hätte. Eher klang Wagner wie in heranwehenden Echos aus der Musik heraus.

Erst an diesem Abend erfuhr ich, wie kontrovers Wagner in Israel ist und aus welchem Grund. Nicht, weil Hitler Bayreuth zu Füßen gelegen hatte. Sondern, weil in Auschwitz jüdische Musiker, ihren Tod in den Gaskammern vor Augen, von der SS gezwungen worden waren, Wagner zu spielen. Nur aus diesem Grund wird Wagner heute in Israel nicht mehr aufgeführt. Und wenn ihn doch jemand auf die Bühne bringt, kann er mit einiger Sicherheit davon ausgehen, dass die Aufführung gestört wird. Das Besondere an Fattals Arbeit ist, dass sie Wagner unter dem Titel *Vom Ende zum Anfang* als Zeichen des Überlebens und nicht länger als Symbol der Vernichtung interpretiert. *From the End to the Beginning* soll deshalb im Herzliya Museum of Contemporary Art in Israel aufgeführt werden. Dem Künstler selbst begegnete ich an dem Abend noch nicht, aber es lag mir am Herzen, mit den jüdischen Besuchern der Ausstellung ins Gespräch zu kommen.

Bei einem Glas Wein lernte ich eine gleichaltrige Künstlerin aus Tel Aviv kennen, der ich mich sofort verbunden fühlte. Wir kamen ins Gespräch und ich wollte ihr unbedingt anvertrauen, wie sehr mich die Geschichte der Juden in Deutschland berührt.

»Meine Familie hat unter den Nazis gelitten«, sagte ich. »Ich hatte eine jüdische Großmutter.«

»Schön für dich«, sagte sie und ließ mich stehen.

Vom Ende zum Anfang

Israelis sind direkt. Sehr direkt. Auch in New York City sagt einem jeder ins Gesicht, was er denkt. Aber Leute aus New York versuchen noch eher als Israelis, einem das Leben nach ihrem Kommentar möglich oder doch wenigstens erträglich zu machen. Israelis nicht. Israel sei ein militärisches Land, erklärte mir Amir Fattal später einmal in einem Gespräch, und Israelis kümmere es nicht, ob sie für deutsche Feinsinnigkeit zu direkt seien. Sie entschuldigen sich nicht. Eher als mit New York Citys Direktheit, fand Amir Fattal, könne man die Art der Israelis mit der Berliner Schnauze vergleichen, die auch immer recht hat und kein Wort zurücknimmt.

Das ist für Deutsche natürlich sehr schwierig. Denn Deutsche nehmen an Israelis vor allem deren jüdische Identität wahr. Die Berliner Israelis selbst nehmen sich nicht vorrangig als Juden wahr. Sie haben eine starke jüdische Identität, das ist klar. Israeli zu sein beinhaltet natürlich, Jude zu sein. Das Land ist mit dem jüdischen Glauben und dem Zionismus untrennbar eng verwoben und ein Aspekt lässt sich nicht vom anderen trennen. Trotzdem, oder gerade deshalb, haben die Israelis aus Berlin es überhaupt nicht gern, wenn »jüdisch« und »israelisch« gleichgesetzt und synonym verwendet werden. Was in Berlin aber jedes Mal geschieht, wenn Deutsche mit ihnen ins Gespräch über die deutsch-jüdische Geschichte kommen und sich rehabilitieren wollen. Viele Berliner Juden kommen aus Israel, aber nicht alle Juden sind Israelis, sondern ebenso Amerikaner oder Russen etc.

Im Gegensatz zur Black Community in Berlin oder der Gemeinschaft der Russlanddeutschen kommen Israelis nicht nach Berlin, um in ihrer eigenen Gruppe zu leben. Das haben sie in Tel Aviv auch nicht gemacht. Es geht ihnen nicht darum, in Berlin eng mit ihren Landsleuten zusammen zu sein. Vielmehr sind sie daran interessiert, in Berlin in Gemeinschaft ihrer Freunde zu leben. Und die kommen aus der ganzen Welt. Immer häufiger hört man auf den Straßen Berlins Hebräisch, und tatsächlich kommen gegenwärtig viele Israelis als Neuberliner in die Stadt. Es ist noch nicht lange her, dass im Internet der deutsch-israelische Vergleich von Schokoladenpudding zum vieldiskutierten Medienereignis wurde, weil bei Aldi ein »Schoko Dany« viermal billiger war als selbst im billigsten Discounter von Jerusalem oder Tel Aviv. Vorher war es angesichts der horrenden Preise für Frischkäse in Israel zu Demonstrationen gekommen. Israelische Auswanderer grüßten ihre Landsleute auf Facebook mit: »Wir sehen uns in Berlin!«, gaben Tipps für die Einwanderung und halfen sich gegenseitig tatkräftig beim Ausfüllen von Formularen. Man empfindet sich als weltoffenes israelisches Netzwerk und unterstützt sich gegenseitig.

Berlins Ansehen in Israel ist eindeutig positiv. Wer in Tel Aviv gelebt hat und die steigenden Mietpreise nicht mehr zahlen will, möchte trotzdem in einer großen und weltoffenen Stadt leben. Da bleiben nur zwei Alternativen: entweder New York City – aber da sind die Mieten auch sehr hoch – oder: Berlin. Die Geschichte ist nicht vergessen. Es bleibt gegenwärtig, dass in Potsdam am Wannsee die Vernichtung der Juden Europas vorbereitet wurde. Es wäre auch vermessen, zu sagen, das Leben würde nach der Schoah weitergehen. Aber es geht eben doch weiter, das Leben ...

Die meisten Israelis, die nach Berlin ziehen, sind Medien- und Marketingleute, Musiker und Künstler. Die meisten kommen aus der Mittelschicht und haben einen Universitätsabschluss. Auf die Frage, ob es in Israel eine Hipsterkultur gibt, kann man nur antworten, dass es in jeder *big urban culture*« Hipster gibt. Allerdings scheint das Phänomen in Tel Aviv bereits abzuklingen.

Wenn es um den Israel-Palästina-Konflikt geht, fühlen sich Berlins Israelis, als würde man sie für den Botschafter halten. Denn egal ob Deutsche, Franzosen, Amerikaner oder Russen, sobald Israel im Gazastreifen Militärgewalt auffährt, will jeder, der selbst einen Israeli kennt, ihm gehörig die Meinung sagen.

Debattieren ist gut. Hassen macht dumm. In Berlin haben Schändungen jüdischer Friedhöfe und Übergriffe auf Juden wieder zugenommen. Als es seitens radikaler Islamisten zu offenen Hasskundgebungen gegen Juden kam, stellten sich Zeitungen, Politiker und Prominente geschlossen vor die Juden. Am 14. September 2014 demonstrierten über 6.000 Menschen vor dem Brandenburger Tor. Der Deutsche Gewerkschaftsbund und selbst der Deutsche Fußballbund waren dabei. Unter dem Motto: »Steh auf! Nie wieder Judenhass!«, wurde ein klares Zeichen gesetzt. Auf der Demonstration sah man auch die rotweiß-grüne Flagge mit Sonne der Autonomen Region Kurdistan. Die Kurden waren gekommen, um sich mit Israel solidarisch zu erklären. Denn wie die Juden in Berlin würden auch die Kurden, von denen 15 Prozent Juden seien, von radikalen Islamisten bedroht, genauer gesagt von der Terrororganisation »Islamischer Staat« (IS).

Als erster Redner trat Dieter Graumann, Präsident des Zentralrats der Juden in Deutschland auf und sagte: »Wir sind eben doch nicht allein. Das gibt uns Kraft und Zuversicht.« Kanzlerin Merkel hielt eine Rede und verurteilte die Hassattacken in aller Schärfe. Bühnenschauspieler Ulrich Matthes vom Deutschen Theater brachte zum Ausdruck, was viele denken: »Mittlerweile gilt Antisemitismus als ein Kavaliersdelikt, das sich hinter der Floskel: ›Man wird doch wohl mal sagen dürfen‹ verbirgt«, sagte er.

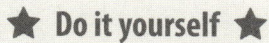 **★ Do it yourself ★**

Jüdischer Kultur auf der Spur

Mogg & Melzer: Um gute jüdische Küche auszuprobieren, empfehlen Neuberliner aus Tel Aviv das Deli von Mogg & Melzer in der Jüdischen Mädchenschule.
▌ Auguststraße 11–13, Mitte • S-Bahn: Oranienburger Straße

Jüdisches Museum
▌ Mo 10–22 Uhr, Di–So 10–20 Uhr • 8 €, ermäßigt 3 € • Lindenstraße 9–14, Kreuzberg • Bus: 248 bis Jüdisches Museum • www.jmberlin.de

Neue Synagoge, Centrum Judaicum
▌ Januar–März Mo–Do sowie So 10–18 Uhr, Fr 10–15 Uhr (Kuppel ist geschlossen), April–September Mo–Fr 10–18 Uhr, So 10–19 Uhr (Kuppel ist geöffnet), Oktober–Dezember Mo–Do sowie So 10–18 Uhr, Fr 10–15 Uhr (Kuppel ist geschlossen) • Oranienburger Straße 28–30, Mitte • S-Bahn: Oranienburger Straße

»Wie heißt das da, wo immer Micky Maus und Donald Duck rumlaufen?«, fragte Tante Alice geringschätzig am Checkpoint Charlie.

»Entenhausen?«, fragte ich.

»Nein, nicht Entenhausen! Sondern das Große, dieser Park, wie heißt der!«

»Meinst du Disneyland, Tante Alice?«

»Disneyland! Das hier ist *Disneyland*! Guck dir den Kerl an! Der will ein amerikanischer Soldat sein? *Lä-cher-lich*!«

»Du wolltest unbedingt herkommen, Tante Alice. Also, dann können wir ja wieder gehen.« Mir war's mehr als recht, aus dem Touristengedränge herauszukommen.

Der militärische Kontrollpunkt Checkpoint Charlie war während des Kalten Krieges einer der bekanntesten Grenzübergänge Berlins und wurde von den amerikanischen Alliierten kontrolliert. Zehn Wochen nach dem Mauerbau kam es im geteilten Berlin zu einer Krise, weil die Amerikaner nicht bereit waren, die DDR anzuerkennen. Am 27. Oktober standen sich am Checkpoint Charlie amerikanische und sowjetische Panzer mit scharfer Munition ausgerüstet und gefechtsbereit gegenüber. Alle historischen Relikte, wie Schlagbaumstöcke und so weiter, waren längst durch Nachbauten ersetzt. Checkpoint Charlie ist inzwischen »Made in Hollywood«, da hatte Tante Alice schon recht. Aber den Touristen war's offenbar egal, wieviel historische Echtheit an dem ganzen Kitsch noch dran war, das sah ich.

»Verzeihung. Guten Tag. Wo ist hier bitte die Mauer?«, wurden Tante Alice und ich mit sorgfältiger, etwas unsicherer Aussprache gefragt, kaum dass der Kontrollpunkt hinter uns lag. Die da fragten waren zwei junge Damen aus Mexiko City, wie sie uns erzählten. Ich wies mit der Hand zu den aufgestellten Mauerstücken zwischen den Imbissbuden. Aber die langten ihnen nicht.

»Und die ganze Mauer?«, fragten sie.

»Liebe Kinder, die ganze Mauer ist weg«, erklärte Tante Alice energisch. »Und in Deutschland sind wir froh darüber, sehr froh sogar. So, und nun auf Wiedersehen!«

Die beiden traten uns aus dem Weg und sahen so enttäuscht aus, dass sie mir leid taten. Andererseits: wie naiv. Das war schon bedenklich. Ob sie jetzt dachten: »Mist, die weite Reise nach Berlin – für nichts und wieder nichts«?

Eine von beiden rief uns noch hinterher. Müde klang das. Und ratlos. »Aber wo ist die Mauer? Wo ist *die ganze Mauer?*«

Berlin Wall worldwide

Oft ist es der Tourismus, um dessentwillen Dinge erhalten werden. Weil die Mauer *fiel,* kommen seit dem Mauerfall Besucher zu Hunderttausenden nach Berlin. Damit sie etwas zu sehen haben, muss die Mauer zumindest teilweise *stehenbleiben.* Es gab lautstarken Protest aus aller Welt dagegen, sie vollständig abzureißen. Viel ist von der Mauer nicht mehr zu sehen, doch das Wenige ist – im wahrsten Sinn des Wortes – sehr gefragt. Berlins gefallene Mauer ist Touristenattraktion, Entdeckerpfad und Dokumeile in einem. Wo sie nicht mehr steht, weisen Steine oder Schienen im Boden auf ihren ehemaligen Verlauf hin. Doch nie scheint es in ausreichender Anzahl Hinweisschilder zu geben. Lebt man länger in Berlin, gewöhnt man sich daran, Besuchern aus aller Welt den kürzesten Weg zum nächstgelegenen Rest Mauer zu erklären.

Historisch auf dem Schrottplatz der Geschichte gelandet, muss die Mauer als Attraktion für die Touristen also gerade deshalb erhalten und gepflegt werden. Ihre längsten, ganz gebliebenen Abschnitte bilden die **East-Side-Gallery** beim Ostbahnhof (mit Honecker-Breschnew-Kuss und vielen Strandbars an der Spree) und die **Gedenkstätte Berliner Mauer** Bernauer Straße in der Nähe des Mauerparks.

Für die Berliner Tourismusbranche ist der Trubel um die Mauer ein gutes Geschäft. In manchen Hotels gibt es »Mauer-Specials« mit russischer Küche. Mit dem Westin Grand lassen sich »Mauerspecht«-Angebote buchen. Da gibt es dann zur Suite die Genehmigung, sich eigenhändig ein Stück aus Berlins Mauer herauszumeißeln und als Trophäe mit nach Hause zu nehmen. Oder die Trabi-Rundfahrten. Sehr beliebt, weil der knatternde Zweitakter für ein DDR-Originalgefühl gehalten wird, das man nacherleben möchte. Der ehemalige Grenzübergang **Checkpoint Charlie** [U-Bahn: Kochstraße/Checkpoint Charlie] gehört auch eher zu den Angeboten für Touristen, denen es bei der Suche nach Spuren aus der DDR und dem Kalten Krieg mehr um Show und Stimmung geht. Vor allem das monumentale Foto-Panorama des Künstlers Yadegar Asisi beim Checkpoint Charlie ist eine Attraktion geworden. Seine »virtuelle Mauer«, ausgestellt in einem auffallenden Zeltbau, vermittelt mit Häuserfronten, Straßenschildern und allem, was damals stand, einen beeindruckend vollständigen Blick zurück in die Zeit.

Längst nicht so populär wie Checkpoint Charlie, dafür aber näher an der Mauerwirklichkeit, ist die **Gedenkstätte Berliner Mauer** in Mitte [Bernauer Straße 111, Wedding • U-Bahn: Bernauer Straße]. Nur ein paar U-Bahnstationen vom Alexanderplatz entfernt, also absolut gut erreichbar, ist die Bernauer Straße trotzdem vielen Berlinbesuchern unbekannt. Ein Foto, das hier 1961 aufgenommen wurde, ging allerdings um die Welt: Der Sprung des DDR-Grenzsoldaten Conrad Schumann. An der Ecke Bernauer Straße und Ruppiner Straße warf er seine Kalaschnikow weit von sich und flüchtete über Stacheldrahtrollen nach Westberlin.

Die ständige Ausstellung zur einst 43 Kilometer langen Berliner Mauer verläuft immerhin noch über eine Länge von 1,4 Kilometern. Das Interesse ist groß. Vor allem die unter 30-Jährigen aus aller Welt sehen die Mauer als Zeichen der Freiheit und kommen ins Dokumentationszentrum Bernauer Straße. Dramatische Fluchtversuche und der Aufbau der Grenzanlage werden erklärt. Historische Foto- und Tonaufnahmen lockern den Rundgang auf. Der Wachturm in der Gedenkstätte wurde angekauft. Er stammt aus einer NVA-Funkkaserne und stand ursprünglich in Spreenhagen, südöstlich von Berlin. Allerdings ist er baugleich mit dem Modell, das bis zum Abriss im März 1990 in der Bernauer Straße stand.

Der engagierte Direktor der Stiftung Berliner Mauer, Prof. Axel Klausmeier, hat für die Gedenkstätte eine klare Vision. Es geht ihm nicht darum, die DDR zu brandmarken und die BRD als überlegen darzustellen. Vielmehr liegt ihm die kritische Urteilsfähigkeit gerade jüngerer Menschen am Herzen. Mit der Ausstellung soll ihnen ermöglicht werden, die geschichtlichen Ereignisse in Berlin und Deutschland aus eigener Anschauung einordnen zu können.

Und was wurde aus der Mauer? Die Grenzanlagen der Berliner Mauer umfassten 46.000 Segmente. Davon wurden 90–95 Prozent in den Wochen nach Mauerfall für den Straßenbau verwendet. Wie viele von den erhalten gebliebenen etwa 2.000 bis 4.000 Mauersegmenten auch heute noch erhalten sind, ist kaum herauszufinden.

Wer noch Berliner Mauer im Keller hat, verkauft sie. Auf eBay werden Mauerteile für 7.000 Euro versteigert. Als Zeichen der Freiheit sind größere und große Stücke der Berliner Mauer auf der ganzen Welt gefragt. Über 120 Mauersegmente stehen in mehr als 40 Staaten auf allen Kontinenten. Japanische Geschäftsleute, Kunstsammler, der Papst und alle noch lebenden US-Präsidenten besitzen ein Stück Berliner Mauer. Hauptabnehmer des Andenkens an den Kalten Krieg sind die USA. Der Berliner Senat lagert senatseigene Mauerteile im Erholungspark Marzahn und stellt sie auf Anfrage zu nichtkommerziellen Zwecken zur Verfügung. Etwa um sie jemandem zum Geschenk zu machen, da hat man gleich ein nettes Mitbringsel mit Lokalbezug. Wie 2009 für den jamaikanischen Sportler Usain Bolt nach seinem 100-Meter-Weltrekord im Berliner Olympiastadion.

Zur Grenzanlage gehörte ein 112 Kilometer langer Ring aus Beton und Stacheldraht, der um Westberlin herum führte. Auf der Strecke verläuft heute der **Berliner Mauerweg** für Radfahrer. So weit es möglich ist, folgt er dem historischen Grenzverlauf. Die insgesamt 160 Kilometer lange Strecke beginnt am Brandenburger Tor und folgt auf vielen Abschnitten dem ehemaligen Zollweg (Westberlin) bzw. den Kontrollwegen der DDR-Grenztruppen.

★ Do it yourself ★

In Mitte und Kreuzberg ist die Mauer allerorten präsent. Für alle Berlinbesucher, die abseits vom Mainstream Spuren der geteilten Stadt entdecken wollen, hier ein paar Tipps:

Am **S-Bahnhof Wollankstraße** kann man noch sehen, dass die Ausgänge Richtung Osten zugemauert worden sind. Der Bahnhof gehörte nach Mauerbau zum westlichen Teilnetz der S-Bahn, lag aber in Pankow und damit im Ostteil der Stadt. Um DDR-Bürgern den Durchgang zu verwehren, mauerte die Grenzpolizei die östlichen Ausgänge zu.
▌ S-Bahn: Wollankstraße

Das **Engelbecken** in Kreuzberg gehörte früher zur Anlage des Luisenstädtischen Kanals. Nach Mauerbau war der nördliche Abschnitt der Kanalanlage Teil der Grenze. Bis heute empfindet man an diesem Ort eine Leere, die sich niemals schließen zu wollen scheint. Die Schneisen der ehemaligen Grenze sind noch deutlich zu erkennen. Der Park erscheint durch die lange Blickachse zur Kirche feierlich und wegen der minimalistischen Bepflanzung zugleich kahl und unfertig. Ein beunruhigender, unbehaglicher und deshalb umso bemerkenswerterer Platz.
▌ Bus: Heinrich-Heine-Platz

Der »**Entenschnabel**« im nördlichen Glienicke heißt so, weil es sich um ein schnabelförmiges, schmales Stück DDR handelte, das früher zwischen Frohnau und Hermsdorf nach Westberlin hineinragte. Die Mauer verlief hier so eng, dass für Grenzstreifen gar kein Platz mehr blieb. Nirgendwo sonst war die Lücke zwischen DDR und BRD so schmal wie hier: gerade mal drei Meter. Mit Fluchtversuchen war aber nicht zu rechnen, denn wie überall in unmittelbarer Grenznähe wohnten auch am Entenschnabel nur linientreue Parteigenossen. Zu erkennen ist der Entenschnabel an der Erinnerungsstele.

▌ Neben der Bundesstraße 96, Einfahrt zur Straße Am Sandkrug

Fort Hahneberg in Spandau liegt mitten im Wald. Als Festungsneubau 1888 fertiggestellt, gehörte das Fort in der DDR zum Grenzübergang Heerstraße. Leider wurde die Festung nicht gut gepflegt und instandgehalten. Wer davon profitierte, waren die flatternden Kinder der Nacht. Ach ja, und Quentin Tarantino, der hier allerdings keinen Lehrfilm über Fort Hahnebergs Fledermäuse drehte, sondern Szenen seines Kinoerfolgs *Inglourious Basterds*.

▌ Führungen April–Oktober, Sa, So und Feiertage, 14 und 16 Uhr • Erwachsene 5 €, Kinder 1 € • Hahnebergweg 50, Spandau • S- und U-Bahn: Spandau • www.forthahneberg.de

Die **Heilandskirche Port von Sacrow** (ohne Auto nicht ganz einfach zu erreichen) lag unmittelbar an der Grenze zwischen Ost- und Westberlin. Wo die Preußenkönige sich nahe Pfaueninsel und späterem Volkspark Glienicke verträumte Landsitze bauen ließen, verlief die Grenze zwischen BRD und DDR auf dem Wasser der Havel. Die Heilandskirche wurde von den Grenztruppen als Aufenthaltsraum genutzt – wenn nicht gerade Zollhunde im Kirchenschiff campierten, die im Grenzgebiet ausgebildet wurden.

▌ Di–So 10–15.30 Uhr • Fährstraße, 14469 Potsdam • Bus: Schloss Sacrow • www.heilandskirche-sacrow.de

11   Berliner Ossis und Wessis

Eigentlich gehe ich lieber ins Kino. Und manchmal ins Ballett. Aber heute hatte ich eine Karte fürs Theater und freute mich drauf. Das Stück sei gut, hatte ich von meiner Nachbarin gehört. Und meine Freundin Patricia hatte angedeutet, der Hauptdarsteller sei bezaubernder als Ryan Gosling und Christian Bale zusammen. Draußen war es warm und sonnig, es würde ein milder Abend werden. Also beschloss ich, aufs Fahrrad zu steigen und nach Lichtenberg ins Theater an der Parkaue [Parkaue 29, Lichtenberg • S- und U-Bahn: Frankfurter Allee] zu radeln. Ich brauchte das Rad nicht loszuschließen, um zu sehen, dass aus dem Ausflug nichts würde. Das Hinterrad klebte platt wie eine alte Socke am Pflaster. Ich sah auf die Uhr. Zu spät für U-Bahn und S-Bahn. Ich musste ein Taxi nehmen.

Zehn Minuten vor Beginn der Vorstellung machte ich den Fahrer darauf aufmerksam, dass wir bereits durch Friedrichsfelde fuhren. Lichtenberg lag längst hinter uns.

»Kann ick nüscht für. Ick fahre normalerweise nich inne Zone«, sagte der Fahrer. Eindeutiger Berliner, Alter etwa Mitte Vierzig.

»Und warum nicht?«, fragte ich.

»Weil ick da normalerweise nich hinfahre. Die Kollegen ooch nich. Da sehe ick keenen Cent Trinkgeld. Die sind da drüben alle vom Stamme Nimm, dit lohnt den Ärger nich.«

»Meinen Sie nicht, dass das ein Vorurteil ist?«, fragte ich.

»Nee, dit nich. *Vorurteil,* dit is ne *Behauptung.* Dass die von drüben alle nur einsacken, dit *weeß* man.«

Die Rechnung betrug 10,40 Euro. Plus fünfzehn Cent Tip.

Etwa zur selben Zeit unterhielt ich mich mit einem ostdeutschen Ehepaar. Malerisch am Wasser gelegen, vis-á-vis vom Berliner Dom, gab es damals neben dem DDR-Museum noch das DDR-Restaurant. Heute sind in beiden Gebäuden die sehenswerten bis spektakulären Exponate des DDR-Museums ausgestellt. Während ich draußen vor der Vitrine des damaligen DDR-Restaurants die Speisekarte inspizierte, bekam ich Gesellschaft. Ein ostdeutsches Ehepaar mit erwachsener Tochter ließ seinerseits den Blick über die angebotenen Gerichte wandern und unterhielt sich darüber. »Allet Sachen, die's überhaupt janich jab bei uns«, sagte die Frau. Was ihr Mann gewusst haben dürfte. Der war ja damals dabei. Die Dame sprach zwar mit ihrem Mann, wandte sich dabei aber eigentlich an ein größeres Publikum, das in diesem Fall ich repräsentierte, da außer uns dreien keiner da stand. Dieses unausgelebte, immer nur halbherzig-verschämt gezeigte Bedürfnis, sich an die Öffentlichkeit zu wenden, trifft man bei Ostdeutschen häufig an. Der Ehemann machte das Spiel mit und sagte zu seiner Frau, was beide längst wussten, ich dagegen möglicherweise noch nicht: »Gab's schon, aber die Preise waren die Hälfte.«

Sie las laut die Karte vor. »Ketwurst, Spreewaldgurken, Würzfleisch, Berliner Currywurst. Aber keinen Lachs. In der ehemaligen DDR gab's keinen Lachs. Hat alles der Westen gekriegt!«

»Aber Falscher Hase gab's«, sagte ihr Mann.

Da ich immer noch nicht weitergegangen war, was als unausgesprochene Zustimmung ausgelegt wurde, sprach die Dame nun deutlicher in meine Richtung und erklärte: »Wir ham dazu früher Rackofenck gesagt, wie in Frang-kreich.« Das ging nicht so glatt rein, wie es rausgekommen war. Ich musste kurz überlegen. Ah, sie sprach von *Frankreich*. Schon klar, die hatten *Ragout fin* gesagt, statt *Falscher Hase*.

»Und warum sagen Sie ›ehemalige DDR‹?«, fragte ich. »Es ist doch keine neue gegründet worden, oder?« Und daraufhin taten beide so, als hätten sie nichts gehört.

»Goldbroiler gab es«, sagte die Frau, die Speisekarte lesend. »Steak mit Letschow gab es«, fuhr sie fort.

»Wenn auch oft nur ohne Steak«, ergänzte ihr Mann.

Plastik oder Plaste?

Die Ostdeutschen sagen »Plaste« und merken dazu gern an, Plastik sei die Bezeichnung für eine Skulptur, die aus Ton oder Ähnlichem geformt ist und in der Galerie steht. Ein Vierteljahrhundert nach der Wiedervereinigung haben sich DDR-Deutsch und BRD-Deutsch aneinander gewöhnt.

Geblieben sind dagegen ein paar typische sprachliche Unsicherheit im Umgang mit der DDR.

Sehr häufig hört man in Berlin und Brandenburg, wie von »früher« die Rede ist. Natürlich nur zwischen Ostdeutschen. Für die BRD ging nichts verloren. Die DDR dagegen wurde zum Verschwinden gebracht und existiert nur noch als Erinnerungsland. Ein wenig ist das »früher« der Ostdeutschen dem »damals« ähnlich, mit dem Zeitzeugen der Nazis vom deutschen Faschismus sprechen. Wer die Zeit nicht miterlebt hat, spricht von der Nazizeit oder dem deutschen Faschismus oder den Hitlerjahren. Wer dabei war, sagt »damals«. Nur klingt im »früher« der Ostdeutschen deutlich eine Wehmut an, die Zeitgenossen Hitlers sich, sollte sie bei ihnen vorhanden sein, in der Öffentlichkeit verkneifen müssen.

Ähnlich wehmütig ist die ostdeutsche Gewohnheit, »bei uns« zu sagen, was exklusiv klingt und ein bisschen stolz, wenn nicht gar verschwörerisch und andere ausschließend. Aber es steckt keine Freude dahinter. Wie auch ... Wenn zum Beispiel Schwaben »bei uns« sagen, erzählen sie, wie schön es bei ihnen zu Hause *ist*. Etwa jedes Jahr im Sommer. Oder immer, wenn zwei heiraten und die ganze Familie feiert. Dieselben Wörter haben für Ostdeutsche eine ganz andere und schmerzhafte Bedeutung. »Bei uns« heißt für Leute, die in der DDR gelebt haben, dass es vorbei ist. Und dass nur noch erzählt werden kann, wie es einmal *war*.

Mit der Formulierung »zu Ostzeiten« bzw. »im Osten« verdeutlicht sich sprachlich eine große Unsicherheit. Am liebsten würde der Sprecher den Ausdruck »DDR« gar nicht mehr in den Mund nehmen. Meistens geschieht das unbewusst, weshalb es sinnvoll ist, darauf aufmerksam zu machen. Die Unsicherheit ist zu nichts gut und zumindest sprachlich kann sie überwunden werden. Also machen Sie ruhig darauf aufmerksam, dass »zu Ostzeiten« so klingt, als lebten wir jetzt in Zeiten ohne einen Osten. Es ist aber nicht die Zeit des gesamten Ostens vorüber. Sondern die Zeit der DDR.

Ein vergleichbares Beispiel ist der Sprachgebrauch »im Osten«, der ebenfalls als Ausweichausdruck für DDR herhalten muss. Entstanden ist er höchstwahrscheinlich aus der DDR-Gewohnheit die BRD als »den Westen« zu bezeichnen. So wurde nach der Wiedervereinigung aus der DDR »der Osten«. Geographisch natürlich völliger Unsinn, denn die DDR hatte vier Himmelsrichtungen. Magdeburg lag im Westen »des Ostens«, Rostock im Norden, Frankfurt/Oder im Osten und Gera im Süden.

Und spricht tatsächlich jemand »DDR« aus, hört man dazu häufig eine Phrase, die wie mildernde Umstände klingt, etwa »in der ehemaligen DDR«, was historisch unsinnig ist. Denn die DDR wurde nicht neu gegründet. Es gibt also keine ehemalige DDR.

Mit überwältigender Mehrheit (81 Prozent) sind Ostdeutsche der Meinung, dass sich die Geschichte der DDR nicht vermitteln lasse. Das ergab die Studie »Wertewandel Ost«. Fest steht, dass bis heute nur ein unvollständiges, zum Teil sehr stark vereinfachtes Bild von der DDR vermittelt wird. Daraus aber zu schließen, die Geschichte der DDR sei nicht vermittelbar, so als sei das eine Naturtatsache, blendet ganz aus, dass es in der BRD ein gezieltes Interesse daran gab, die DDR als minderwertig darzustellen und ihre Geschichte nur unvollständig zu vermitteln: *Immer schreibt der Sieger die Geschichte des Besiegten* (Brecht).

Ossis und Wessis vertreten noch immer unterschiedliche Ansichten. Auch die stereotype Wahrnehmung ist noch nicht überwunden. Aber immer häufiger gibt es Irrtümer bei der Fremdeinschätzung, was ein gutes Zeichen ist. Ossis halten öfter mal einen Wessi für einen Ossi. Wessis glauben bei gar nicht so wenigen Ossis, es seien Wessis. Schließlich begegnet man einander nicht mehr nur in Deutschland, sondern längst auf der ganzen Welt.

Auch die Ansichten über Lebensziele und Werte liegen bei Ostdeutschen und Westdeutschen nah beieinander. Für erstrebenswert werden Freundschaft, Familienglück, harmonische Partnerschaften und ein hohes Einkommen gehalten.

★ Do it yourself ★

Hier kann man die DDR in Berlin nacherleben:

DDR-Museum: Einen DDR-Kleiderschrank mit original Dederon-Fashion zum Anfassen und Anhalten, Schultaschen zum Auspacken mit allem drin, was die ABC-Schützen dabei hatten, und jede Menge weiterer Entdeckungen bietet das interaktive Museum mit dem alltagsnahen Konzept. 500.000 Besucher kommen jährlich in die Karl-Liebknecht-Straße 1 in Berlin-Mitte.
Mo–So 10–20 Uhr • 7 €, ermäßigt 4 € • Karl-Liebknecht-Straße 1, Mitte • Bus: Spandauer Straße/Marienkirche • www.ddr-museum.de/de

Trabisafari: Mit dem Trabi kann man in Berlin auf Safari gehen und die Hauptstadt bei stimmungsvoller motor-akustischer Untermalung bis in die fernsten Winkel wahlweise auf sonntäglich leeren Straßen, mitten im Berufsverkehr oder zu jeder anderen Zeit erkunden.
www.trabisafari.de • 030/20672649

In Berlin nach der Uhrzeit fragen

Im Brandenburger Umland, Ostberlin und der DDR wurde die Uhrzeit anders ausgedrückt als in der BRD. Damit Sie in Berliner Kinos nach der Einlasszeit fragen können, ohne dass es zu dreiviertelstündigen Debatten wegen der unverständlichen Bezeichnung

»viertel« bzw. »drei viertel« kommt, hier die ostdeutsche Zeitrechnung ganz einfach erklärt:

»Viertel sieben ist Einlass«: Das bedeutet, dass um viertel nach sechs Einlass ist. (Die morgendliche Uhrzeit und die abendliche Uhrzeit lauten gleich.) Merke: »Viertel« bezeichnet <u>die erste verstrichene Viertelstunde</u> seit sechs Uhr.

»Der Film beginnt um drei viertel zehn«: Demnach geht der Film um viertel vor zehn los. Merke: »Drei viertel« bezeichnet <u>drei verstrichene Viertelstunden</u> seit neun Uhr.

Die Faustregel lautet: von der genannten Stundenzahl (oberes Beispiel 7, unteres 10) <u>1 Stunde abziehen</u> (also 6, bzw. 9) und dann <u>die genannten Viertel dazurechnen</u>. (Also im oberen Beispiel 7 – 1 = 6 + ein Viertel = viertel nach sechs. Im unteren Beispiel 10 – 1 = 9 + drei Viertel = viertel vor zehn)

Die halbe Stunde und die volle Stunde werden in Ost- und Westdeutschland auf dieselbe Weise genannt.

Zum Üben (Lösungen hinten im Buch)

1. »Wir warten seit viertel elf hier.«
Lösung: _____

2. »Vor drei viertel zwölf brauchen Sie es gar nicht zu versuchen.«
Lösung: _____

3. »Um drei viertel vier waren wir noch die Einzigsten hier.«
Lösung: _____

4. »Unser Rechner hat sich um viertel acht aufgehangen.«
Lösung: _____

12 Berliner Schnauze

Berliner Schnauze ist weniger ein Dialekt als ein Charakterzug, und wer nie
sprachlos dastand und umsonst eine
passende Antwort gesucht hat, der war
nicht in Berlin.

Nach einem Streifzug über den Flohmarkt hielt ich nach einer
Bäckerei Ausschau. Die Auslage war reizvoll, und als ich an die Reihe kam, entschied ich mich für ein Schokoladencroissant. Wenn ich
jetzt darüber nachdenke, ist die einfachste Erklärung für das, was
im Folgenden geschah, eigentlich die, dass die Bäckereiverkäuferin
gerade auf Diät war. Nötig gehabt hätte sie eine, aber das nur nebenbei. Jedenfalls griff sie missmutig mit der Brötchenzange nach
einem Schokoladencroissant und im selben Moment entdeckte ich
hinter der Theke den Kaffeeautomaten. Tassen und Untertassen
standen aufgestapelt darauf. Warum sollte ich hektisch im Laufen
mein Croissant runterschlingen, wenn ich es schöner haben konnte?

»Kann man hier auch frühstücken?«, fragte ich.

An dieser Stelle muss die Szene kurz angehalten und eine Erklärung eingefügt werden, denn natürlich konnte ich selbst sehen, dass
die Möglichkeit bestand, dort zu frühstücken. Ich war ja nicht blind.
Die Barhocker am Tresen hinter der Schaufensterscheibe waren ein
ebenso klares Indiz wie die kauenden Gäste die darauf saßen und
raus auf die Straße guckten. Meine Frage war natürlich nichts anderes als der laut geäußerte Gedanke: *Ich könnte mein Croissant ja
eigentlich auch hier essen.* Und sie sollte zum Ausdruck bringen, dass
ich die Gelegenheit, in Ruhe und im Sitzen zu frühstücken, gern
wahrnehmen würde. Aber am wichtigsten von allem: Meine Fra-

ge war nett gemeint. Die meisten Verkäuferinnen hätten das auch richtig verstanden. Und sie hätten die Nettigkeit erwidert. Zum Beispiel mit einer einladenden Antwort á la: »Ja, Sie können gern hier frühstücken. Soll ich Ihr Croissant also lieber auf einen Teller legen? Nehmen Sie schon mal Platz, ich bring es Ihnen gleich zusammen mit dem Kaffee.« Irgendwas in der Art. Wie man eben höflich miteinander umgeht und sich nicht gegenseitig das Leben noch schwerer macht, als es ohnehin oft genug ist. Soweit die Erklärung. Spulen wir zur Szene zurück.

»Kann man hier auch frühstücken?«, fragte ich.

Und hier die Antwort, die ich bekam: »Wenn Se die Tür zumachen und Wasser rinnlassen, können Se hier ooch *schwimmen!*«

Kontern bis an die Schmerzgrenze

Berliner sind für ihre kalte Schnauze berühmt. Natürlich ist das allein noch kein Grund, unhöflich zu sein. Also sucht man als normalzart besaiteter Mensch nach einem vernünftigen Grund für die harten Retourkutschen und findet keinen. »Habe ich was Falsches gesagt? Was habe ich falsch gemacht?«, fragen sich viele Berlinbesucher ratlos. Da genügt es beispielsweise schon, der Kasse den Geldbetrag passend hinzuzählen, und am Ende im Sinne von: »Fein, es stimmt!«, zu sagen: »So!« Und was sagt die Kassiererin? Nicht etwa »Danke«, sondern: »Wer ›So!‹ sagt, hat nüscht zu tun!« Und zwar ohne Augenzwinkern, das den reichlich rauen Ton wieder etwas zurücknehmen würde, sondern mit voller Humorlosigkeit und als öffentliche, scharfe Zurechtweisung. So kaltschnäuzig, dass die ganze Schlange betreten zu Boden sieht und schweigt und man aus dem Geschäft schleicht, als wär man beim Klauen erwischt worden. Oder man niest in der Öffentlichkeit. Einmal. Noch einmal. Daran, dass heutzutage unter Fremden nur noch sehr selten »Gesundheit!« gewünscht wird, hat man sich inzwischen gewöhnen müssen. In Berlin kann es einem aber obendrein noch passieren, dass man zweimal so leise wie möglich niest und plötzlich jemand, den man noch nie im Leben gesehen hat, einen anblafft: »Wer dreimal niest, ist doof!« Und das nicht etwa von einem antiautoritär erzogenen Vierjährigen, sondern, ohne mit der Wimper zu zucken, von einer Frau über fünfzig!

Auch sollte die bloße Tatsache, dass man mit Servicepersonal zu tun hat, einen nicht zu dem Leichtsinn verleiten, sich vor groben Seitenhieben geschützt zu fühlen. Die Kellnerin lächelt nicht? Vorsicht, sie könnte Haare auf den Zähnen haben. Kein Charme der Welt kann daran etwas ändern. Statt zu versuchen, die Dame durch eine nette Bemerkung aufzuheitern, lieber innerlich wappnen und die Bestellung kurz und sachlich, militärisch-knapp über die Bühne bringen. Gäste eines Berliner Schwarzwaldrestaurants berichteten, sie hätten bei der Bestellung zu hören bekommen, der Schwarzwälder Schinken sei aus. Ihr Hinweis, sie seien auf Empfehlung guter Freunde extra aus Süddeutschland gekommen, wurde mit der Bemerkung abgekanzelt: »Dann essen Sie ihn doch da!«

Was ist los mit der endlosen Parade grob unfreundlicher Frauen und Männer in Berlin? Haben die alle bloß einen schlechten Tag? Richtig. Für jeden von denen war heute einfach ein richtig schlechter Tag. Genauso wie gestern, vorgestern, vorvorgestern, morgen, übermorgen und überübermorgen ein schlechter Tag war bzw. sein wird. Da kommt die küchensoziologische Binsenweisheit ins Spiel, dass es aus dem Wald so rausschallt, wie man reinruft. Eine Kassiererin, die den ganzen Tag verbale Nackenschläge ausgeteilt hat, wird mit größter Wahrscheinlichkeit abends selbst das Gefühl haben, dass keiner sie leiden kann. Und kehrt am nächsten Morgen natürlich wieder mit voll ausgefahrenen Stacheln an ihren Arbeitsplatz zurück, ihren »Kampfplatz für den Frieden«, wie der unterbezahlte Schleudersitzjob neoliberalistischer Zeiten in den Tagen des realexistierenden Sozialismus noch genannt wurde.

Theoretisch wäre der einzig sichere Weg, verbalen Schlägen unter die Gürtellinie aus dem Weg zu gehen, ganz auf die Reise nach Berlin zu verzichten. Doch da das Nachgeben des Klügeren die Weltherrschaft der Dummen bekanntlich erst möglich gemacht hat, kommt Ausweichen praktisch natürlich nicht in Frage.

Eine Yogalehrerin aus Kreuzberg empfiehlt ihre erprobte, leicht anwendbare und wirksame Taktik für den verbalen Nahkampf. Wegen des enthaltenen Überraschungseffekts kommt sie dem nahe, was in der Psychologie als »paradoxe Interaktion« bezeichnet wird. Zugleich bewahrt sie ihren Anwender zuverlässig vor karmischer Verschlackung durch Zurückschimpfen und damit vor implizitem Absinken aufs gegnerische Niveau. Während also noch die Ohren summen von Bemerkungen wie: »Wenn Se die Tür zumachen und Wasser rinnlassen, können Se hier ooch *schwimmen!*«, oder »Wer ›So!‹ sagt, hat nüscht zu tun!«, genügt es, dem Gegenüber direkt in die Augen zu schauen und zu erwidern: »Wie *nett* von Ihnen, das zu sagen!« Wichtig sind ein ruhiger Tonfall und eine deutliche Aussprache.

Keine frotzelnde Berliner Kellnerin, Kassiererin, kein rüpeliger Berliner Taxifahrer, Türsteher oder Ähnliches wird *nicht* von den Socken sein, wenn man ihr bzw. ihm plötzlich *Wohlwollen* entgegenbringt. Das haben die nämlich mitunter schon jahrelang nicht mehr erlebt. Spontane Kehrtwenden im Verhalten sind keine Seltenheit. Wo ruppige Flegelei war, erblüht zarte Zuvorkommenheit. Man darf nicht vergessen, dass manche Menschen einfach verlernt haben, zu lächeln. Viele leben allein, arbeiten den ganzen Tag, sitzen abends allein auf dem Sofa und sehen fern. Alles kein Grund zur Freude.

Und weil es wichtig ist, die Frechheiten, die einem in Berlin gelegentlich um die Ohren fliegen, nicht persönlich zu nehmen, noch ein Hinweis auf die Brandenburger Mentalität. Brandenburger sind resistent gegen jede Form von Einvernehmen. Freundlichkeiten wehren Brandenburger reflexhaft ab. Das ist deshalb wichtig zu wissen, weil Berlin trotz frischer Impulse aus aller Welt von seinen märkischen Outbacks tief geprägt ist und bleibt. Wer einem Brandenburger sagt, sein Garten blühe schön, wird etwas Ähnliches zu hören bekommen wie: »Blüht ja nichts, nach dem harten Winter.« Beginnt man die Unterhaltung mit: »Ganz schön kalt, heute«, wird der Brandenburger antworten: »Sind acht Grad. Kalt ist was anderes.« Freundliche Bemerkungen oder sogar Komplimente werden von Brandenburgern möglicherweise als billiger Fraternisierungsversuch oder im Ernstfall als feindliche Übernahme aufgefasst (was historisch zwar begründet sein mag, die Pauschalisierung jedoch nicht rechtfertigt). Sie bringen das Gegenüber jedenfalls nicht zum Lächeln. Oft ist das Gegenteil der Fall.

Das Beste ist, Berliner Schnauze einfach wie einen Kinofilm zu erleben. Es hilft, sich vorzustellen, dass die Freunde zu Hause Tränen lachen werden, wenn man ihnen erzählt, was man sich hat anhören müssen und was das für Leute waren, die einem so dickhäutig gekommen sind. Und es tröstet, daran zu denken, dass man die Kotterschnauze in ein paar Minuten hinter sich gelassen hat und nie wiedersehen wird. Während sie selbst sich den ganzen Tag und ein ganzes Leben lang ertragen muss. Oder man merkt sich den Berliner Spruch: »Wer vorne frech ist, hat hinten Schiss«, und lässt ihn irgendwann bei Gelegenheit mal beiläufig fallen.

Berliner Stammtischkneipen

Die Berliner Schnauze braucht einiges an Bier, um richtig geölt zu laufen. Dafür sind die »harten« Ur-Berliner Eck- und Absturzkneipen genau der richtige Ort:

Bei Schlawinchen: 24 Stunden Betrieb in einer der letzten Raucherkneipen im Graefekiez.
Schönleinstraße 34, Kreuzberg • U-Bahn: Schönleinstraße

Gaststätte Willi Mangler: Gute Stullen zum Bier und eine trendresistente Stammkundschaft.
Hauptstraße 57, Ecke Koburger Straße, Schöneberg •
S- und U-Bahn: Innsbrucker Platz

Richter's im Tschaikowski Eck: Mittwochs ist Grilltag auf der Terrasse.

▌ Di–Sa ab 16 Uhr • Tschaikowskistraße 30, Ecke Grabbeallee, Pankow • Bus: Tschaikowskistraße

Destille: Einen Platz am Tresen suchen, dass Ihnen kein Spruch der Belegschaft entgeht. »Glaub, ich hab Tinnitus auf'n Augen: Ich seh hier überall nur Pfeifen.«

▌ Täglich ab 13 Uhr • Mehringdamm 67, Kreuzberg • U-Bahn: Mehringdamm

Zum Doppelpass: Gute Kneipe zum Fußballgucken mit unaufgeregter Stammkundschaft.

▌ Bochumer Straße 17, Tiergarten • U-Bahn: Turmstraße

Bierbaum 3: Bikertreffpunkt in Neukölln mit Jukebox, Dart, Billard und Frühstück ab zwei Euro.

▌ Schillerpromenade 31, Neukölln • U-Bahn: Leinestraße

Stadtklause: Die Mitarbeiter vom *Tagesspiegel* haben sich die Klause zum »Wohnzimmer« erklärt.

▌ Bernburger Straße 35, Kreuzberg • S-Bahn: Anhalter Bahnhof

Kumpelnest 3000: Wenn Sabrina Tresen macht, kriegt jeder einen Spruch weg.

▌ Täglich ab 19 Uhr • Lützowstraße 23, Tiergarten • U-Bahn: Kurfürstenstraße, Bus: Lützowstraße/Potsdamer Straße

13   Berliner Schwaben

Tante Alice genoss Berlin. Nicht einmal, um kurz etwas essen zu gehen, wollte sie unseren Streifzug durch den Prenzlauer Berg unterbrechen. Ebenso gut könnten wir uns beim Bäcker eine Stärkung holen, sagte sie. Also betraten wir gemeinsam eine kleine Bäckerei.

»Was nehm ich, was nehm ich nur, *haidanai*?«, murmelte Tantchen ganz Stuttgarterin, mit dem schwäbischen Ausdruck beredter Ratlosigkeit. Schließlich entschied sie sich für das Einfachste und zeigte auf die frischgebackenen Schrippen. »Dann nehm ich vier von denen da, wie heißen die noch gleich, den ... den ...«, sagte sie.

»Na, was ist? Wollten Sie *Wecken* sagen?« Du liebe Zeit, war die Bäckerin mit einem Mal unleidlich! »*Schrippen*, die können Sie von mir haben, gute Frau! Aber *Wecken* und *Pflaumendatschi* und den ganzen Quatsch, das gibt's bei mir alles nicht, klar?«, wetterte sie.

Heißt Kehrwoche sieben Tage Fegen?

Boggmischd. Natürlich nicht. Wesentlich interessanter ist die Geschichte, wie es die wöchentliche Treppenhausreinigung der Schwaben überhaupt in die Schlagzeilen der Berliner Tagespresse geschafft hat. Und nicht nur *Kehrwoche.* Auch *Wecken* und *Pflaumendatschi* wurden Gegenstand einer leidenschaftlich geführten Debatte, über deren Folgen sogar die *New York Times* eine Reportage brachte.

Ins Rollen gebracht hatten den Aufruhr Sticheleien eines wortstarken, nicht unsympathischen Pensionärs, der seit über vierzig

Jahren im Prenzlauer Berg wohnt und kein Blatt vor den Mund nimmt. Ex-Vizepräsident des Bundestages Wolfgang Thierse fand die zugezogenen Schwaben in seinem Kiez nicht integrationswillig genug. *Heiligs Blechle.* »Ich wünsche mir, dass die Schwaben begreifen, dass sie jetzt in Berlin sind und nicht mehr in ihrer Kleinstadt mit Kehrwoche«, sagte er der *Berliner Morgenpost*. 90 Prozent seiner Nachbarn seien erst nach 1990 in die Hauptstadt gezogen und täten jetzt so, als sei das ihre Stadt. Während er, als Urviech im Kiez, das Gefühl hätte, er müsste »unter Artenschutz« gestellt werden.

Und plötzlich waren an allem die Schwaben Schuld. Der »Berliner Schwabenstreit« brachte Schwung ins Pressejahr 2013. Thierse feuerte weiter. Erst kämen die Schwaben nach Berlin, weil sie es so schön abenteuerlich und bunt fänden. Aber nach einer gewissen Zeit wollten sie es so haben wie zu Hause und würden Berlin spießig machen. Und dann die Sache mit dem Dialekt. »Ich ärgere mich, wenn ich beim Bäcker erfahre, dass es keine Schrippen gibt, sondern Wecken«, wetterte Thierse. In Berlin sage man Schrippen und »daran könnten sich selbst Schwaben gewöhnen«. Und mit *Pflaumendatschi* solle ihm erst recht keiner kommen. In Berlin heiße es Pflaumenkuchen. Und damit basta.

Und die Schwaben? Nahmen sie den Affront auf Heimatliebe und Traditionsbewusstsein einfach so hin?

Ha no! Keineswegs.

Als erste bekam Käthe Kollwitz die Folgen von Thierses Schwabenschelte zu spüren. Das anonyme Aktionsbündnis »Free Schwabylon« verübte ein Spätzle-Attentat auf die Bronzeskulptur der deutschen Malerin. Zur Nudelbombe kam die Forderung nach einer autonomen schwäbischen Region am Kollwitzplatz. Die Meldung erreichte die USA. Die *New York Times* titelte: »Schwäbische Separatisten schmeißen Spätzle«.

Schwabylon, die satirisch geforderte schwäbische Enklave im Prenzlauer Berg rund um den Einsteinplatz, sollte im Norden von der Danziger Straße, im Süden von der Metzer Straße und in westöstlicher Richtung von Schönhauser und Prenzlauer Allee flankiert werden [U-Bahn: Senefelderplatz]. Das Aktionsbündnis formulierte dazu eine Gründungserklärung:

>*In Schwabylon kann sich das moderne Schwabentum ungeachtet überholter Vorurteile und fernab von Anfeindungen durch die Berliner Uranwohner frei entfalten. Hier flanieren Schwaben vorbei an Biolä-den, Designboutiquen und sanierten Altbauten. Der jetzige Wasser-turm fungiert als Bezirksamt unter dem Namen Hölderlinturm. Wer offizieller Bürger von Schwabylon werden will, der muss einen Einbür-gerungstest absolvieren. Dabei zählen entweder schwäbische Soft Skills wie Hölderlin-Gedichte aufsagen und Hegel erklären oder schwäbische Hard Skills wie etwa der Nachweis eines Mindesteinkommens.*

In Schwabylon gibt es keine Discountersupermärkte, die Mitarbei-ter zu menschenunwürdigen Arbeitsbedingungen beschäftigen. Denn hier sind die Bürger tüchtig, innovativ und wohlhabend. Deswegen ist Schwabylon wirtschaftlich so stark, dass dank dieses Bezirkes ganz Berlin schuldenfrei ist. In Schwabylon existiert keine totalitäre Ord-nung, hier herrschen Friede, Freude und Eierspätzle!«

Circa 300.000 Schwaben leben in Berlin. Sie lieben ihre gute Küche und haben die Hauptstadt um sehr empfehlenswerte Restaurants be-reichert. Mit gutem Essen macht man sich keine Feinde. Aber der sogenannte »Schwabenhass« zielt auch nicht auf Spätzle und Maul-taschen. Selbst Thierses Äußerungen waren eigentlich harmlos. Was die Schwaben tatsächlich zur Zielscheibe machte, waren nicht We-cken und Pflaumendatschi, sondern die fälschliche Annahme, sie seien Schuld an der Gentrifizierung im Prenzlauer Berg. Thierse sprach von »Verdrängung, für die Schwaben der Inbegriff seien«. »Ich habe gegen das Schwäbische und Bayerische nichts, das soll da gesprochen werden, wo sie wohnen, hier in Berlin möchte ich gerne, dass das Berlinerische noch eine Chance hat«, erläuterte der Ehren-doktor der Philosophie seine »ein bisschen lokalpatriotische« Ge-sinnung. Sprache sei für ihn eben »auch ein Ort von Heimat«. Das bedeute jedoch nicht, dass er »eine Käseglocke über den Prenzlauer

Berg stülpen« wolle. Die Berliner Tagespresse griff das Fehlurteil auf und brachte den Zwist in die Schlagzeilen.

Dabei kamen bei Weitem nicht alle Neuberliner, die nach der Wende Wohnungen in Ostberlin kauften und die Gentrifizierung in Gang setzten, aus dem Schwabenland. Aber Hass macht es sich leicht. Ein Sündenbock musste her. Auf diese Weise wurde »Schwaben« im Prenzlauer Berg zum Pauschalbegriff für wohlhabende Zugezogene aus dem Rheinland, Baden-Württemberg und Bayern. Die einen sagten, sie wären Spießer und würden ihre Spießigkeit nach Berlin tragen. Sie waren dabei sicher auch ein bisschen neidisch auf den Wohlstand der neuen Nachbarn. Andere nahmen eine Spraydose und sprühten »Ostberlin wünscht gute Heimfahrt« an die Wand. Gegen unbekannte Sprayer wurde polizeilich ermittelt. Ihr Spruch: »Kauft nicht bei Schwaben«, ging zu weit und wurde von Bürgermeister Wowereit öffentlich als »unsägliche Aktion« gerügt.

Für Thierse wurde die Offensive zum Bumerang. Die SPD-Fraktion des Baden- Württembergischen Landtags lud den schillernden Streithahn als Gastredner zum 25. Jahrestag des Berliner Mauerfalls ein. Doch CDU und FDP erklärten sich entschieden dagegen. Plötzlich stand Thierse in Baden-Württemberg als Persona non grata da. Seine Anwesenheit bei der Gedenkveranstaltung sei unerwünscht, hieß es. Grund waren die Frotzeleien gegen die Schwaben im Prenzlauer Berg. Wie es seitens der CDU und FDP hieß, wolle und könne man Herrn Thierse eine Veranstaltung unter Schwaben nicht zumuten. Nicht, wenn ihm schon die paar Landsleute in Ostberlin so auf den Keks gingen. Statt einzulenken, holte der Ausgeladene noch weiter aus und wunderte sich öffentlich in Radio- und Zeitungsinterviews über die »organisierte Schwabenschaft«, deren Empörung über seine »freundlich-heitere Bemerkung« nichts anderes als »Kleingeistigkeit« sei, die Vorurteile eher vertiefe, als sie aus dem Weg zu räumen. Die Aufregung fand er lächerlich, die Berliner würden sowas mit Humor nehmen.

Schließlich holten die Schwaben die *Kaschtanien selbscht* aus dem Feuer und begruben das Kriegsbeil. Wolfgang Thierse wurde vom Berliner Schwabennetzwerk zum 1. Schwabentalk eingeladen. Er nahm die Einladung an. Der Empfang war herzlich und voller Sympathie. Thierse wunderte sich darüber, dass so viele Schwaben gekommen seien und obendrein noch acht Euro Eintritt bezahlt hätten, um den Mann zu sehen, der sie beleidigt hätte. Ein bisschen stichelte er noch, die Mauer hätte zumindest den Vorteil gehabt, den Prenzlauer Berg vor dem Ansturm der Schwaben zu schützen. Dem spendeten Gastgeber Claus-Eckart Schmidt und das Publikum wärmsten Applaus. Thierse stimmte die schwäbische Charmeoffensive versöhnlich. Im Laufe des Abends erklärte der gebürtige Breslauer dem Publikum den Unterschied zwischen Ostschrippen und Westschrippen (»die Westschrippen enthalten mehr Luft, die sind aufgeblasen!«). Dann folgte der Höhepunkt der Veranstaltung. Mit verbundenen Augen wurden dem Ehrengast nacheinander eine schwäbische Wecke und eine Berliner Schrippe zum Tast- und Geschmacksvergleich in die Hand gedrückt. Thierse brauchte nicht lange zu überlegen.

»Ganz klar, das ist die Berliner Schrippe!«, rief er und hielt triumphierend das ausgewählte Brötchen hoch. Zum unbändigen Vergnügen aller Anwesenden handelte es sich dabei um die schwäbische Wecke.

★ Do it yourself ★

»*Lasseds eich schmegga!*« Und es schmeckt. Schwäbische Gastfreundschaft und beste Heimatküche bieten die folgenden Restaurants, um nur einige zu nennen:

Wiesenstein: Deftig-delikate Suppenklassiker von Flädlesuppe bis Leberknödelsuppe und ein breites Angebot an Maultaschenvariationen. ▌Viktoria-Luise-Platz 12a, Schöneberg • U-Bahn: Viktorioa-Luise-Platz • www.wiesenstein.de

Repkes Spätzlerei: Repke ist berühmt für seine hausgemachten Spätzle und Flammkuchen. Wer einmal da war, geht immer wieder hin.

❚ Bleibtreustraße 46, Charlottenburg • U-Bahn: Uhlandstraße • www.spaetzlerei.de

Maultaschen Manufaktur: Von Meisterhand gefertigte Maultaschen, auf die Berlins Feinschmecker nicht mehr verzichten mögen.

❚ Lützowstraße 22, Tiergarten • U-Bahn: Kurfürstenstraße,
Bus: Lützowstraße/Potsdamer Straße • www.maultaschen-manufaktur.de

Außerdem haben in Berlin **schwäbische Bäckereien** eröffnet, zum Beispiel in der Prenzlauer Allee 53 und in der Weserstraße 25 in Friedrichshain.

14 Berlins Ampelmännchen

Tante Alices Abschiedstag rückte näher. In gut einer Woche hatte ich ihr alles von Berlin gezeigt, was ich kannte, und dabei selbst ein paar neue Orte entdeckt. Wenn wir gut waren, schafften wir morgen noch den Ausflug nach Potsdam. Schloss Sanssouci rief. Heute hatte Alice nach unserem Besuch der Alten und der Neuen Nationalgalerie darauf bestanden, auf den Fernsehturm zu fahren. Danach Abendbrot zu Hause und Umziehen für *Carmen* in der Komischen Oper. Aber erst mal standen wir wieder auf dem Alex und meine Ohren waren nach der ewig langen Fahrstuhlfahrt immer noch dicht.

»Wieso armer Huber?«, fragte ich, mir beim Versuch, zu gähnen, den Kiefer verrenkend.

»Irma Huber! Irma Huber braucht noch ein Mitbringsel«, skandierte mir die Tante ins Ohr. »Ich hab auf ihren Gustl aufgepasst, wie die Irma in Dubrovnik war. Dafür gießt jetzt sie meine Begonien, solange ich nicht daheim bin.«

Gegenüber vom Roten Rathaus, neben Bäcker Wiedemann, begann die Souvenir-Meile. Wir hatten es also nicht weit. »Was willst du ihr denn kaufen?«, fragte ich.

»Erst mal gucken, was es gibt!«, rief Tante Alice.

Was wir auf dem Weg zum Brandenburger Tor in sämtlichen Souvenirshops fanden, waren endlose Variationen über fünf Berliner Ikonen: Die Mauer. Das Brandenburger Tor. Der Trabi. Buddy Bär. Und das Ampelmännchen. Mich beschlich der Verdacht, das Zusammenfügen aller hier feilgebotenen Betonklümpchen würde ein

Bauwerk ergeben, länger als die Chinesische Mauer. Aber weil jedes Stückchen Berliner Mauer ein Zertifikat trug, behielt ich meine Vermutung für mich. Tante Alice hielt etwas gegens Licht. Es handelte sich um ein kleines Vitrinchen aus Plastik. Darin lag ein grauer Betonbrocken, Zertifikat drangeklebt. Die Rückwand des Schmuckstücks zierte ein Foto des Brandenburger Tors. Auf dem Mauerstück stand zur Krönung des Ganzen ein walnussgroßer Trabi. Einfach entsetzlich.

»Was hat dir Irma denn aus Dubrovnik mitgebracht?«, fragte ich. Weil ich hinter Tantchens Wahl einen Racheakt vermutete.

»Einen Teller zum Aufhängen. Bemalt mit der Stadtmauer. Leider aus Holz, dass ich ihn nicht mal hab vom Fensterbrett fallenlassen können, beim Staubwischen.«

Hatte ich's doch geahnt. »Und wie wär's hiermit?«, fragte ich.

»Was ist das?«, wollte Alice wissen.

»Buddy Bär. Mit Krone auf dem Kopf. Hält ein Stück Berliner Mauer auf der Pfote. Aber ich sehe kein Zertifikat. Könnte auch Katzenstreu sein.«

»Alles nicht das Richtige«, entschied Tante Alice.

Das führte uns schließlich in den Ampelmännchen-Laden, wo ich zum ersten Mal begann, tiefer über das Wort »Souvenir« nachzudenken. Der Französischunterricht in der Schule war schon ein paar Jahre her. Gedankenvoll schob ich die Tüte rot-grüner Ampelmännchen-Nudeln, gefärbt mit Bio-Spinat und Bio-Tomate, ins Regal zurück. Hieß *sous* nicht »unter« und *venir* »gehen«? Von der anderen Seite des Ladens winkte Alice mit einem Ampelmännchen-Handfeger und einem Ampelmännchen-Kehrblech. Souvenir gleich Untergang? Des Abendlandes? Nein, das Verb *se souvenir* bedeutete »sich erinnern«.

»Und woran erinnert das Ampelmännchen?«, überlegte ich laut.

»Daran, dass der Westen in Kleinigkeiten großzügig war«, stellte Tante Alice sarkastisch fest. Sie hielt zwei Fußmatten hoch.

»Rotes Männchen oder grünes Männchen?«

»Wenn schon, dann das grüne«, sagte ich. »Aber du musst dich nicht wundern, wenn Irma Huber beim nächsten Mal deine Begonien eingehen lässt.«

DDR-Stilikone des Straßenverkehrs

Hart aber wahr: »Roter Steher« und »Grüner Geher«, beide Baujahr 1969, waren praktisch die einzigen Ossis, die nach der Wende ihren DDR-Job behielten. War es nur ihres forsch-sympathischen Auftretens wegen, dass ihnen die Wessis nicht den Strom abknipsten? Die beiden stämmigen Hutträger legten nach dem Mauerfall eine saubere Westkarriere hin. Sie blieben nicht bloß auf Ampeln real existent, sondern auch als *das* DDR-Relikt schlechthin – noch weit vor Trabis, Halloren-Kugeln, Mauerkrümeln und blauen FDJ-Hemden.

Nein, das DDR-Ampelmännchen hat die rot-grüne Westkonkurrenz nicht nur durch den frischeren Auftritt, sondern durch größere Kompetenz ausgestochen. Und die wurde ihm wissenschaftlich attestiert. Von Wessis. In einer großangelegten Universitätsstudie mit etlichen Probanden wurde es bewiesen: Das rote Ost-Ampelmännchen bringt den Befehl »Stopp! Stehenbleiben!« kompromisslos-klar und eindeutig besser rüber als der zaudernde, magere Westkonkurrent. Und der Grüne aus der Zone latscht, Nase im Wind, so mitreißend los, dass klar ist: »Jetzt rüber, Kinderchen! Vorwärts immer, rückwärts nimmer!« Während die meisten Testpersonen beim westdeutschen Ampelmännchen wahrscheinlich an einen Blinden ohne Blindenstock dachten.

Der Zweck eines Ampelmännchens ist, dass es deutlich vermittelt, was Sache ist. Und bei 3.606 Toten und 384.100 Verletzten im Straßenverkehr im Jahr 2012 ist klar, dass der Job Verantwortung mit sich bringt. Die Frage, ob die klare Präsenz der Ost-Ampelmännchen möglicherweise dazu beitragen kann, im Straßenverkehr Menschenleben zu schützen, ließ das Wissenschaftlerteam um Forscherin Claudia Peschke von der Jacobs University Bremen nicht mehr los.

Den Beweis erbrachte der Stroop-Effekt, bei dem es um Reaktionszeit geht. Je weniger eine Botschaft durch widersprüchliche Aspekte verschleiert wird, desto schneller die Reaktion. Halt ich dir ein Glas Wodka hin und lächle dir zu, wirst du das Glas nehmen und leertrinken. Ist aber ein Totenkopf mit zwei Knochen aufs Glas gemalt oder das Symbol für ätzende Flüssigkeiten, wird das deinen Reaktionsablauf erheblich verzögern. Klar soweit? Sehr gut, Stroop-Effekt kapiert.

Die Probanden in Bremen haben natürlich keinen Wodka gekriegt, dazu war das Setting des Tests ohnehin schon zu verzwickt. Sie mussten einen Knopf drücken. Entweder »Gehen« oder »Stehen«. Und dann wurde experimentiert. Mal war das stehende Ampelmännchen rot, mal war es grün. Mal war das grüne Männchen aus dem Osten, mal war es aus dem Westen. Und was signalisiert zum Beispiel den Befehl »Gehen« deutlicher: das gehende Ost-Ampelmännchen ausnahmsweise in Rot? Oder das gehende West-Ampelmännchen in grün?

Die Ergebnisse zeigten, dass sich die Versuchspersonen in der Farb-Aufgabe stärker durch die nicht übereinstimmende Gestalt der Ost-Ampelmännchen als die der West-Ampelmännchen irritieren ließen. Das heißt im Umkehrschluss: Die Westmännchen sehen viel zu ähnlich aus. Die machen nicht genug aus ihrer Rolle. Kein Charme. Talentlos. Kein *acting out*.

Fazit: alle Testpersonen reagierten schneller auf das Ost- als auf das West-Ampelmännchen. Das legt nahe, dass die Gestalt der Ost-Ampelmännchen visuell prägnanter und damit in der Funktion als Verkehrszeichen wirksamer ist. Ein tolles Ergebnis. Erst recht vor dem Hintergrund, dass sie in der DDR eigentlich noch gar keine richtigen Autos kannten (kleiner Scherz).

Nach dem schönen Sieg kam von den Forschern das klare Signal, unbedingt mehr Ost-Ampelmännchen auf deutsche Straßen zu stellen. Denn wenn das Ost-Männchen auch nur einen Fußgänger mehr vor dem Verkehrstod bewahrt als sein westlicher Kollege, wäre das doch den Aufwand schon wert. In Berlin wird seit Januar 2005 auch in den Westbezirken das Ost-Ampelmännchen an Ampeln eingesetzt. Diesem Beispiel folgten verschiedene andere west- und ostdeutsche Städte.

Dann ging's richtig los. Sternstunden der Demokratie und der Gleichberechtigung: Die Berliner SPD-Mitte kam mit einem unerhörten Vorschlag. Die Damen forderten Ampelfrauen. Ratlosigkeit im Senat. Ja wie, etwa oben eine »Stopp-Frau« milka-lila leuchtend und in Latzhose? Sonst bleibt doch kein Kerl stehen, wenn er ein Weib vor sich aufleuchten sieht. Ein Schlag ins Kontor. Wie sollte man das dem Präsidenten von Amerika auf der nächsten Stadtrundfahrt erklären? Irgendwann würden da in Washington schließlich auch mal wieder die Konservativen ans Ruder kommen, und dann? Also Zeit gewinnen.

Erst mal landete der Antrag in den Ausschüssen. Leicht hatte es Initiatorin Martina Matischok-Yesilcimenin nicht, der eine modernselbstbewusste Ampelfrau mit Anzughose und Pumps vorschwebte, wenn sie Gleichstellungs- und Verkehrspolitik zusammendachte. Schon aufgrund ihres zungendrescherisch emanzipierten Familiennamens nicht, der irgendwo auch einfach zu orientalisch klang, um in einer kultursoziologisch derart weitreichenden Frage politisches Vertrauen einzuflößen. Anders gefragt: Was war, wenn Türkinnen und Araberinnen sich von der Alemaninnenampel diskriminiert fühlten und im Wedding und in Kreuzberg für ihre Ampeldamen den grünen bzw. roten Tschador beantragten, bevor ihre Ehemänner, Schwager, Väter und Onkel, aufgepeitscht von öffentlich zum Ausdruck gebrachter Sexualisierung im Verkehr, Messerstechereien anfingen? Also die brachten locker zwanzigtausend Unterschriften für sonstwas zusammen, so groß wie bei denen die Clans waren. Na, da könnte man als Weltstadt ja dann direkt einpacken.

Ganz überraschend kam die Ablehnung des Senats insofern nicht. »Berlin beabsichtigt nicht, andere Sinnbilder einzuführen, da im Interesse der Verkehrssicherheit ein einheitliches Erscheinungsbild gewährleistet werden muss«, erklärte die CDU. Zudem sei die einheitliche Verwendung nur noch des »Ost-Ampelmännchens«

auch zu einem »sympathischen Identitätsfaktor« in Berlins Straßenbild geworden. Darüber hinaus wirke die Darstellung der Ampelfrau mit Zöpfen und Rock wenig zeitgemäß. Modern und gesellschaftliche Wirklichkeit sei das DDR-Ampelmännchen mit seinem Joseph-Beuys-Hut ja wohl auch nicht gerade, konterte die SPD.

Im Brandenburgischen Fürstenwald kam pünktlich zum Frauentag 2012 die erste Ampelfrau ans Licht. Eine Berliner Firma tauschte die roten und grünen Blenden der Fußgängerampeln aus. Fürstenwalde sei damit die erste Stadt Brandenburgs, die im Verkehr auf Gleichberechtigung setzt, freute sich die städtische Gleichstellungsbeauftragte.

Und wer steckt hinter der Ampelmännchen-Pasta, handgeschöpften Ampelmännchen-Pralinen, Ampelmännchen-Weingummis, Ampelmännchen-Lipgloss und den knuddeligen Ampelmännchen aus rotem und grünem Plüsch? Die Rechte für die beständig expandierende Produktpalette hält der Berliner Designer Markus Heckhausen. Nach seiner Klage gegen einen sächsischen Ingenieur hat das Landgericht Leipzig ihm den Großteil der Markenrechte an den gefragten Souvenirartikeln zuerkannt. Der Sachse, zu DDR-Zeiten alleiniger Hersteller von Verkehrsampeln, darf das Ampelmännchen nur noch als Aufdruck auf Etiketten alkoholischer Getränke verwenden. Heckhausen und seiner Ampelmann GmbH wurden die Rechte für Metallprodukte, Spiel- und Sportartikel sowie Schreibwaren zugesprochen.

Top Ten: Berlin beim ersten Mal

1 Tee im **KaDeWe** kaufen.

2 Zu Fuß die **Siegessäule** hochsteigen.

3 Ein Bier auf die Hand im **Späti** kaufen.

4 Aufs **Flugfeld Tempelhof** gehen.

5 Eine Currywurst bei **Curry 36** [Mehringdamm 36, Kreuzberg • U-Bahn: Mehringdamm] essen.

6 Mit der **S-Bahn die Strecke Alexanderplatz bis Hauptbahnhof** fahren und rausgucken.

7 Sich auf den **Hochschaukeln im Mauerpark** hochschaukeln.

8 Im **Graefekiez** die Kanalschwäne fotografieren und heimlich füttern.

9 Beim **Sowjetischen Ehrenmal** im Treptower Park Gänsehaut kriegen.

10 Ein **Straßenkonzert auf der Warschauer Brücke** hören.

15   Berlins Brennpunkt: Neukölln

In Neukölln sollte die WG-Mitbewoh-
nerin einer Bekannten von mir aus ihren Gedichten lesen. Weil das Angebot
an Lesungen in Berlin gelinde gesagt
ausufernd ist, und weil es keinen Spaß macht, vor leeren Stühlen zu
lesen, hatte ich zugesagt zu kommen. Annes Lesung sollte in einem
Galerie-Café namens Klötze und Schinken [Bürknerstraße 12 • U-Bahn:
Schönleinstraße] stattfinden. So ganz waren ihre Sachen nicht mein Fall,
die meisten ihrer Gedichte ähnelten auch eher politischen Reden als
dem, was ich mir unter Lyrik vorstellte. Anne pflegte mit tiefer, skan-
dierender Stimme zu lesen. Es klang immer so ein bisschen wie auf
einer Demo. Aber das war kein Grund, zu spät zu kommen und die
Lesung dadurch zu stören, dass ich als Letzte reinkam.

Wieder einmal hatte ich die Entfernungen in Berlin unterschätzt,
war mindestens zwei U-Bahnen zu spät losgefahren, fand die richtige Straße nicht, rannte wie eine Hürdenläuferin durch Neukölln und
lief fast eine Frau um, die nichtsahnend aus dem Haus kam.

»Was rennen Sie so!«, rief die Frau erschrocken. »Sind Sie von
den Bullen?«

Multi-Clash-of-Kulti

Neukölln besteht aus zwei Welten. Im bürgerlichen Süden wird am
Sonntag noch unterm Sonnenschirm mit Oma Pflaumenkuchen gegessen. Die Enkel spritzen sich mit dem Gartenschlauch nass, Opa
macht super Fotos. Im Norden sind die Straßen unter den Banden

in Reviere aufgeteilt. Viele packen so selbstverständlich wie Schlüsselbund und Handy ihr Klappmesser ein, wenn sie rausgehen. Weil es normal ist, bewaffnet zu sein. Zum Süden gehören die Ortsteile Britz, Buckow und Rudow, wohlgeordnetes Leben nach deutschem EEE-Standard, mit Eigenheim, Einkommenssteuererklärung und Einzelkind. Im Norden glitzern die Billigläden der Hermannstraße mit Plastikjuwelen und Acrylsatin. Neuköllns Süden macht Überstunden im Büro, das Neukölln der Clans und Banden macht Schlagzeilen. Körperverletzung, Erpressung, Diebstahl, Vandalismus, Hehlerei, Waffenhandel. Gewalt und Zerstörung am laufenden Band, eine scheinbar nicht aufzuhaltende, rasante Eskalation der Kriminalität.

In Neukölln leben 320.000 Kiezbewohner aus 160 Ländern auf 45 Quadratkilometern Fläche. Etwa 20 Prozent der Einwohner sind arbeitslos. 23 Prozent sind Ausländer, 42 Prozent haben einen Migrationshintergrund. Zahlenmäßig am stärksten vertreten sind die Türken mit 11 Prozent und Menschen aus den arabischen Ländern mit 9 Prozent. Drittstärkste Fraktion sind Polen, gefolgt von Einwanderern aus Ex-Jugoslawien und der Ex-Sowjetunion. Das heißt, dass auf den Straßen Neuköllns vor allem Türken und junge Araber den Ton angeben.

Aus der Sicht mancher Richter, Staatsanwälte, Journalisten und Polizisten sind die Problemkinder von Neukölln kriminell, weil sie Ausländer sind. Was so viel heißt wie, dass Klauen, Lügen, Rumballern, Kloppen und Kaputtmachen ihnen im Blut liegt. Dagegen haben die erfolgreichen Versuche von Schulleitern, Lehrern, Autoren und Sozialarbeitern, junge Menschen nicht zu verurteilen, sondern zu verstehen, das genaue Gegenteil zum Vorschein gebracht: Problemkind ist kaum ein Jugendlicher von selbst. Die Entwicklung zum Kriminellen ist keine natürliche Erbanlage bildungsferner Einwandererkinder. Daran, dass Flüchtlingskinder zu Kriminellen werden, ist nicht ihr genetischer Code maßgeblich beteiligt, sondern deutsche Integrationspolitik. Simone de Beauvoirs berühmter Satz: »Man wird nicht als Frau geboren, man wird dazu gemacht«, leicht abgewandelt: Problemkind ist kein Kind von Geburt an. Zum Problemkind wird ein Kind durch die Gesellschaft, in der es lebt, erst *gemacht*.

Die meisten Flüchtlingsfamilien kommen aus schierer Not nach Deutschland. Es ist für jeden Menschen überall auf der Welt eine schwere Entscheidung, die eigene Heimat zu verlassen. Für die meisten wurde diese Entscheidung unaufschiebbar und zwingend, weil Krieg und Armut ihr Leben bedrohen und es ihnen unmöglich machen, in ihrer Heimat zu bleiben. Doch für die Not, in die sie geraten sind, können die Einwanderer nichts. Von der Not sind sie *betroffen*. In Deutschland waren die Verhältnisse auch schon einmal so schlimm, dass viele Familien aus schierer Existenzangst gezwungen waren, das Land zu verlassen. Das sollte heute nicht vergessen werden und es sollte nicht so getan werden, als wäre die Existenzangst arabischer, bulgarischer oder rumänischer Familien weniger gravierend. Auch sie wollen am Leben bleiben und das Leben ihrer Kinder vor Krieg und vor Armut schützen. Neukölln wurde nicht zum Ballungsgebiet von Einwandererfamilien, weil sie als »geborene Kriminelle« unter sich bleiben wollen, sondern weil in fast allen anderen Kiezen die Mieten für sie unerschwinglich hoch sind. Es wäre die Aufgabe der Stadt Berlin und der Bundesrepublik Deutschland, durch eine wertschätzende Integrationspolitik ihre Integration möglich zu machen. Doch davon ist die BRD noch sehr weit entfernt. Die Duldungspolitik Deutschlands ist unvereinbar mit der Menschenwürde der Einwanderer. Und Neukölln macht das sichtbar.

Als die Geschichte von Yehya E. aus Neukölln durch die Presse ging und in einem wertvollen Buchbeitrag öffentlich gemacht wurde, konnte man der Spur eines Lebens folgen, das repräsentativ für viele kriminelle Jugendliche ist. Yehya kam in einem Flüchtlingslager im Libanon zur Welt. Seine Eltern flohen mit dem Kind und sein Vater wurde auf der Flucht gefasst und verhaftet. Später gelang dem Vater die Flucht aus dem Gefängnis, doch zunächst kam Yehyas Mutter allein mit ihrem vier Wochen alten Baby in Deutschland an. Für den Jungen war klar, dass er Deutscher ist, denn er war sein

Leben lang in Deutschland. Sagte er das in der Ausländerbehörde, wurde er von den Behördenmitarbeitern ausgelacht.

Als Yehyas Leben durch die Medien ging, war er ein junger Mann von dreiundzwanzig Jahren und noch immer nur »geduldet«. Yehya lebte in Deutschland. Er fühlte sich als Deutscher (was selbst viele Deutsche nicht tun), aber er durfte nicht deutsch sein. Der Status quo der »Duldung« ist das schlimmste, krasseste Gegenteil von Integration. Integrieren bedeutet, jemanden in eine Gemeinschaft aufzunehmen, und zwar als wertgeschätztes Individuum, gleichberechtigt mit allen anderen. »Geduldet« zu sein dagegen macht Flüchtlinge zu Menschen zweiter Klasse. Yehya war es nicht erlaubt, in der BRD zu arbeiten. Ihm war es verboten, Berlin zu verlassen. Er durfte nicht studieren. Nicht einmal einen Führerschein durfte er machen. Was durfte er? Er durfte warten und warten und warten. Seine »Duldung« währte nicht bloß ein paar Monate, um notwendige behördliche Formalitäten zu regeln. Yehyas »Duldung« dauerte sein ganzes Leben lang. Bei einem so offenkundig von den Behörden erzeugten und aufrechterhaltenen Unzustand kann vernünftigerweise nicht mehr davon die Rede sein, dass Integration ein Problem der Ausländer sei. Um Bleiberecht zu erlangen, muss der »Geduldete« nachweisen, dass er für seinen Lebensunterhalt sorgen kann. Die Frage ist, wie man mit Arbeitsverbot für seinen Lebensunterhalt sorgen soll.

In Neukölln brachten die geduldeten Kinder geduldeter Eltern ihre Hauptschule an den Rand der Schließung und in die Schlagzeilen. Die Rütli-Schule kam in der Bildzeitung als »Deutschlands Terrorschule« auf Seite eins. Berichte und Fotos von bewaffneten türkischen und arabischen Halbstarken ließen den Ruf nach mehr Sicherheit und verschärftem Asylrecht laut werden. 2006 bat die kommissarische Schulleitung der Rütli-Schule den Berliner Bildungssenator, die Schule zu schließen. Die Bitte um Schulschließung erging brieflich, mit der Begründung, dass die Lehrer die Gewalt der Schüler nicht länger aushielten:

»In vielen Klassen ist das Verhalten im Unterricht geprägt durch totale Ablehnung des Unterrichtsstoffs und menschenverachtendes

Auftreten, Lehrkräfte werden gar nicht wahrgenommen, Anweisungen werden ignoriert. Einige Kollegen gehen nur mit dem Handy in bestimmte Klassen, damit sie über Funk Hilfe holen können. Die Folge ist, dass Kollegen/innen am Rande ihrer Kräfte sind. Entsprechend hoch ist auch der Krankenstand, der im 1. Halbjahr höher war als der der Schüler/innen. Ein Zeichen der unerträglichen Belastung. Auch von den Eltern bekamen wir bisher wenig Unterstützung. Termine werden nicht wahrgenommen. Telefonate scheitern am mangelnden Sprachverständnis. Wir sind ratlos. In den meisten Familien sind unsere Schüler/innen die einzigen, die morgens aufstehen. Wie sollen wir ihnen erklären, dass es trotzdem wichtig ist, einen Abschluss anzustreben? Schule ist für sie auch Schauplatz und Machtkampf um Anerkennung. Der Intensivtäter wird zum Vorbild.«

Die Schulleiterin der Rütli-Schule war monatelang krankgeschrieben und ging vorzeitig in Ruhestand. Aus dem Kollegium wollten elf Lehrer versetzt werden. Unterricht fiel aus. Die Schule war am Ende. Dann geschah, womit niemand gerechnet hatte. Neuköllns Bürgermeister und Bestsellerautor *(Neukölln ist überall, Die andere Gesellschaft)* Heinz Buschkowsky zog die Reißleine und trommelte alle Erziehungsexperten zusammen, die nötig waren, den sozialen Waldbrand zu löschen. Buschkowsky zog nicht die Gewaltkeule gegen die gewalttätigen Schüler, sondern erkannte den Druck unter dem die Jugendlichen standen und der überhaupt erst zur Gewalteskalation geführt hatte. Da der Dialog zwischen Lehrern und Schülern verschüttet und zerstört war, wurden Sozialarbeiter eingestellt, die Arabisch und Türkisch sprachen und den Schülern zeigten, dass sie ihnen zuhören und sie verstehen wollten.

Und es gelang, was niemand je für möglich gehalten hätte. Mit Bürgermeister Buschkowsky als Frontmann bekam die Schule 32 Millionen Euro bewilligt und konnte grundlegend reformiert werden. Aus der ehemaligen Hauptschule entstand der »Campus Rütli« mit Grundschule, Real- und Hauptschule. Wo drei Jahre zuvor noch Messer geflogen waren, wurde eine gymnasiale Oberstufe aufgebaut. Der Bürgermeister und seine Unterstützer retteten eine Schule, rückten Neukölln in ein besseres Licht und setzten ein Zeichen für Migrationspolitik in Deutschland. Heute sind die Schulplätze des Campus Rütli gefragt. 900 Schüler besuchen die Schule und die ersten haben dort bereits Abitur gemacht. Es sind Schüler arabischer, türkischer, albanisch-mazedonischer und deutscher Herkunft. Nur zwei waren nach der Grundschule für das Gymnasium empfohlen worden und alle stammen aus bildungsfernen Familien.

Top Ten: Die sehenswertesten Kieze Berlins

Der Berliner Ausdruck »Kiez« bezeichnet einen Stadtteil. Um auch mal ein bisschen abseits ausgetrampelter Touristenpfade auf Entdeckungsreise gehen zu können, hier neben den bekannten auch ein paar weniger bekannte Stadtteile:

1 **Kreuzberg:** Kreuzberg hat die Oranienstraße und den Landwehrkanal, Kneipenlegenden für Künstler und Dichter und politischen Widerstand, der es von der Vergangenheit bis in die Gegenwart geschafft hat.

2 **Müggelheim:** Noch ein Stück weiter draußen als Friedrichshagen und Köpenick liegt Müggelheim umgeben von Wald und Wiesen. Der kleine Müggelsee lädt zum Baden und zum Angeln ein. Geheimtipp für Wassersportler.

3 **Grunewald:** Wie kann man Kreuzberg lieben und auf Platz drei den Stadtteil der Bonzenvillen empfehlen? Leicht zu beantworten: Die Reichen sind nicht blind. Der Grunewald ist wunderschön und herrlich zum Spazierengehen und zum Einkehren in einem der guten Restaurants.

4 **Mitte:** Trotz allem Tourismustrubel bewahrt und verteidigt der Kiez am Hackeschen Markt Berlins Geschichte und Berliner Subkultur. Die Ausstellung *Stille Helden* und Haus Schwarzenberg mit den Spuren von über zwanzig Jahren Street-Art in Berlin hinterlassen einen echteren Eindruck als die Touri-Highlights der Stadt.

5 Hansaviertel: Von der Fläche her der kleinste von Berlins Ortsteilen, ist das ehemals überwiegend jüdische Viertel nicht nur architekturhistorisch einen Erkundungsspaziergang wert. In unmittelbarer Nähe zum Tiergarten gelegen, wird das Hansaviertel bei schönem Wetter zum innerstädtischen Erholungsgebiet.

6 Wannsee: Den Wannsee muss man gesehen haben und den schönsten Eindruck bekommt man vom Schiff aus. Unbedingt empfehlenswert ist ein Besuch der berühmten alten Villa von Max Liebermann.

7 Plänterwald: Wohin radeln die Berliner im Frühjahr, um mit Stofftasche und Messer ausgerüstet frische, knoblauchduftende Blätter für ihr hausgemachtes Pesto zu sammeln? Im Plänterwald gibt es wogende Bärlauchfelder, lauschige Picknickplätze und jede Menge Spazierwege am Wasser entlang.

8 Tegel: Schon wenn man aus dem Auto oder der S-Bahn steigt, merkt man, dass die Luft frischer ist als in der City. In Tegel sieht man noch Reste der Borsigwerke, wie den Borsigturm in schönstem Backsteinexpressionismus. Der Tegeler Forst und der Tegeler See sind schöne Ausflugsziele.

9 Lübars: Bei Großstadtstress kann ein bisschen ländliche Idylle manchmal Wunder bewirken. Vor allem wenn es dazu einen Ortskern wie Alt-Lübars gibt, mit Dorfanger und Heile-Welt-Gefühl wie in Bullerbü.

10 Friedrichshain: Mit dem Ladenkino, einem der wenigen Programmkinos der Stadt, und den vielen rund um den Boxhagener Platz liegenden Cafés und Kneipen, bleibt Friedrichshain trotz Gentrifizierungswahnsinn einer der schönsten Kieze der Stadt.

16 Berlins Festivals

Auf den Rolltreppen im Bahnhof Zoo herrschte fürchterliches Gedränge. Mehr schlecht als recht stolperte ich die letzte Stufe runter. Nicht mal Carrie Bradshaw wäre in Berlin auf die Idee gekommen, in hochhackigen Schuhen in die Stadt zu fahren. Hinter den Schwingtüren blieb ich mit einem Absatz im Gitterrost hängen. Ein abscheulicher Ruck unter der rechten Hacke, den ich eher fühlte, als dass ich ihn hörte. Ich drehte mich um. Der Absatz war abgebrochen. Ich hinkte an den Straßenrand und winkte nach einem Taxi. Natürlich fing es im selben Moment an zu regnen. Ich stand da wie der schiefe Turm von Pisa und winkte. Und winkte. Ich glaube, ich sah jedes Taxi der Stadt vorbeirauschen und vom Himmel rauschte es auch. Dann geschah ein Wunder. Ein Taxi wendete, fuhr zurück und hielt genau vor mir.

Am Steuer saß eine zierliche Frau mit blitzenden blauen Augen. »Ich hab eigentlich schon Schluss. Aber du hast mir so leid getan, da konnte ich nicht an dir vorbeifahren.«

Grenzenlos erleichtert stieg ich ein. Endlich im Trockenen! »Sie sind ein Engel«, sagte ich. »Sie sind Engel inkognito.«

Darüber musste sie lachen und wir kamen ins Gespräch. Noch nie war ich einer so netten Taxifahrerin begegnet. Emma erzählte, dass ihre Schicht jeden Tag am frühen Morgen begann und bis zum frühen Nachmittag ging.

»Bist du gern Taxifahrerin?«

»Ist der schönste Beruf auf der Welt.«

»Kannst du mir sagen, was heute in Berlin los ist? Ist ja schlimmer als Silvester!«

»Weißt du nicht, welcher Tag heute ist?«, fragte Emma.

»Donnerstag?«

»Heut fängt die Berlinale an!«

Berlins Schokoladenseite – Festivals das ganze Jahr

Berlin ist die Hauptstadt der Festivals. Es vergeht kein Monat, in dem nicht irgendwo in der Stadt eine Festwoche der Filme, der Literaten, der Tänzer, der Musiker oder der Theatermacher feierlich eröffnet wird. Die Berliner lieben ihre Festivalkultur, für die aus aller Welt Gäste in die Stadt strömen.

Zu Beginn des Jahres steigt im Januar die **Berlin Fashion Week.** Sie findet zweimal jährlich statt, das zweite Mal im Sommer. Dann kommt in Berlin die internationale Modewelt zusammen und alles dreht sich um die neuesten Trends. Veranstaltungsorte finden sich überall in der Stadt. Die Jagd auf Tickets zu Modemessen und Fashion-Shows, der Run auf Einladungen zu glamourösen Partys mit den größten Designern der Welt lassen die Stadt ins Promifieber fallen und stellen Berlin für eine Woche auf den Kopf. Seit 2007 lockt die Berlin Fashion Week Fachleute, Fans und Fashionvictims an die Spree. In atemberaubender Geschwindigkeit hat sich Berlin, neben der New York Fashion Week, der London Fashion Week, der Pariser Modewoche und der Mailänder Modewoche zu den »Big Five« der weltweiten Modespektakel gemausert.

www.fashion-week-berlin.com

Ebenfalls im Januar finden in Berlin die **Tanztage** statt. Das internationale Festival des zeitgenössischen Tanzes steigt schwerpunktmäßig in den Sophiensälen, Sophienstraße 18 in Mitte. 1989 wurden die Tanztage gegründet und sind seitdem die wichtigste Veranstaltung der freien Tanzszene.

Unter voller Aufmerksamkeit der Presse stellen Berliner Choreografen ihre Arbeit vor. Für das tanzbesessene Berliner Publikum sind die Tanztage die große Gelegenheit, bei zahlreichen Uraufführungen dabei zu sein.

▌ www.sophiensaele.com/festival.php?IDfestival=80

Wenn im Februar überall der Himmel grau ist, erstrahlt Berlin als Diva im Scheinwerferlicht. Die Schlagzeilen der großen Zeitungen toppen sich Tag für Tag mit Meldungen und Fotos von Stars, die hinter Sonnenbrillen versteckt durch die Stadt streifen, Berichten über Einkaufsbummel, Restaurantbesuche und Partys der Schönen und Berühmten. Nie ist es prickelnder, in die Stadt zu fahren oder nachts durch die Clubs zu ziehen, als wenn die Top-Liga der internationalen Celebritys sich an der Spree einfindet. Berlin wird zum Jahresanfang Hauptstadt der Autogrammjäger und Schlangesteher. Rund 300.000 Kinokarten werden zur Berlinale verkauft. Wer jetzt am Ball bleibt, sieht alle großen Filme des Jahres zuerst und dazu viele, die nicht in die Kinos kommen. Die **Internationalen Filmfestspiele Berlin (Berlinale)** sind weltweit ein Topereignis der Filmbranche. Bis zu 400 Filme verschiedener Sparten und Genres flimmern über die Leinwände.

▌ www.berlinale.de

Im März findet das Musikfestival **MaerzMusik Berlin** statt. Das internationale Festival für neue Musik der Gegenwart zieht mit Ur- und Erstaufführungen Besucher in die Stadt.

▌ www.berlinerfestspiele.de/maerzmusik

Im April ist schon wieder die ganze Welt für zehn Tage an der Spree zu Gast, wenn das **Festival Internationale Neue Dramatik (F.I.N.D.)** Theaterautoren aller Nationalitäten einlädt und ihre neuen Inszenierungen und Texte auf die Bühnen bringt. Begleitet wird das Festival von Workshops und Diskussionen zwischen Machern und Publikum.

▌ www.schaubuehne.de/de/seiten/find-15.html

Mit Theater geht es weiter. Der Wonnemonat Mai rauscht in Berlin über die Bretter, die die Welt bewegen. Zum 1963 gegründeten **Theatertreffen der Berliner Festspiele** finden sich Theatermacher, Weltpresse und internationale Gäste ein. Das bedeutendste deutsche Theaterfestival bringt alles und lässt nichts aus. Neue Inszenierungen, Diskussionsforen zu Themen aus Kultur und Politik, selbst Puppenspiele kommen auf die Bühne. Die Jury wählt alljährlich aus mehreren hundert Aufführungen der Saison die zehn wichtigsten, neuen Inszenierungen und würdigt sie in einer feierlichen Preisverleihung im Haus der Berliner Festspiele.

▌www.berlinerfestspiele.de

Und weil es im Mai endlich wieder Spaß macht, zu Fuß in der Stadt unterwegs zu sein, laden die Berliner Galeristen zum **Gallery Weekend Berlin** ein und zeigen hautnah Berliner Höhepunkte der Gegenwartskunst.

▌www.gallery-weekend-berlin.de

Zum Pfingstwochenende berauscht sich Berlin zusammen mit Gästen aus ganz Europa an der Farbvielfalt paradiesischer Kostüme, Trommeln und Caipirinha. Der **Karneval der Kulturen** ist der schönste Umzug des Jahres.

▌www.karneval-berlin.de

Pünktlich zum Sommeranfang, steigt das weltberühmte Musikfestival **Umsonst und Draußen**. Der 21. Juni ist den Musikern gewidmet und Berlin feiert auf ein paar hundert Bühnen die Fête de la Musique.

▌www.umsonst-und-draussen.de

Eine kurze Sommernacht im August wird alljährlich zur **Langen Nacht der Museen**. Rund 80 Museen halten zwischen sechs Uhr abends und zwei Uhr nachts die Pforten für jährlich über 20.000 Besucher geöffnet.

▌www.lange-nacht-der-museen.de

Im September steigt das **Musikfest Berlin** und eröffnet feierlich die neue Konzertsaison. Veranstaltungsort der Konzerte, Chöre und Orchester ist unter anderem die Philharmonie am Potsdamer Platz.

▌ www.berlinerfestspiele.de

Im selben Monat zeigen zur **Berlin Art Week** Hunderte von Galerien neue zeitgenössische Kunst. An vielen Veranstaltungsorten ist der Eintritt kostenlos.

▌ www.berlinartweek.de

Ebenfalls im September lockt seit 2001 das **Internationale Literaturfestival Berlin (ilb)** tausende von Besuchern zu Lesungen und Diskussionen in der ganzen Stadt. Prosa und Lyrik aus aller Welt werden von Autorinnen und Autoren vorgetragen. Die Veranstaltungen der Peter-Weiss-Stiftung für Kunst und Politik sind mehrsprachig, wobei die deutschen Übersetzungen professionell von Schauspielerinnen und Schauspielern gelesen werden.

▌ www.literaturfestival.com

Von wegen grau! In Berlin ist der November der heißeste Monat des Musikjahres. Zum **JazzFest Berlin** wird vom Haus der Berliner Festspiele bis zum Jazzclub Quasimodo am Zoologischen Garten seit über fünfzig Jahren gegroovt, gejammt und getanzt bis zum frühen Morgen. Für viele Sessions ist der Eintritt frei, ansonsten etwa 15 Euro.

▌ www.berlinerfestspiele.de

Die verschiedenen Filmfestivals Berlin

In Berlin dreht sich nicht nur zur Berlinale alles um den Film. Auch die kleineren Filmfestivals sind jedes für sich einzigartig und verdanken ihr gutes Gedeihen engagierten Machern und dem neugierigen, aufgeschlossenen Berliner Filmpublikum.

Die **Russische Filmwoche** findet alljährlich in New York, Paris und Berlin statt. Das Programm bietet alles vom Thriller, über Gesellschaftskritik bis zur Komödie. Viele Veranstaltungen sind kostenlos.
▌ www.russische-filmwoche.de

Das Festival **Around the World in 14 Films** bringt Filme, die auf den großen Festivals wie Cannes, Venedig, Locarno, San Sebastián oder Toronto ein begeistertes Publikum fanden, aber in Deutschland nicht angelaufen sind, weil sie keinen Verleih gefunden haben.
▌ www.14films.de

Das **Arabische Filmfestival (Alfilm)** zeigt über 40 Filme von arabischen Regisseuren und aus den arabischen Ländern, die dem europäischen Publikum bislang kaum bekannt waren.
▌ www.alfilm.de

Beim neuen **Berlin Art Film Festival** werden neue und ältere Filme über Berlin gezeigt. Es gibt Experimentalfilme und Abschlussarbeiten der Hochschule. Alle Filme werden mit englischen Untertiteln gezeigt.
▌ berlinartfilmfestival.de

Die **Französische Filmwoche** zeigt in Berlin jedes Jahr das Beste des französischen Kinos. Der Eintritt ist vielerorts frei, eine Anmeldung allerdings erforderlich.
▌ www.franzoesische-filmwoche.de

Auf dem Festival **British Shorts** laufen vielversprechende Kurzfilme aus Großbritannien. Eintrittspreise um die sieben Euro.
▌ www.britishshorts.de

Seit 2012 hat Berlin ein **Spanisches Filmfest**, auf dem Filme und Kurzfilme laufen. Da die spanische Kultur nicht nur auf Spanien beschränkt ist, gibt es seit 2013 die Sektion *Con otros acentos* (»mit anderem Akzent«), die jedes Jahr ein anderes lateinamerikanisches Gastland präsentiert. Die Eintrittspreise liegen zwischen sieben und zehn Euro.

▌www.sffberlin.de

Am kürzesten Tag des Jahres, zur Wintersonnenwende am 21. Dezember, feiert Berlin den **Kurzfilmtag**. Die Eintrittskarten kosten um die drei Euro.

▌www.kurzfilmtag.com

Noch ehe sich die U-Bahntüren öffneten, schallten aus allen Abteilen Freudengesänge über den Bahnsteig. Hinter den Fenstern sah ich Fans hüpfen, lachen und jubeln. Zugegeben, meine erste Reaktion war, auf die nächste Bahn zu warten. *Nein,* dachte ich, *immer mitten rein ins volle Leben!* Und eng, wie es im Abteil war, kam die große Neuigkeit sofort bei mir an: Drei zu null! Ein souveränes, unschlagbares, sensationell geniales 3 : 0! Am Nachmittag um halb vier war Hertha gegen den HSV angetreten und hatte die Fischköppe mit einem glatten 3:0 nach Hause geschickt.

Mein Handy hatte ich natürlich nicht hören können, erst beim Aussteigen sah ich, dass mich Emma angerufen hatte. Emma hatte »gute Kasse« gemacht, wie Berliner Taxifahrer nach erfolgreicher Schicht sagen, und fragte an, ob ich Lust hätte, mit ihr in der Destille am Mehringdamm Herthas Sieg zu feiern.

Blendende Stimmung in der Destille, ein wahres Volksfest.

»Ich hab überhaupt keine Ahnung von Fußball«, gestand ich. »Würd gern mehr über die Vereine in Berlin erfahren.«

»Fragen wir nachher Andi und Rolf, die wissen alles«, sagte Emma.

»Warst du schon mal im Stadion?«, wollte ich wissen.

»Ist schon Jahre her«, sagte Emma. »Da war ich noch mit Kai zusammen. Ali und seine Freundin waren mit. An dem Tag hat Hertha gegen Schalke gespielt. Das Problem ist, Kai war für Schalke. Ali und Bine waren für Hertha.«

»Und wie ging's aus?«, wollte ich wissen.

»Hertha gewann. Ergebnis: Beziehungsdrama mit Kai!«

»Nur nach Hause gehen wir nicht!« –
»Wer spielt immer volles Rohr?«

Andi und Rolf, beide »Herthaner«, stellten erst mal eins klar: Die »Schalkefeindschaft mit Hertha« ist im Grunde praktisch gar nicht existent. Das sei wieder so ein Fall, wo der Nachwuchs einfach irgendwas nachplappert, obwohl keiner Ahnung hat.

»Die waren ja damals noch gar nicht auf der Welt«, bringt Andi es auf den Punkt. In den 1970er-Jahren waren bei einem Pokalspiel Spieler von Hertha gesperrt. Dann »ging es gegen Schalke«, und bei denen durfte ein gesperrter Spieler aufs Feld. Hinzu kam Herthas »Zwangsabstieg« in die Regionalliga. Da kochten die Gemüter damals über.

Und weil es gerade um Horizonterweiterung geht, bringt Andi extra noch den TSV Rudow ins Spiel. Sein Vater ist dienstältestes Mitglied bei Rudow, und deshalb ist Andi auch schon sein Leben lang Vereinsmitglied. Der älteste Berliner Fußballverein ist aber Victoria 89, gegründet 1889. Am TSV Rudow ist wichtig, dass der Verein Berlins größte und wichtigste Jugendabteilung hat. Und sein Clubhaus hat der Verein aus eigener Kraft gebaut. Als Hertha ganz tief unten war, haben sie mal in der Stubbenrauchstraße gegen Rudow gespielt. Damals noch auf dem Schotterplatz. Das Stadion hat der TSV da bis heute, aber jetzt natürlich mit anständigem Boden. Aber die Sensation ist, dass Rudow damals gewonnen hat – gegen Hertha! Und auch beim noch nicht lange zurückliegenden Altherrenspiel Hertha gegen Rudow trug der TSV den Sieg davon. »Alte Herren« sind hier die Ü30.

Berlins große Fußballvereine sind Hertha BSC und der 1. FC Union. Die Fankurve der Herthaner heißt »Atzenblock« und es gibt sogar einen Schwulenblock bei Hertha. Der liegt allerdings ein bisschen außerhalb des Atzenblocks. Hertha spielt im Olympiastadion, Union im Stadion an der Alten Försterei.

Die Hertha-Hymne *Nur nach Hause gehen wir nicht!* hat Herthafan Frank Zander gedichtet. Der stellte sich 1993 in der Halbzeitpause vor 60.000 Fans ans Mikro und sang den Fans zur Melodie von Rod Stewarts *Sailing* eine Gänsehaut auf den Rücken. Bis die gesamte Ostkurve ihre Schals hochhielt und mitsang. Auch heute wird bei Heimspielen im Stadion die Hymne eingespielt und die Fans singen wie ein Mann durch. Wenn dann die gegnerische Mannschaft aufs Spielfeld kommt und ihre Namen durch Lautsprecher durchgesagt werden, schallt jedem zur Begrüßung ein kräftiges »Na und?« aus dem Atzenblock entgegen.

Unions Vereinshymne *Eisern, Union!* hat Nina Hagen, deren Papa Unionfan war, geschrieben. Im Unionsstadion Alte Försterei wird sie gesungen, bis der Boden bebt. Höhepunkt ist die Zeile: »Wer spielt immer volles Rohr?« Nina Hagen sang das Lied 1998 zum ersten Mal.

Im Gegensatz zum Olympiastadion ist das Stadion an der Alten Försterei ein »reines Fußballstadion« und in dieser Eigenschaft das größte Berlins mit heute 21.717 Zuschauerplätzen. Schon 1920 war das wäldliche Stadion am Rand der Wuhlheide Spielstätte des Vereins, aus dem am 20. Januar 1966 der 1. FC Union Berlin wurde. Hervorgegangen war er aus der Fußballabteilung des TSC Berlin und spielte per Abstimmung der Fußballfreunde in den Farben Rot und Weiß. Früher hieß die Wuhlheide noch Sadowa und lag in der Nähe der Königlichen Jägerei. Der Verein pachtete den Platz von der Forstverwaltung der Stadt und nannte ihn zunächst Sportpark Sadowa. Bei jedem Spiel herrscht mitreißende Atmosphäre im Stadion, dank der Unionfans die mit Leib und Leben für ihren Verein da sind.

Zu Weihnachten findet im Stadion das Weihnachtssingen des 1. FC Union Berlin statt. Was mit wenigen Fans vor über zehn Jahren begann, als im dunklen Stadion auf dem Spielfeld bei Kerzenschein gesungen wurde, ist inzwischen ein Event mit Fernsehübertragung und VIP-Bereich geworden. Die Fans stiefeln wie gehabt durch den dunklen Wald zum Stadion. Höhepunkt ist der Auftritt von Peter Müller, pensionierter Pfarrer, der die Weihnachtsgeschichte liest und im winterlichen Waldstadion mit den Union-Fans zusammen für Mitgefühl mit den Flüchtlingen und mehr politische Gerechtigkeit betet. Dem Pfarrer, der einen selbstgestrickten rot-weißen Schal mit zwei großen rot-weißen Kreuzen darauf trägt, rufen die Fans zu: »Es gibt nur einen Peter Müller!«

Der 1. FC Union, entstanden als Arbeiterverein, war in der DDR politisch anti. Weil Dynamo Berlin damals der politischen Führung nahestand, besteht zum »Stasiverein« bis heute Feindschaft. Dagegen gab es für den angeblichen Krieg gegen Hertha eigentlich nie einen Grund und vor der Wende bestand Freundschaft zwischen Union und Hertha.

Herthas Stadion ist das Olympiastadion, das heute 74.649 Zuschauer fasst. Die Würstchen im Stadion, erklärt Rolf, seien echter Scheiß. Das Bier auch. Aber beides gehört nun mal zum Heimspiel dazu. Am ersten Stand nach der U-Bahnstation ist Treffpunkt. Nach dem Spiel geht es in die Destille am Mehringdamm. Die ist aber erklärtermaßen keine reine Herthakneipe. Jeder ist willkommen.

Zwischen dem SC Karlsruhe und Hertha besteht enge Fanfreundschaft. Man besucht sich gegenseitig in den Fankurven. Und das sogar bei Spielen gegeneinander! Hintergrund: Die Herthaner haben in den 1970er-Jahren die Karlsruher mal auf dem Bahnhof vor auflauernden Stuttgartern beschützt.

Das Heimtrikot von Hertha ist blau-weiß längsgestreift wie Obelix' Hose, sitzt aber – weil die Spieler doch deutlich besser in Form sind – tiptop. Spielt Hertha auswärts, tragen die Spieler schwarzrot. Und kommen sie damit farblich der Gegnermannschaft in die Quere, wird das sogenannte »Ausweichtrikot« angezogen, das gelb-orange ist. Herthas offizielles Logo besteht heute nur noch aus der Fahne mit der Aufschrift »Hertha BSC«. Der Kreis, der früher drumherum war, ist weg. Die Fans hatte gestört, dass im Kreis »Berlin« stand, was zu dem doppeltgemoppelten »Hertha BSC Berlin« geführt hatte.

Und ganz wichtig: Hertha hat ein eigenes Schiff. Am 25. Juli 1892 wurde der Verein auf dem Dampfer namens »Hertha« gegründet. Das Schiff, das 1886 vom Stapel lief, ist seetüchtig und liegt in Wusterhausen/Dosse vor Anker. Zum Glück wurde es im letzten Moment vor der Verschrottung gerettet. In der DDR trug es den Namen »Seid bereit«, nach der Parole der Jungen Pioniere. Im Volksmund hieß es »Bockwurstdampfer«.

In Berlin haben mehr verschiedene Fußballvereine Fans, als überall sonst in der BRD. Den Grund erklärt Andi so: »Das hängt mit den Wehrdienstflüchtlingen zusammen. Bis 1995 konnten BRD-Jungs der Bundeswehr entkommen, indem sie nach Westberlin zogen. Natürlich brachten die ihren Zweitverein und ihren Fanclub mit.«

★ Do it yourself ★

Wer einmal live bei einem Fußballspiel von Union oder Hertha dabei sein will, ist hier an der richtigen Adresse:

Unionspiele im Stadion An der Alten Försterei
An der Wuhlheide 263, Köpenick • Infos zu Stadionführungen unter: www.stadion-an-der-alten-foersterei.de, Spielplan Union unter: www.fc-union-berlin.de • S-Bahn: Köpenick und Tram: Alte Försterei

Herthaspiele im Olympiastadion
Olympischer Platz 3, Charlottenburg • Infos zum Stadion, Sitzplan etc. unter: www.olympiastadion-berlin.de, Spielplan Hertha unter: www.herthabsc.de • U-Bahn: Olympiastadion

Hymnen

Für alle, die sich als Gastfan unter den Eingefleischten weniger fehl am Platz fühlen wollen, hier die Originaltexte der Fanhymnen von Hertha und Union:

Hertha-Hymne von Frank Zander

Freunde, was gibt es Schöneres
als hier im Stadium unserer Herthamannschaft
die Däumchen zu drücken,
und sie von den Rängen zu unterstützen
auf dem Weg nach oben.

Refrain (2x):
Nur nach Hause
nur nach Hause
nur nach Hause, geh´n wir nicht
nur nach Hause
nur nach Hause
nur nach Hause, geh´n wir nicht

Alle warten voller Spannung
auf das absolute Spiel
denn die Jungens von der Hertha
haben alle nur ein Ziel.
Heute wollen sie gewinnen
für das blau-weiße Trikot
sowieso und sowieso

Refrain (2x)

All die Fans brüll´n sich den Hals raus
und der Stürmer, der stürmt vor
alle jubeln, wenn der Ball rollt, voll hinein ins Gegnertor
und am Abend dann am Tresen, werden wir zum Libero
sowieso und sowieso

Refrain (4x)

Union-Hymne von Nina Hagen

Eisern Union! Immer wieder Eisern Union!
Immer wieder! Immer wieder!
Immer weiter – ganz nach vorn!
Immer weiter!
Ganz nach vorn!
Immer weiter
Immer weiter
Mit Eisern Union!

Eisern Union! Eisern Union!

Wir aus dem Osten gehen immer nach vorn.
Schulter an Schulter für Eisern Union.
Hart sind die Zeiten und hart ist das Team.
Darum siegen wir mit Eisern Union.

Eisern Union! Immer wieder Eisern Union!
Eisern Union!
Immer weiter – ganz nach vorn!
Immer weiter, immer weiter mit Eisern Union!

Wer spielt immer volles Rohr?
Eisern Union! Eisern Union!
Wer schießt gern ein extra Tor?
Eisern Union! Eisern Union!
Wer lässt Ball und Gegner laufen?
Eisern Union! Eisern Union!
Wer lässt sich nicht vom Westen kaufen?
Eisern Union! Eisern Union!

Den Sieg vor den Augen –den Blick weit nach vorn!
Ziehen wir gemeinsam durch die Nation.
Osten und Western – unser Berlin.
Gemeinsam für Eisern Union!

Eisern Union! Immer wieder Eisern Union!
Eisern Union!
Immer weiter – ganz nach vorn!
Immer weiter, immer weiter mit Eisern Union!
Eisern!
Union!

Wo riecht's nach verbranntem Rasen?
Eisern Union! Eisern Union!
Da wo wir zum Angriff blasen!
Eisern Union! Eisern Union!
Es kann nur einen geben!
Eisern Union! Eisern Union!
Wir werden ewig leben!
Eisern Union! Eisern Union!

Eisern Union! Immer wieder Eisern Union!
Immer wieder!
Immer weiter – ganz nach vorn!
Immer weiter! Ganz nach vorn!
Immer weiter immer weiter mit Eisern Union! Eisern Union!

18 Berlins Galerien

Der Besuch einer Galerie ist die angenehmste Art, für eine halbe Stunde das Stadtgetriebe hinter sich zu lassen und auf andere Gedanken zu kommen. Die Geschmacksfrage ist nachrangig, viel interessanter ist, durch die Kunstwerke ungewohnte Sichtweisen und Visionen kennenzulernen. Und vielleicht, wenn der Galerist Zeit hat, ein paar Minuten lang über Kunst zu sprechen.

Die Bilder einer jungen schwedischen Fotografin fesselten mich. Jedes ihrer Werke hinterließ unmittelbar einen starken Eindruck von etwas Ungewohntem, das sich zwar etwas monströs und unheimlich, aber zugleich echt und lebendig anfühlte. Dieses Ungewohnte mit Worten auszudrücken, war allerdings zähe Arbeit. Da blieb kein Platz für Bequemlichkeit und Gemütlichkeit. Gerade deshalb gefielen mir die Bilder so gut.

Der Galerist saß vor einem Laptop am Schreibtisch.

»Angenehm ruhig ist es bei Ihnen«, stellte ich erfreut fest und fügte schnell hinzu: »Verzeihung, das war nicht böse gemeint.«

»Sie haben ja recht«, sagte er.

»Sicherlich verkaufen Sie die meisten Bilder über das Internet, nehme ich an?«

»Es geht gar nicht so sehr darum, zu verkaufen. Was zählt, ist die Galerie. Wenn Sie auf dem Markt ernst genommen werden wollen, müssen Sie in Berlin eine Galerie haben.«

Aus anderen Galerien wusste ich, dass fünfstellige Preise keine Seltenheit waren. Wie passte das zusammen mit einer Stadt, die von ihrem letzten Bürgermeister als »arm und sexy« bezeichnet worden war?

»Finden sich in Berlin tatsächlich so viele Käufer?«, fragte ich.
»Käufer weniger«, sagte er. »Aber tolle Künstler!«

Berlin pour l'art

In Berlin gibt es über 600 Galerien. Es ist keine Übertreibung zu sagen, dass die Stadt kunstverliebt ist bis über beide Ohren. Angesichts der boomenden Vielfalt internationaler Artefakte aus allen Medienrichtungen macht in der Spreemetropole garantiert kein Galerist dem anderen den Markt streitig. Vielmehr vervielfachen und vergrößern alle gemeinsam die vibrierend lebendige Artszene Berlins. Was wiederum noch mehr Künstler aus aller Welt anzieht, die hier arbeiten und leben wollen. Bezahlbare Ateliers und Studios sind ein weiterer Grund, auch wenn sie immer schwerer zu ergattern sind.

Zu den schillerndsten Persönlichkeiten der Berliner Kunstszene gehört Gerd Harry Lybke. Bereits in den 1980er-Jahren kämpfte der Leipziger für freie, künstlerische Positionen in der DDR. Seine Galerie **EIGEN+ART** war für Künstler wie Neo Rauch oder gegenwärtig für Ryan Mosley die Plattform zum Erfolg. Wen Gerd Harry Lybke ausstellt, der hat es geschafft – was der sympathische Galerist mit dem jungenhaften Lächeln nicht sich selbst zuschreibt, sondern dem großen Talent seiner Künstler und der überragenden Qualität und Eigenständigkeit ihrer Arbeiten.

▌**EIGEN+ART** • Auguststraße 26, Mitte • S-Bahn: Oranienburger Tor oder U-Bahn: Rosenthaler Platz • www.eigen-art.com

Im **Lab** (Labor) stellt EIGEN+ART neue Künstler aus, die alte Galerie in der Auguststraße läuft selbstverständlich auch weiter. Das Lab liegt in der historischen Jüdischen Mädchenschule, die durch Gerd Harry Lybke, Galerist Michael Fuchs und die Galerie CWC wieder zum Leben erweckt wurde.

▌**Lab** • Auguststraße 11, Mitte • S-Bahn: Oranienburger Tor oder U-Bahn: Rosenthaler Platz • www.eigen-art.com/lab

Nach der Wende entwickelte sich das historische Scheunenviertel und besonders die Auguststraße in Mitte zu so etwas wie dem Frühbeet der heutigen Berliner Kunstszene. Der 24-jährige Klaus Biesenbach eröffnete 1991 in einer halb verfallenen Fabrik die legendäre Galerie **Kunst-Werke (KW)**, nachdem er im Fernsehen Bilder vom Mauerfall gesehen und spontan entschieden hatte, nach Berlin zu kommen. Für den visionären Kunsthistoriker Biesenbach wurde das KW – Institute for Contemporary Art zum Beginn einer märchenhaften Karriere. Die New Yorker Kunsthalle MoMAPS1 machte ihn 2010 zu ihrem neuen Direktor.

KW • Auguststraße 69, Mitte • S-Bahn: Oranienburger Tor oder U-Bahn: Rosenthaler Platz • www.kw-berlin.de/de

Ebenfalls im Scheunenviertel und ganz in der Nähe der Synagoge haben die Galeristinnen Sprüth und Magers sich 2008 niedergelassen. **Sprüth Magers** ist eine der erfolgreichsten Galerien der Welt und hat neben Berlin Standorte in Köln, London und Los Angeles. Bei Sprüth Magers wurde 2014 eine vielbeachtete Ausstellung der zeitgenössischen Arte Povera (»Arme Kunst«) gezeigt. Entstanden im Italien der späten 1960er, steht Arte Povera für Installationen aus gewöhnlichen, alltäglichen (»armen«) Materialien wie Holz, Pappe, Moos und Erde, Knochen, Flaschen, Kerzen, Garn etc.

Sprüth Magers • Oranienburger Straße 18, Mitte • S-Bahn: Oranienburger Straße • www.spruethmagers.com

Ein paar Kilometer entfernt vom historischen Scheunenviertel, das als Kunstzentrum der Nachwende längst den Ruf einer lebenden Legende genießt, hat sich in den letzten Jahren eine junge Galerieszene in der Potsdamer Straße entwickelt. Die Gegend ist nicht ohne. Alles andere als das, was man sich unter dem idealen Standort einer Galerie vorstellt. Straßenlärm von morgens bis abends, den ganzen Tag Prostitution und eine unaufhaltsam steigende Kriminalitätsrate sind für Liebhaber und Sammler der Bildenden Kunst eine eher unübliche Kulisse.

Senkrechtstarterin **Tanja Wagner** gehört zu den bereicherndsten und mutigsten Neuzugängen der Berliner Galerieszene. Erfolgreich ist die stilsouveräne Blonde als eine der wenigen Galeristen weltweit mit ausnahmslos weiblichen Künstlern. Im Nachhinein sieht das aus wie ein Konzept, das längst überfällig war. Dabei entstand Wagners entschiedene Position aus Neugierde, gepaart mit Widerspruchsgeist. Nachdem die Junggaleristin oft genug mit anhören musste, es gebe keine starken Kunstpositionen bei Frauen, ging sie auf die Suche nach dem Beweis des Gegenteils – und holte Künstlerinnen nach Berlin, deren Namen bleiben werden.

Galerie Tanja Wagner • Pohlstraße 64, Tiergarten • U-Bahn: Kurfürstenstraße • www.tanjawagner.com

Wagner nimmt bewusst Abstand von kalten, verkopften Konzeptionen und sucht für ihre Galerie in der Pohlstraße (gleich neben der Potsdamer Straße) Werke, die den Betrachter berühren und bewegen. Tanja Wagner weiß die Erfahrung mancher Kollegen zu bestätigen, dass Berlin nicht unbedingt die Stadt der vielen zahlungskräftigen Sammler ist. Umso mehr wünscht sich die energiegeladene Kunstkennerin für die Stadt eine junge Generation von Sammlern, die im Kauf von Bildern nicht pompöse Prahlerei sieht, sondern Unterstützung für Künstler und Kunst. Frei nach John Lennon trug eine Ausstellung der Galerie Wagner den Titel *Whatever gets you through the night, it's alright, it's alright.* Künstlerin Paula Doepfner, die ihr Atelier in Kreuzberg hat, brachte Eisblöcke zum Schmelzen, die in der Galerie von der Decke hingen. Was das tropfende Eis freigab, waren Fundstücke wie Panzerglas, Blüten oder beschriebenes Papier. Bei einer so außergewöhnlichen, sich ständig verändernden und wie ein Ausschnitt aus der Wirklichkeit erscheinenden Installation fängt die Assoziationsmaschine im Kopf des Besuchers sofort an, Zusammenhänge herzustellen. Eingefrorene Dinge, die aus dem Eis zum Vorschein kommen. Das passt zu Kriminalfällen. Das passt zum Mechanismus des Verdrängens von Erinnerungen und ihrem Wiederauftauchen. Oder zu den vielen Bedeutungen von »Tauwetter« und »Klimawechsel« in all ihren politischen und historischen Facetten. Ein intensiver innerer Dialog mit der Arbeit von Paula Doepfner, ehemalige Meisterschülerin von Rebecca Horn, ermöglicht durch die gekonnte Präsentation der Galeristin Tanja Wagner.

Seit 2010 wurde das Gelände des *Tagesspiegels* unaufhaltsam zum Hotspot für junge Galerien. Ralf Hänsel, vorher in Mitte ansässig, zog mit seiner Galerie **401contemporary** in die Potsdamer Straße 81 und war der erste am Platz. Hänsel sieht seine Aufgabe darin, Zeit und Raum für Begegnungen zu bieten, und begreift seine Galerie als Raum, in dem Künstler und Publikum zusammenkommen. Dabei geht es um mehr als Verkaufserfolge. Ralf Hänsels Engagement gilt dem Dialog der Künstler untereinander, etablierter wie weniger etablierter, und ihrer gegenseitigen Inspiration. Mit der Ausstellung *ZEROplus* im Jahr 2009 begann 401contemporary, schwerpunktmäßig Arbeiten der 1950er- bis 1970er-Jahre gleichzeitig mit Kunstwerken junger Künstler der Gegenwart zu zeigen. Kunst, die Wirklichkeit erzeugt, anstatt sie abzubilden, machte die Ausstellungsräume mit Kunstwerken aus Linsen, Spiegeln, Laserstrahlen und Glas für die Besucher zu einem faszinierenden Laboratorium ungewohnter Wahrnehmungen.

▌ **401contemporary** • Potsdamer Straße 81, Tiergarten • U-Bahn: Kurfürstenstraße • www.401contemporary.com

Die Galerie **Blain Southern** hat den inzwischen international bekannten Berliner Maler Jonas Burgert ausgestellt. Burgerts farbenprächtige, oft sehr großformatige Visionen strahlen Fantasie, Schöpferkraft und Intelligenz aus. Seine Arbeiten – meisterhaft ausgeführte Gemälde, an denen man sich nicht sattsehen kann – zeigen apokalyptische Szenen voller Leid und Verfall. Ein Hieronymus Bosch des dritten Jahrtausends, dabei aber zärtlich und voller Sehnsucht, zeigt Burgert mit seinen intensiven, karnevalesken Farben nicht Spaß und Unbeschwertheit, sondern setzt Buntheit als Zeichen für Schmerz, Grauen, Einsamkeit, Sinnlosigkeit und Verkommenheit ein.

▌ **Blain Southern** • Potsdamer Straße 77–87, Tiergarten • U-Bahn: Kurfürstenstraße • www.blainsouthern.com

Auch die **Galerie Thomas Fischer** gehört zum Tagesspiegel-Quartier. Fischer stellt Plastiken und Skulpturen aus, die mit Themen wie Entfremdung und Infragestellung spielen und den Besucher an ungewohnte Perspektiven heranführen. Seine Galerie hat in kürzester Zeit ihren festen Platz in Berlin gefunden.

▌**Galerie Thomas Fischer** • Potsdamer Straße 77–87, Haus H, Tiergarten • U-Bahn: Kurfürstenstraße • www.galeriethomasfischer.de

Zuletzt sei als unbedingtes Must-see allen, die zeitgenössische Kunst lieben, die **Berliner Liste** empfohlen. Berlins jährliche Messe für Gegenwartskunst zeigt Künstler aus aller Welt, die noch nicht ganz *on the top* sind, aber auf dem Weg nach oben. Ihre Bilder und Skulpturen sind deshalb für normalsituierte Sammler noch erschwinglich. Außerdem kommt man auf der Berliner Liste schön mit den Künstlern ins Gespräch. Bei Unsicherheit darüber, wer von all den illustren Persönlichkeiten ringsum am Stand der Urheber der ausgestellten Kunstwerke ist, hier ein kleiner Tipp: Durch Berühren der an jedem Stand ausliegenden Preisliste materialisiert sich der Künstler/die Künstlerin im Handumdrehen in unmittelbarer Nähe(fies, nicht?).

▌**Berliner Liste** • Bundesallee 88, Friedenau • U-Bahn: Friedrich-Wilhelm-Platz • www.berliner-liste.org

Ein Bürgerverein hatte auf dem Ku'damm einen Stand mit Flyern und Unterschriftenlisten aufgebaut. Als ich interessiert näherkam, sprach eine der beteiligten Frauen mich an und fragte, ob ich ihr sagen könnte, wo in Berlin das zentrale Mahnmal für die Opfer der SED-Diktatur stehe.

»Tut mir leid, mir fällt jetzt nur das Mahnmal für die Ermordeten Juden Europas ein«, sagte ich bedauernd. »Ich nehme an, das Mahnmal für die Opfer der DDR steht irgendwo am Stadtrand, und Sie machen hier die Unterschriftenaktion, weil Sie wollen, dass es endlich einen würdigen, zentralen Platz bekommt, habe ich recht?« Möglicherweise lag es so jwd, dass selbst diejenigen, die es sehen wollten, nicht die Zeit fanden, hinzufahren. Und außerdem wusste ich vom Neptunbrunnen, der ja auch nicht mehr da stand, wo er ursprünglich gestanden hatte, was man in Berlin alles von A nach B manövrieren konnte, wenn man wollte. War alles nur eine Frage des guten Willens. Und einer ausreichenden Anzahl von Unterschriften.

»Ich unterschreibe gern«, sagte ich. »Das Mahnmal ist wichtig und braucht unbedingt einen zentralen Platz in der Stadt!«

»Oh, wir wären schon froh, wenn es überhaupt ein Mahnmal für die Opfer der DDR-Diktatur *geben würde!*«, sagte die Frau. »Aber es *gibt noch gar keins!*«

Schon die Debatte um ein Mahnmal ist Teil des Erinnerns

Gedenkkultur, deren Handeln darin besteht, die Erinnerung an die Toten zu sichern und zu pflegen, ist zugleich Engagement, das Leben als ehrfurchtgebietend kostbar vor jeder Form menschlicher Gewalt zu schützen.

Berlin hat mit dem **Denkmal für die ermordeten Juden Europas** [Ebertstraße, Mitte • S-Bahn: Potsdamer Platz] und dem neuen **Jüdischen Museum** [Lindenstraße 9–14, Kreuzberg • U-Bahn: Hallesches Tor] zwei außergewöhnliche Orte des Gedenkens geschaffen. Umso mehr – und zu Recht – drängen die Opfer der DDR darauf, in Berlin ein Mahnmal für die Opfer des Unrechtsregimes der SED aufzustellen. Mehr als 1.500 Unterschriften hat die Initiative Mahnmal bereits zusammen. Die Forderung nach einem Mahnmal zur Erinnerung an die Opfer der Gewaltherrschaft in der DDR kommt von DDR-Bürgerrechtlern und Opferverbänden. Sie wollen ein zentrales Denkmal in Berlin, wie es für die Opfer des Stalinismus bereits in Moskau vor der ehemaligen KGB-Zentrale zu sehen ist.

Berlin ist als Brennpunkt des Kalten Krieges historisch verpflichtet, eine Erinnerungskultur zu fördern, die die Geschichte beider Teile Deutschlands würdigt. Doch ein zentrales Mahnmal für die Opfer der DDR fehlt. Zu Recht fühlen sich die Betroffenen vor den Kopf gestoßen, schließlich liegt das Ende der DDR schon ein Vierteljahrhundert zurück. Der 1951 in Charlottenburg aufgestellte **Gedenkstein für die Opfer des Stalinismus** kann diesen Zweck nicht erfüllen. Ebenso wenig der 2006 auf dem Friedhof Friedrichsfelde aufgestellte **Stein für die Opfer des Stalinismus**. Mit dem Hinweis auf die Mauer-Gedenkstätte in der Bernauer Straße und die Gedenkstätte des ehemaligen Staatssicherheitsgefängnisses in Hohenschönhausen ist der Erinnerung an die Opfer der DDR ebenso wenig Genüge getan. Die SED handelte schließlich nicht im Namen des Stalinismus, weshalb die Steine für die Opfer des Stalinismus nicht hinreichend sind, an die Opfer der SED zu erinnern. Und die historischen Standorte des Stasi-Gefängnisses und der Berliner Mauer dienen als Gedenkstätten der Anschauung und der Erinnerung, aber sie sind nicht von selbst Mahnmale und können deshalb auch kein Mahnmal ersetzen.

In Berlin setzt sich die Bundesstiftung zur Aufarbeitung der SED-Diktatur, deren Vorstandsvorsitzender Pastor Rainer Eppelmann ist, für die Aufarbeitung der SED-Diktatur ein. Auch der gemeinnützige Verein Gegen Vergessen – Für Demokratie e. V. sitzt in Berlin und arbeitet mit über 2.000 Mitgliedern daran, die Erinnerung an die DDR-Diktatur zu sichern und zu pflegen.

Zur Eröffnung des neuen **Jüdischen Museums** erklärte Architekt Daniel Libeskind, er habe den Entwurf bei sich selbst *Between the lines* (»Zwischen den Linien«) genannt. Es handelt sich um zwei Linien, die die zwei Strömungen des Denkens – einmal des organisierenden Denkens und zum anderen des Denkens in Beziehungen – sichtbar machen. Gemeinsam bilden sie die Form des Gebäudes. Die eine der beiden Linien ist gerade, aber in viele Fragmente zersplittert. Die andere Linie windet sich im Zickzack, aber sie setzt sich bis in den Stadtraum hinaus fort. Die Schnittstellen beider Linien lassen vertikale Leerräume, die von Libeskind so genannten *voids,* also »Leeren« (was im Deutschen reizvoll gleichlautend mit »Lehren« ist). Beide Linien, erklärte Libeskind, ließen sich imaginär im Berliner Stadtraum fortsetzen.

Libeskind holt mit seinem Entwurf die Museumsbesucher in die Eindruckswelt der Juden im deutschen Faschismus. Schiefe, verunsichernde Ebenen, die einem als Besucher die Wege mühsam machen, beklemmend aufeinander zulaufende Wände, verzerrte Proportionen und tote Winkel. Selbstverständlich ist der Terror der Judenvernichtung nicht mit einem Museumsbesuch vergleichbar. Aber die gewohnte Besucherhaltung des Betrachtens von Exponaten hinter Glas hat sich für das Jüdische Museum verboten. Denn nichts ist bewältigt von den Schrecken des deutschen Faschismus. Und gerade deshalb musste im Jüdischen Museum der Besucher buchstäblich aus der Rolle des Betrachters herausgekippt werden. Um nicht noch mal und nicht gerade an diesem Ort den Eindruck zu erwecken, die Ermordung der Juden sei etwas, das sich museal verwalten ließe und womit man ungestört weiterleben könne.

Libeskinds Gebäude geht so weit, den Museumsbesucher zu verunsichern, der buchstäblich den festen, sicheren Boden unter den Füßen verliert, dem die Orientierung genommen wird, der erlebt, wie nur die bloßen Räume in ihm Empfindungen von Bedrängnis, von Unsicherheit, von Furcht erzeugen. Und wie man sich an die Unsicherheit gewöhnt. Und wie aus der Bedrängnis und der Furcht Hoffnung wird. Geht es da raus? Da oben geht es bestimmt raus. Aber es geht nicht nach draußen. Da oben nicht. Da hinten auch nicht. Und das Gefühl der Bedrängnis wächst. Libeskind hat mit seinem Entwurf große Klarheit und das Einfühlungsvermögen eines echten Künstlers bewiesen.

Die Exponate hinterlassen bleibende Eindrücke durch ihre Unaufdringlichkeit. Der Brief einer Deportierten, nach acht Tagen des Eingepferchtseins in einem Güterwaggon geschrieben, erscheint als Maschinenschrift auf einer transparenten Oberfläche. Und verschwindet wieder, bevor man den Brief ganz lesen konnte. Und dass der Brief verschwindet, macht, dass man den Brief lesen will. Und fürchtet, ihn nie zu Ende lesen zu können und nie zu erfahren, was darin stand. Ein anderer Raum erzeugt Echos, die ebenso plötzlich, wie sie auftauchen, wieder verschwinden. Unerwartet macht man die Erfahrung, nicht zu wissen, ob man gehört wird. Eine schicksalhafte Alltagserfahrung im Faschismus. Unberechenbar, wie fast alles im Terror. Wer hört mit? Werde ich belauscht? Oder für die Häftlinge in den Gefängnissen, die auf abenteuerliche Weise versuchten, Geschriebenes nach draußen zu schmuggeln: wird man in der Welt draußen mein Wort hören? Oder verstummt meine Stimme, ohne je gehört worden zu sein?

Im Garten des Exils kann man kaum stehen, der schräge Boden macht, dass der eigene Körper schwankt wie nach vielen Tagen auf hoher See während einer Schiffspassage. Vor den dichtgedrängt aufragenden Blöcken geht der Blick zwangsweise in die Höhe. Die Skyscraper von New York City müssen für die Flüchtlinge aus Europa überwältigend, aber auch einschüchternd gewesen sein. Und durchs nach oben Starren schwankt man noch mehr beim Gehen. Alles ist schwankend im Exil, alles verunsichernd.

So wie das Jüdische Museum durch fein- und hintersinnige Gestaltung seiner Räume einen tiefen Eindruck hinterlässt, wird der

Jüdische Friedhof [Schönhauser Allee 22, Mitte] gerade dadurch, dass er so gelassen wurde, wie er nach seiner Schändung durch die Nazis aussah, zum überwältigenden Gedenkort. Hier findet der Besucher die Ehrengrabmale der Verlegerfamilie Ullstein und des Malers Max Liebermann. Auch die Komponisten Felix Mendelssohn und Giacomo Meyerbeer sind in der Schönhauser Allee bestattet.

Auf dem Gelände der *Topographie des Terrors* [Niederkirchnerstraße 8, Tiergarten] neben dem Martin-Gropius-Bau und unweit des Potsdamer Platzes, befanden sich von 1933 bis 1945 die wichtigsten Zentralen des nationalsozialistischen Terrors: das Geheime Staatspolizeiamt mit eigenem »Hausgefängnis«, die Reichsführung-SS, der Sicherheitsdienst (SD) der SS und während des Zweiten Weltkriegs auch das Reichssicherheitshauptamt. Mit über einer Million Besuchern jährlich gehört die Ausstellung *Topographie des Terrors* zu einem der wichtigsten Orte der Erinnerung in Berlin.

Unbedingt empfehlenswert ist ein Besuch der **Ausstellung *Stille Helden*** [Täglich 10–20 Uhr • Rosenthaler Straße 39, Mitte • Der Eintritt ist frei]. Die Dauerausstellung legt die Leben derjenigen dar, die ihr Leben aufs Spiel setzten, um Juden vor der Ermordung zu retten. Zu sehen sind Briefe, gefälschte Pässe nebst Werkzeugen, mit denen sie hergestellt wurden, Fotografien, Originale von Denunziantenschreiben und öffentliche Verordnungen, Erinnerungsstücke und Fluchtgepäck. Ausführlich werden die Biografien der stillen Helden in deutscher und englischer Sprache dokumentiert.

Das **Denkmal für die ermordeten Juden Europas** [Ebertstraße, Mitte • S-Bahn: Potsdamer Platz] ist längst eine Berliner Sehenswürdigkeit geworden, die Besucher aus der ganzen Welt anzieht. Zur feierlichen Eröffnung der Gedenkstätte erklärte Wolfgang Thierse, das Denkmal sei kein »steinerner Schlusspunkt unseres öffentlichen Umgangs mit der Nazi-Geschichte.« Was heute noch in großer Eindringlichkeit Zeitzeugen erzählen könnten, müssten in Zukunft Museen und müsse die Kunst vermitteln. Architekt Peter Eisenman hat das Mahnmal entworfen, aus der israelischen Gedenkstätte Yad Vashem stammen die Namen der Opfer für den »Ort der Information« unter dem wellenförmig angelegten Feld mit 2.711 Stelen aus dunklem Beton.

Unweit des Mahnmals für die ermordeten Juden erinnert im Tiergarten eine einzelne hohe und leicht schräg stehende **Stele an die im Nationalsozialismus verfolgten Homosexuellen**. Die Gestaltung von Michael Elmgreen und Ingar Dragset ist bewusst an Eisenmans Entwurf angelehnt. In der Öffnung der Stele ist ein Bildschirm installiert. Dahinter läuft ein Videofilm, der zwei junge, sich küssende Männer zeigt. Schwul zu sein war im deutschen Faschismus lebensgefährlich. Die Nazis hatten den Paragraphen 175 des Strafgesetzbuchs 1935 extrem verschärft. Danach war bereits ein Kuss zwischen Männern eine Straftat. Mehr als 50.000 Schwule wurden während des deutschen Faschismus wegen ihrer Sexualität als Straftäter verurteilt. Etwa 10.000 wurden in Konzentrationslager verschleppt, mussten den Rosa Winkel tragen und wurden gefoltert. Von ihnen starben etwa 60 Prozent.

Nach dem Krieg haben die homosexuellen Opfer des deutschen Faschismus keine Anerkennung und keine Wiedergutmachung erfahren. Der Paragraph 175 wurde erst 1969 abgeschafft. Nach der Eröffnung des Mahnmals erklärte Berlins damaliger Bürgermeister Klaus Wowereit: »Aber auch nach dem Ende des NS-Terrors hat es viel zu lange gedauert, bis alle Formen der strafrechtlichen Verfolgung beseitigt wurden. Und: Obwohl die Strafverfolgung längst abgeschafft ist, wirkt das Unrecht von damals nach und viele Menschen leiden noch heute darunter. Ich fordere daher eine Aufhebung aller Urteile nach § 175. Und ich fordere eine Rehabilitierung und Entschädigung für all jene, die auf der Grundlage eines von vornherein inhumanen Gesetzes verfolgt wurden – und zwar in beiden deutschen Staaten.«

Auf das Denkmal für die im Nationalsozialismus verfolgten Homosexuellen in Berlin sind bereits Anschläge verübt worden. Unbekannte haben mehrmals versucht, den Bildschirm, auf dem man das sich küssende Paar sieht, einzuschlagen.

Auf dem Bügel hatte die Bluse besser ausgesehen. Mir gefiel zwar der Stoff, aber sowas wie einen erkennbaren Schnitt konnte ich an dem Teil nicht entdecken. Vielleicht musste man es auch nur mal richtig in Form bügeln, war schon etwas ausgebeult an den Schultern. Die Hose gefiel mir nicht. Erstens waren die Beine so schmal geschnitten, dass meine Füße dazu aussahen wie Schuhgröße 43. Zweitens fand ich den Preis übertrieben. Für das Geld bekam ich eine neue. Beim Schal war ich unsicher. Schöne Farbe, das graue Rosa von Balletttrikots, aber eindeutig Polyacryl. Und er roch komisch. Musste also erst mal in die Wäsche. Die langen Fusseln würden sich in der Waschmaschine ausbreiten wie Pappelpollen zur Heuschnupfenzeit. Also nehmen, oder nicht? Ich beschloss, es davon abhängig zu machen, was er kostete. Bis fünfzehn Euro wäre ok.

»129«, sagte die Verkäuferin.

»Ich meinte nicht die Länge.«

»Sie haben nach dem Preis gefragt.«

»Für alle drei Teile zusammen?«

Die waren ja mutig.

»Nein, nur der Schal«, sagte die Verkäuferin.

»129 Euro für einen Secondhandschal?«

»Das ist kein Secondhandschal.«

»Ach. Der ist nicht secondhand?«

»Nein.«

»Und das?« Jetzt hielt ich die Bluse hoch.

»Neuware. 249 Euro. Das ist Seide.«

»Ich dachte, die wär nicht gebügelt. Also dann sollen die Sachen nur so *aussehen,* als wären sie schon getragen?«

»Unsere Kunden sind Individualisten.«

»Und geben so viel Geld aus? Um rumzulaufen, als hätten sie keinen Cent auf der Naht?«

»Kann ich sonst noch was für Sie tun?«, fragte die Verkäuferin. Ich sah zu, dass ich rauskam.

Von Trend zu Trend zu Trend zu …

Die Sehnsuchtsmetropole der Hipster ist Berlin. Aber was sind Hipster? Ein schwer zu fassendes Stilphänomen. Die US-Amerikanerin Dayna Tortorici schreibt: »Hipster sind Kuratoren und Kritiker, Remixer und Designer oder eben jene Werbetexter, die im Kielwasser der Künstler segeln.« Ihr Auftreten ist gepflegt, aber unauffällig. Männliche Hipster tragen perfekte Kurzhaarschnitte und sorgfältig gestutzte Dreitagebärte. Weibliche Hipster drücken ihre Vorliebe für bequemes Laissez-faire durch Wuschelfrisuren und weiche Stoffe aus. Wollmützen, behaglich wärmend und ein aufwändigeres Styling ersetzend, sind ein beliebtes Accessoire. Skinny-Jeans werden gern getragen. Weiche Leggins ebenfalls.

David Brooks führte in seinem Buch *Bobos in Paradise* (erschienen 2000) den Begriff »Bobos« ein, als Abkürzung für *Bourgeois Bohémien,* zu Deutsch »bürgerliche Bohéme«. Ein Widerspruch in sich, denn ein Kennzeichen der intellektuellen, künstlerischen Bohéme ist ihre Antibürgerlichkeit. Das eine ist, was die Bobos sind *(bourgeois),* das andere, was sie sein möchten *(bohéme).* In der Marketingforschung wird mit Bobos eine Zielgruppe bezeichnet, deren Konsumverhalten genau das kennzeichnet: ein ständiges Hin und Her zwischen teuer und trashig. Nur für Statussymbole zu leben und zu arbeiten ist Bobos und Hipstern nicht gegeben, darauf verzichten wollen sie aber auch nicht. Anzutreffen sind sie in allen Branchen und Einkommensklassen, vom Notar bis zum

Immobilienmakler, Studenten oder Kameramann. Viele arbeiten freischaffend in der Medienbranche, verdienen aber kaum mehr als normale Büroangestellte. Von denen unterscheiden sich Hipster radikal durch ihre Aversion gegen die Mühle eines Nine-to-five-Jobs, gegen bürgerliches Mittelschichtleben und – ganz besonders – gegen das Älterwerden. Da Hipster nicht nur beruflich ständig mit den neuesten Trends und Apps umgehen und vertraut sein müssen, werden sie nie älter als gefühlte 35 Jahre. Berlins Subkultur hält sie jung, weil sie sich durch sie versichern, keine Spießer zu sein. Den politischen Inhalten, der Wut und der Bissigkeit der Subkultur stehen Bobos dagegen eher ratlos gegenüber. Aber tolerant sein, das ist selbstverständlich. Da den topsanierten Altbauwohnungen der Hipster bald Bioläden und Galerien folgen, verdrängt ihre bloße Anwesenheit die Subkultur, also ihren Frischzellenspender. Schade, aber so ist es eben.

Von den Blumenkindern der Hippie-Ära haben Hipster und Bobos ihre Vorliebe für friedliches Beisammensein. Aber es eint sie nicht die politische Überzeugung, dass Hunger und Krieg überwunden werden müssen (oder irgendein anderer solidarischer Standpunkt). Wenn sie versuchen, den Stil der Subkultur nachzuahmen, zeigt sich ihre Interesselosigkeit an politischem Engagement in »Parodien«, die lauwarm und selten witzig sind (wie etwa die Verballhornung *Keine Nacht für niemand*). Standpunktnahme wird veralbernd inflationiert. Kritisch zu sein liegt laschen Hipstern nicht. Für treffende Worte fehlt ihnen der Biss, um bissig zu sein, geht's ihnen zu gut. Hinzu kommt, dass sich ein eigener Standpunkt im engagementbefreiten Hipsterhirn wie *stehengeblieben sein* anfühlt, was den tiefsten Schrecken verursacht, schließlich ist nichts peinigender als die Vorstellung, man könnte den nächsten Trend verpassen. Denn keinen Trend zu verpassen und niemals von gestern zu sein, ist lebenswichtig für Bobos und Hipster. Jeder, der neu dazukommt, wird abgecheckt, ob er hipper als man selbst ist und falls ja, wodurch und wie er es macht. Was – bedrückend deutlich sichtbar – nicht frei von einer gewissen, dauernd quälenden Unsicherheit ist.

Die meisten Hipster wählen Grün und sind tolerant, damit man sie mit politischen Themen in Ruhe lässt. Hipster schätzen an Berlin die offene, multikulturelle Gesellschaft vom Karneval der Kulturen und möchten lieber nicht, dass ihre Kinder mit den Kindern von Türken und Arabern in eine Klasse gehen.

Ähnlich wie Punks wollen Hipster jung sein für immer. Verbindet sie eine bestimmte Musikrichtung? Punks hören Punkmusik. Eine eindeutige Hipstermusik gibt es nicht. Punks sind stolz drauf, Punks zu sein. Hipster zu sein ist eine Fremdzuschreibung. Keiner nennt sich selbst so. Hipster sind freundlich, mögen keine Aufregung und wollen nicht gestört werden. Werden sie gestört, reagieren sie niemals aggressiv. Der intensivste Ausdruck von Feindseligkeit, dessen ein Hipster fähig ist, ist ein Gähnen hinter vorgehaltener Hand. Die meisten sind Vegetarier. Fleischliche Nahrung würde ihre Mägen zu sehr aufregen. Manche behaupten, Hipster seien einfach bloß Snobs.

Philosoph und Ideologiekritiker Theodor W. Adorno stellte fest, es gebe kein richtiges Leben im falschen. Hipster glauben, durch Lifestyle – also vorrangig Konsum – das Gegenteil beweisen zu können. Was führt vom falschen Leben ins richtige? Richtig: Biobrause. Alkohol macht aggressiv. Brause macht Spaß. Das richtige Leben ist bio. Mit Bionade und Club Mate fing es an, mittlerweile gibt es in Berlin etliche Biolimonaden, deren ständig expandierendes Geschmacksspektrum bis Orange-Stachelbeere-Grapefruit (Marke »Brause – mit Mutter Natur«) reicht. Null Prozent Zuckerzusatz. Brauselimonade als Corporate Identity? Dient Hipstertum dem Eskapismus aus Zukunftsangst und Eurokrise? Als One-Way-Ticket nach Neverland, Peter Pans Insel der ewigen Kinder?

Was steckt hinter dem Berlin-Hype der Hipster? Sprachlich bedeutet *hype* so viel wie »Hyperbel«, also einfach »Übertreibung«. Berlin-Hype bedeutet demnach »Berlin-Übertreibung« und das zeigt bereits, dass es nicht um die Stadt geht, sondern vielmehr um Gefühle. Eine Stadt lässt sich bauen, bereisen, verlassen, zerstören und vieles mehr, aber man kann eine Stadt nicht übertreiben. Was übertrieben werden kann, sind die Erwartungen an eine Stadt.

Niemand würde vernünftigerweise sagen, die Flüchtlinge aus Lampedusa seien wegen des Berlin-Hypes in die Hauptstadt der BRD gekommen. Obwohl jeder von ihnen ohne Zweifel übertrieben hohe Erwartungen an Berlin gehabt hat. Aus Spaß verlässt schließlich keiner seine Familie, seine Freunde und seine Heimat. Doch Flüchtlinge werden in Berlin mit Härte konfrontiert. Hipster nicht. Die sind weiß und haben Geld.

Insofern kann der Berlin-Hype als ein Traum bezeichnet werden, der umso schöner wird, je mehr und je schönere Leute ihn träumen und der gemeinsam mit anderen geträumt wird, die privilegiert genug sind, nicht – und wenn, dann nur unvollständig und nur vorübergehend – aus dem Traum erwachen zu müssen.

Der Berlin-Hype braucht und erschafft laufend neue Orte, an denen es weder Alter noch Krankheit, kein Übergewicht, keine Armut, keine Leute mit Migrationshintergrund und weder Aggressivität, noch Kriminalisierung, noch Verzweiflung gibt. Merke: *Wo Hipster sind, ist immer Kalifornien.* Hipster werden von Freunden und Verwandten in allen übrigen Bundesländern um ihre Hauptstadtkultur beneidet. Zu Hause bei den Eltern in Baden-Württemberg schwärmt der Hipster von »seinem« Kiez.

Lass sie doch, könnte man sagen. Brause trinken, Kochen ohne Fleisch, Stoffbeutel herumtragen, Wollmützen aufsetzen und jeden Samstag auf dem Wochenmarkt heile Welt spielen tut schließlich keinem weh. Warum haben die Berliner etwas auszusetzen, an den netten Leuten, die statt Kuriertaschen aus Lkw-Plane lieber weiche Stoffbeutel an Zugkordeln schultern? (Fälschlicherweise ist in der Presse laufend von Jutebeuteln die Rede. Dabei ist Jute die Bezeichnung für braunes Sackleinen. Die Stoffbeutel der Hipster aber sind aus feiner, weißer Baumwolle.)

Von den Hipstern und Bobos, die vor etwa zehn Jahren nach Berlin gekommen sind, waren viele durch ein – wegen des unsicheren Eurokurses z. T. vorzeitig ausgezahltes – Erbe finanziell abgesichert. Es galt, das Erbe der Mittelstandseltern wertsteigernd anzulegen, bevor Währung und Wirtschaft die Luft ausginge. Also: Immobilien zu kaufen. Soziologisch betrachtet sind Hipster und Bobos – die netten jungen Erben – nichts anderes als die Vorhut der Gentrifizierung. Hipster sind Spießer, die sich mit aller Macht ihres Geldes (und so was funktioniert ja nur äußerlich) vom Spießertum abgrenzen wollen.

Das taten sie vor zehn Jahren im Prenzlauer Berg und in jüngerer Zeit im Neuköllner Flussviertel (Weserstraße, Donaustraße, Isarstraße). Wo Hipster den von ihnen ersehnten »Flair«, die »künstlerische Atmosphäre«, also Ursprünglichkeit und Authentizität vorfanden, drängten sie sie aus dem Kiez. Einfach dadurch, dass sie Wohnungen kauften. Was der Grund dafür ist, dass viele Berliner keine Hipster mögen. Der in Berlin lebende französische Schriftsteller Guillaume Paoli vergleicht die Auswirkungen eines Boboschwarms auf ein Stadtviertel gar mit der verheerenden Wirkung des Touristeneinfalls in exotischen Ländern.

Ein neuer und ziemlich beunruhigender Trend sind die »Nipster«. Das Kofferwort aus »Nazi« und »Hipster« bezeichnet Rechtsextreme auf der Suche nach einem sympathischeren Erscheinungsbild als Glatze, Hakenkreuz und Bomberjacke, um durch weniger radikales Auftreten neue Anhänger zu gewinnen. Nicht mehr böse dicke Glatzköpfe, sondern der nette Next-Door-Nazi-Neighbour soll das Image optimieren.

Wird die Unterwanderung ihrer Szene durch chamäleonartig getarnte Rechtsradikale die Bobos aus den Sushibars vertreiben? Wird allzu oberflächliche Trendoffenheit bei gleichzeitiger Inhaltslosigkeit gefährlich, wenn der braune Mob in die leere Hülle schlüpft? Da marschieren Kameraden in Röhrenjeans mit Hakenkreuz-Stoffbeuteln oder solchen, auf denen steht: »Bitte nicht schubsen, ich hab einen Joghurt im Beutel«, zum Heldengedenken. Und lassen sich Kopfhaar und mitunter sogar einen Bart stehen. Die Ernährungsgewohnheiten der Hipster übernehmen sie ohne weiteres. Adolf Hitler war schließlich auch Vegetarier.

Straßen mit hohem Hipsteraufkommen sind die **Oderberger Stra-ße** und die **Kastanienallee** im Prenzlauer Berg sowie die **Weser-straße** in Neukölln und die **Strandbars in der Holzmarktstraße** an der East-Side-Gallery. Für einen authentischen Eindruck sollte man beim Besuch einer Bar oder eines Cafés die jeweils neueste Bio-Brausesorte aus gestylten kleinen Fläschchen trinken.

In der Malzfabrik stieg zuletzt 2014 das **Hipster Cup Festival**. In den Disziplinen iPhone-Weitwurf, Skinny-Jeans-Tauziehen, Mus-tache-Rodeo und Stoffbeutel-Sackhüpfen bewiesen ambitionierte Hipster vor begeistertem Publikum, dass Hipness nichts für Laschis, sondern Hochleistungssport ist.

21 Berlins Kaufhaus

Einmal im Leben wollte ich die Gourmetabteilung des KaDeWe durchstreift haben. Um mit eigenen Augen das komplette Sortiment aller Jamie-Oliver-Soßen und -Gewürze gesehen zu haben und mitreden zu können. Um mich in der Champagnerabteilung stummer Anbetung hinzugeben. Und natürlich auch, weil ich sehen wollte, wer sich so alles am Austernstand rumtrieb. Echte und ehemalige Promis, die Oberen Zehntausend und die Demi-Monde von Berlin. Aber das nur ganz nebenbei.

Vor dem Start musste das größte Problem eines Ausflugs ins Paralleluniversum des Luxuskonsums gelöst werden: Was kann ich mir da überhaupt kaufen, ohne entweder mein soziales Ansehen oder meine Kreditwürdigkeit (was im Nachgang auf Ersteres hinausliefe) einzubüßen? Es ist ja nicht so, dass es im Berliner Konsumtempel der Premiumklasse nicht auch Artikel für unter zwei Euro gibt. Aber wollen Sie im KaDeWe vor aller Augen Schlangestehen mit Gütern wie einer Tube Tomatenmark oder Brühwürfeln im Körbchen? Ich auch nicht.

Es galt also, etwas zu finden, das selbst bei anspruchsvollem Geschmack einigermaßen bezahlbar blieb. Und das sich gut gebrauchen ließ und nicht bloß in der Küche herumstand. Wie die Fleur-de-sel-Mischung mit Kakao und schwarzen Oliven, die mir Silke von Mallorca mitgebracht hat. Ich musste etwas finden, das aus Gründen der Kennerschaft nach exquisiter Auswahl verlangte, also erstens die Käuferin als Expertin auswies und zweitens gezielt im Kaufhaus der unbegrenzten Möglichkeiten gekauft werden *musste*.

Und das nicht süß war und meine Diät korrumpierte, versteht sich. Mit einem Wort: Tee.

In der Obstabteilung des KaDeWe (der biblische Garten Eden ist ein Komposthaufen verglichen mit den glänzend polierten, farbenprächtigen und verlockend duftenden Exoten aus aller Welt) zeigte man mir freundlicherweise, wo ich langgehen musste. Und kaum stand ich vor einem Regal mit englischen Teesorten in hübschen Schachteln, sprach mich ein Verkäufer an und fragte, ob er mir behilflich sein dürfe. Ich sagte, ich suche Grünen Jasmintee.

»Da haben wir einige sehr gefragte Sorten«, sagte er. »Wenn Sie mir freundlicherweise folgen würden?«

Eigentlich wollte ich mich aber lieber selbst umsehen. Und so versuchte ich, ihn abzuwimmeln – wobei traurigerweise meine Identität eines absoluten Neulings aufflog – indem ich sagte: »Beschreiben Sie mir doch einfach, wo.«

Seine Antwort wurde für mich zur Bewusstseinserweiterung: »Ihnen beschreiben, wo ... Aber die Teeabteilung unseres Hauses hat *die Größe eines Supermarkts,* meine Dame.«

Von Berlinern für Berliner gemacht

Vor mehr als hundert Jahren, pünktlich zum Frühlingsanfang, eröffnete am Donnerstag, den 21. März 1907 das Kaufhaus des Westens und die Berliner lachten hämisch. Am Wittenbergplatz? Da war doch tote Hose! Im stillen Westen der Stadt wohnte nur die High Society, da fuhr doch sonst keiner hin. Aber genau auf die, die »Richies« nämlich, hatte es Kommerzienrat Adolf Jandorf abgesehen, der kaufmännische Spürhund mit dem visionärem Blick. »*Jot we de* war früher und wat *Lage* is, bestimme ick!«, erklärte er siegessicher und behielt recht. Sein Kaufhaus machte den Standort en vogue und aus einem beschaulichen Upperclass-Kiez, damals noch in der Stadt Charlottenburg gelegen, eine schillernd pulsierende Fashionmeile. Von Anfang an erlagen die Kunden der Aura des Exklusiven, mit der sie die neue Glamour-Location in jeder Abteilung umgab und umwarb.

Im Zweiten Weltkrieg stürzte ein amerikanisches Flugzeug in den Lichthof des Gebäudes, das daraufhin völlig ausbrannte. Als es bereits wenige Jahre darauf neu eröffnete, wurde das Kaufhaus am Wittenbergplatz für viele Berliner ein Zeichen des Neubeginns in der aufkommenden Ära des Wirtschaftswunders.

Bereits Ende der 1920er-Jahre war im monumentalen Bau des Architekten Emil Schaudt ein Traum verwirklicht worden, der bis heute einzigartig in Europa ist: die Gourmetabteilung des KaDeWe. Sagenhafte 7.000 Quadratmeter Delikatessen lassen in der sechsten Etage Feinschmeckerherzen vor Wonne höher schlagen. Topgeschulte Feinkostverkäufer beraten im Universum der Gaumenlust bei der Auswahl aus 1.300 Käsesorten, 1.200 Schinken- und Wurstspezialitäten, über 400 Brot- und Brötchensorten und erfüllen den Kunden darüber hinaus jeden Extrawunsch.

In der siebten Etage arbeiten Köche und Konditoren und decken die Tafel kulinarischer Perfektion für Stammkunden und Neugierige das ganze Jahr hindurch täglich neu. Es gibt nichts, was es nicht gibt. Von raffinierten Patisserieprodukten bis zu Gerichten der internationalen Haute Cuisine. Drei hauseigene Sommeliers stehen den Kunden in der Weinabteilung zur Verfügung und beraten beim Kauf erlesener Jahrgänge. Viele alte KaDeWe-Weine sind älter als das Haus selbst und lagern sicher im Kellergewölbe .

Als wären die besten Schokoladensorten der Welt, zartschmelzende Petit Fours und essbare Blüten nicht schon Grund genug, auf dem Wünsch-dir-was-Boulevard in der sechsten Etage die Mittelmäßigkeit hinter sich zu lassen, könnte man auch zum Zwecke maritimen Anschauungsunterrichts in den Genusshimmel des berühmtesten deutschen Kaufhauses fahren. An Meerestieren ist von Auster bis Zander alles zu haben. Die Fischabteilung führt beinahe jeden Meeresbewohner der Welt. Exoten wie Meeresspinne und Papageienfisch, daneben Seeteufel, Dorade, Seezunge, Wolfsbarsch und Wildlachs. Alle werden auf Wunsch vor dem Kunden von Meisterhand filetiert.

Und was ist mit der Austernbar im KaDeWe? Acht verschiedene frisch servierte Sorten des aphrodisierenden Schalentiers locken jeden früher oder später ins »Sylt von Berlin«. Unter den andächtig Schlürfenden, für die jede Woche über 10.000 Austern geknackt werden, finden sich russische Millionäre und Berliner Schlemmer. Angeregte Unterhaltung in allen Weltsprachen, während Champagner eiskalt und staubtrocken die Kehlen hinabrinnt. Noch mehr Appetit? Der Kaviar wird im KaDeWe, als wär's Kokain, grammweise verkauft.

60 Prozent der Kunden des Hauses sind Berliner, der Rest Touristen, von denen wiederum gut die Hälfte aus dem Ausland kommt. Der Frühling ist bei spanischen und italienischen Besuchern die beliebteste Reisezeit. Die meisten der ausländischen Käufer kommen aus Russland und China. Klaus Wowereit ist seit vielen Jahren Stammgast in der Feinkostabteilung, weil er da alles findet, »was man so braucht«. Der ehemalige Berliner Bürgermeister erzählt, er habe von seinem ersten Gehalt im KaDeWe einen Pelzmantel für seine Mutter gekauft. Allerdings sei das im Sommer gewesen, sodass sie ihn zunächst in den Schrank hängen musste. Lerne klagen, ohne zu leiden.

Um seinen anspruchsvollen Kunden gleichbleibend Topqualität liefern zu können, ist das KaDeWe die unbestrittene Plattform für Feinkostimporte und lässt sich wöchentlich 20 Tonnen Spezialitäten etablierter Lieferanten aus Paris einfliegen. Der Partyservice des Tempels stilvollen Konsums ist für Gesellschaften bis zu 5.000 Gästen ausgestattet. Für den schönsten Tag im Leben werden alljährlich über 500 Hochzeitstafeln bestellt.

Und wie viele Profi-Shopper, Luxusliebhaber, Stilfreunde, Neugierige, Markenfetischisten, Kleptomanen, Fashionaddicts, Pröbchensammler und Schnäppchenjäger kommen so jeden Tag? In Spitzenzeiten wie zu Weihnachten tummeln sich an einem Tag bis zu 180.000 Kunden im KaDeWe. Durchschnittlich sind es täglich um die 40.000. Von allen Kundenstatistiken des Kaufhauses der Träume ist die Verweildauer der Kunden am interessantesten. In normalen

Warenhäusern wird bis zum Verlassen durchschnittlich eine halbe Stunde lang gestöbert. Besucher des KaDeWes bleiben etwa drei Stunden lang.

❚ **KaDeWe** • Tauentzienstraße 21–24, Tiergarten • U-Bahn: Wittenbergplatz • www.kadewe.de

Top Ten: Lieblingsläden in Berlin

1 Riccardo Cartillone: Gibt's nur in Berlin. Schuhe von Cartillone sind zum Verlieben schön und haben eine super Qualität. Markenzeichen wahrer Berliner Kennerfüße.

▌Mo–Sa 11–20 Uhr • u. a. Prenzlauer Allee 215, Prenzlauer Berg • www.riccardocartillone.com/de

2 Trash Schick Second Hand: Die Boutique im Friedrichshain empfängt ihre Kunden im stilechten Altbau. Fashionaddicts mit sozialer Ader sind willkommen: Einen Teil der Einnahmen lässt Trash Schick Obdachlosenprojekten zukommen.

▌Mo–Sa 12–20 Uhr • Wühlischstraße 31, Friedrichshain • www.trashschick.de

3 Plattenladen Mr. Dead & Mrs. Free: Ina Winkels und Volker Quante zeigen Flagge gegen den Niedergang der Hörkultur. Getreu dem Motto »*Let them eat vinyl*« kommt Pop, Brit-Pop, Rock, Folk und Country auf den Plattenteller.

▌Mo–Fr 12–19 Uhr, Sa 11–16 Uhr • Bülowstraße 5, Schöneberg • U-Bahn: Nollendorfplatz • www.deadandfree.com

4 milkberlin: Typisch Hauptstadt und garantiert ampelmännchenfrei: die Taschen-Unikate aus LKW-Plane von milkberlin. Souvenir, Eyecatcher und unverwüstlich stabil.

▌Mo–Fr 13–19 Uhr, Sa 13–18 Uhr • Almstadtstraße 5, Mitte • www.milkberlin.com

5 Bücherbogen am Savignyplatz: Schwelgen in wändeweise Büchern rund um Film, Architektur, Kunst, Fotografie, Design und Mode in den Zimmerfluchten der historischen Hallen am Bahnhof. Ein modernes Antiquariat als Schnäppchenfundgrube gehört dazu.

Mo–Fr 10–20 Uhr, Sa 10–19 Uhr • Stadtbahnbogen 593, Charlottenburg •
www.buecherbogen-shop.de

6 Blumenladen Florales: Sträuße aus Meisterinnenhand. Chefin Monika Dietrich, herzlich, charmant und weltoffen, ist eine virtuose Meisterin ihres Fachs und »Hoflieferantin« des Ersten Bürgermeisters von Berlin.

Mo–Fr 7–18.30 Uhr, Sa 7–14 Uhr • Wilhelmstraße 47, Mitte •
www.florales-berlin.blogspot.de

7 Blush Dessous: Claudia Kleinert temperiert Berlin seit 2001 mit edlen, fantasievollen Dessous. »Ich möchte, dass sich meine Kundinnen sexy und glamourös, aber auch frei und wohl fühlen«, erklärt die Inhaberin ihren Erfolg.

Mo–Fr 11.30–19.30 Uhr, Sa. 12–19 Uhr • Rosa-Luxemburg-Straße 22, Mitte •
www.blush-berlin.com

8 Modulor: In den coolen Etagen kriegen Architekten, Grafiker, Briefeschreiber und Texter glänzende Augen. Profiauswahl und beste Qualität. Der Baumarkt der Zeichner und Sprachwerker.

Mo–Fr 9–18 Uhr, Sa 10–18 Uhr • Prinzenstraße 85, Kreuzberg • www.modulor.de

9 Fadeninsel: Wolle in den schönsten Farben und edelsten Qualitäten bis unter die Decke. Handgestrickte Schals, Stolas und Stulpen werden verkauft. In der gemütlichen Ladenatmosphäre kann die neuerworbene Lieblingswolle zum Fertigen eines neuen Lieblingsstücks bei den Mitarbeiterinnen in Auftrag gegeben werden.

Mo–Fr 10–19 Uhr, Sa 11–16 Uhr • Oranienstraße 23, Kreuzberg • www.fadeninsel.de

10 Fiona Bennett: Bei den charmant-ausgeflippt-atemberaubend gestalteten Stücken der Meisterin bekommen Liebhaberinnen geschmückter Köpfe Stielaugen und Schnappatmung. Von den Hutschachteln ganz zu schweigen ...

Mo–Sa 10–19 Uhr • Potsdamer Straße 81–83, Tiergarten • http://fionabennett.de

22 Berlins Kinder an die Macht

Ich hatte schon davon gehört, dass man sich bei einem Spaziergang am Helmholtzplatz ohne Kinderwagen regelrecht nackt vorkommt. Trotzdem wollte ich mir den kinderreichsten Kiez der Bundesrepublik mal angucken. Außerdem steht auf dem Kollwitzplatz eine Bronzeskulptur von Käthe Kollwitz und in der Nähe der Wasserturm und die jüdische Synagoge, und die wollte ich auch mal gesehen haben.

Bis zu einer Verabredung in der Stadt hatte ich noch ein bisschen Zeit, also stieg ich an der U-Bahnstation Eberswalder Straße aus und spazierte durchs LSD-Viertel, das keine Dealerhochburg für psychedelische Drogen ist, sondern von den Berlinern nach den Anfangsbuchstaben der Lychener Straße, Schliemannstraße und Dunckerstraße so genannt wird. Eine andere berühmte Berliner Bezeichnung, die »Ecke Schönhauser«, bezeichnet die Kreuzung Schönhauser Allee/Danziger- und Eberswalder Straße/Kastanien-Pappelallee und liegt übrigens gleich an besagtem U-Bahnhof. Es handelt sich um einen rauschenden Verkehrsknoten, der durch den gleichnamigen DEFA-Film von 1957 berühmt wurde.

Später, auf dem Weg zur Straßenbahn, kam ich nicht weiter, weil drei Frauen mit Kinderwagen mitten auf dem Bürgersteig standen.

»Darf ich bitte mal durch?«, fragte ich. Nichts geschah. Alle drei sahen den kleinen Jungen an, der hinter ihnen stehengeblieben war.

»Wollen wir weitergehen, Paul?«, fragte eine der Frauen, offenbar die Mutter des Kleinen. Paul bewegte sich keinen Zentimeter.

»Möchtest du nicht nach Hause? Wir wollen doch jetzt Pfannkuchen machen«, lockte die Mutter. Der Junge verzog keine Miene.

»Du wolltest doch, dass wir heute Pfannkuchen machen, oder nicht, Paul?« Keine Antwort. »Guck mal, jetzt kommen doch die Moni und die Suse mit Luise und Benjamin extra mit zu uns. Weil wir doch alle zusammen bei uns Pfannkuchen machen wollen, wie du es dir gewünscht hast. Magst du da nicht auch mit uns nach Hause kommen?«

Wie ich sah, saßen Luise und Benjamin bereits gehorsam in ihren Bugaboos. Sahen eigentlich aus, als wären sie längst alt genug zu laufen. Aber das kann ich nicht beurteilen. Ich hab keine Kinder.

»Entschuldigung, aber ich verpasse die Straßenbahn«, sagte ich. »Kann ich bitte mal durch?« Moni, Suse, Paul und Pauls Mutter taten, als hätten sie mich nicht gehört.

»Warum sagen Sie ihm nicht einfach, dass er mitkommen soll?«, fragte ich gereizt. »Gehen Sie doch einfach vor, dann kommt er schon hinterher.«

Zum ersten Mal schien mich die Frau zu hören, drehte sich nach mir um und warf mir einen mitleidigen Blick zu. »Paul darf selbst entscheiden, ob er weitergehen möchte, oder nicht.«

»Ich bitte Sie, er ist doch fast noch ein Baby«, sagte ich.

»Paul ist kein Baby. Er ist sehr weit für sein Alter und er weiß selbst am besten, was gut für ihn ist.«

Absoluter Mittelpunkt der Aufmerksamkeit von *gleichzeitig drei Frauen* zu sein, war offenbar gut für ihn: Little Paul strahlte. Und bewegte sich keinen Schritt auf seine Mutter zu. Was aus so einem Typen in zwanzig Jahren wird, haben die Lassie Singers in *Ich hab ein Faible für Idioten* auf den Punkt gebracht.

»Wer hat denn bei Ihnen das Sagen, wenn ich fragen darf? Sie oder Paul?«, konterte ich wütend.

»Paul!«, antworteten alle drei Mütter im Chor.

»Meinen Sie nicht, dass ihn das überfordert?«, fragte ich alle drei.

Pauls Mutter antwortete mir, so ungnädig und von oben herab wie man zu meiner Zeit mit einem ungezogenen Kind gesprochen hätte: »Mein Sohn ist eine vollentwickelte Persönlichkeit«, sagte sie.

Mir wurde es zu blöd. »Ach, glauben Sie?«, fragte ich giftig. »Dann wird es Zeit, dass Vierjährige endlich den Führerschein machen und Fahrzeughalter werden dürfen, finden Sie nicht?«

»Sind Sie verrückt? Sie können doch ein Kind nicht ans Steuer eines Autos lassen!«

»Haben Sie vielleicht Angst, er würde Sie dann nicht mehr brauchen?«

Hier mischten sich Moni und Suse ein. »Lass die Verrückte doch durch, Claudi.« Und zu mir: »Na los, Schatzi. Geh schon.«

Alleinerziehende Mütter in Berlin

»Wenn mir nüscht mehr einfällt, mach ick wat mit den Müttern, die gehen immer!«

Seit 2005 zeichnet Olaf Schwarzbach, Berlins bekannter Comiczeichner OL, unter dem Titel *Die Mütter vom Kollwitzplatz* Cartoons für die *Berliner Zeitung*. Aus dem gleichförmig stressigen Tagesablauf der Mütter, in dem unablässig Kita, Spieli, Bioladen, Kinderdurchfall, Kinderkotze und die verlässliche Unzuverlässigkeit der Männer zirkulieren, hat OL, dem laut Selbstauskunft sein Vorname Olaf zu lang ist, eine Quelle bissiger Seitenhiebe und äußerst lukrativer Einnahmen gemacht.

Im Prenzlauer Berg, dem vermeintlich kinderreichsten Kiez Berlins und angeblich der geburtenstärksten Region Deutschlands, werden nicht mehr Kinder geboren als anderswo auch. Alles andere ist ein Mythos. Die tatsächlich kinderreichste Gegend Deutschlands ist der Landkreis Cloppenburg im Nordwesten Niedersachsens. Im Durchschnitt 1,7 Kinder bringt dort jede Frau zur Welt wie das Berlin-Institut ermittelte. Der Bundesdurchschnitt liegt bei 1,4. Trotzdem glauben seit weit über zehn Jahren viele Berliner, was sie in der Zeitung lesen: Im »Pregnancy Hill« Prenzlauer Berg hätte jede Mutter zwei bis drei Kinder. In Wirklichkeit lag der Durchschnitt im Prenzlauer Berg auch vor zehn Jahren bei statistisch glatten 1,0 Kindern pro Frau. In Brasilien haben Mütter durchschnittlich 2,1 Kinder. In Indien sind es 2,6.

Fazit: Statistisch gesehen ist der Kiez um Kollwitzplatz und Helmholtzplatz, in dem 146.000 Menschen wohnen, weder geburtenstark noch kinderreich. Es gibt mehr 25–45-Jährige als anderswo, aber die breite Mehrheit von ihnen hat keine Kinder. »Was nach Babyboom aussieht, sind in Wirklichkeit nur viele junge Menschen, die ihrerseits aber vergleichsweise wenig Kinder kriegen«, schreibt das Berlin-Institut für Bevölkerung und Entwicklung.

Die Mütter vom Kollwitzplatz wollen Teil der Stadtkultur sein und sich mit ihren Kindern selbstbewusst fühlen, anstatt sich mit den Kleinen zu Hause zu verstecken, wie es in anderen, vor allem den armutsbedrohten Berliner Kiezen auf oft fürchterliche, weil völlig isolierende Weise üblich ist. Auch dass sich viele Frauen als alleinerziehende Mutter von der Gesellschaft im Stich gelassen fühlen, führt dazu, zusammenzuhalten. Im Prenzlauer Berg signalisiert das Auftreten der Mütter »Gemeinsam sind wir stark«, und das übertreiben sie manchmal und gehen damit kinderlosen Leuten auf die Nerven. Aber es ist eben auch ein noch ziemlich junger und unerprobter Lebensentwurf, der da gelebt wird.

In Italien im Urlaub würden ihre Kinder angelächelt und auf dem Kopf gestreichelt, erzählen die Mütter vom Kollwitzplatz. In Deutschland werden kleine Kinder als Störenfriede empfunden. Die jungen Eltern und alleinerziehenden Mütter im kinderfreundlichen Prenzlauer Berg versuchen ein Gegenmodell zu verwirklichen. Dazu sollte man wissen, dass der Alltag alleinerziehender Mütter kein Spaß ist, sondern extrem anstrengend. Und das hat viel mit der Ablehnung zu tun, die ihnen entgegengebracht wird. Im Berufsleben, im Jobcenter, in der Presse und auf der Straße.

Viele alleinerziehende Frauen im Prenzlauer Berg haben das Gefühl eines Stimmungsumschwungs. Fanden es die kinderlosen Anwohner vor Jahren noch toll, in einer lebendigen Gegend mit jungen Eltern und Kindern zu leben, macht sich mittlerweile zunehmend ablehnendes Verhalten Kindern gegenüber breit. Auch die Art und Weise, wie der Prenzlauer Berg in Berliner Medien dargestellt wird, empfinden viele Frauen als Hinweise auf Kinderfeindlichkeit. Eine

Mutter erzählt, dass ihr und ihren Kindern auf der Straße jemand »Scheißkinder« hinterhergerufen habe. Und sowas passiert in den letzten Jahren häufiger.

Berlin ist die Hauptstadt der Alleinerziehenden. In einem Drittel der Berliner Familien kümmert sich nur ein Elternteil um die Kinder. In 90 Prozent der Fälle ist dies die Mutter. Die meisten Alleinerziehenden leben in Pankow, Mitte und Marzahn-Hellersdorf, sagt die Statistik. Ihr Armutsrisiko ist extrem hoch. 2008 bezogen fast 40 Prozent der alleinerziehenden Mütter in Berlin Hartz IV.

Was bedeutet es, alleinerziehende Mutter zu sein? Wenn es gut läuft, fühlen sich viele als Kämpferin. Läuft es schlecht, sind sie bis zur körperlichen Überlastung erschöpft. Viele alleinerziehende Frauen sagen, sie seien »immer auf 180« und hätten das Gefühl, dürften keine Sekunde lockerlassen. Ansonsten würden sie untergehen. Sieben Tage die Woche geht es nahtlos, ohne Pause. Immer allein mit der Last der ganzen Verantwortung für alles, was im Leben der Kinder den ganzen Tag los ist. Sehr oft ist das Verhältnis zu den Vätern der Kinder angespannt. Meistens hat die Beziehung nach der Geburt des Kindes irgendwann nicht mehr funktioniert. Nach der Trennung funktioniert es oft nicht, die Verantwortung gemeinsam zu übernehmen. Zeit zum Nachdenken und Konflikte lösen bleibt kaum, wenn die Kinder den ganzen Tag lang Aufmerksamkeit fordern und Grenzen gesetzt bekommen müssen.

Darin ähneln sich die Probleme alleinerziehender Mütter überall in der Bundesrepublik. Was die Situation speziell der Berliner Mütter erschwert, sind die zurückzulegenden Entfernungen in einer riesengroßen Stadt. Ohnehin schon von morgens bis abends unter Zeitdruck, müssen viele Mütter täglich für den Gang zur Kita oder zur Schule eine halbe bis Dreiviertelstunde einrechnen – und wenn sie ihr Kind abholen, dieselbe Zeit noch mal. Hinzu kommt das Problem, dass in vielen Berliner Schulen die Jahrgänge überfüllt sind. Es geschieht deshalb immer häufiger, dass bei Neueinschulungen das Los entscheidet, welches Kind seine Wunschschule besuchen darf und welches nicht. Für viele alleinerziehende Frauen ist der Albtraum Wirklichkeit geworden, mit ihren Kindern in unmittelbarer Nähe einer Schule zu wohnen und die Kinder trotzdem auf eine viel weiter entfernte Schule geben zu müssen. Viele haben mit kurzen Fußwegen für ihre Kinder gerechnet, die dann nach Einschulung in eine weiter entfernte Schule an vielbefahrenen Straßen warten und öffentliche Verkehrsmittel benutzen müssen. Und das ist in Berlin für Kinder gefährlich. Ist die Mutter selbst berufstätig, kommen noch ihre An- und Abfahrtswege zum Arbeitsplatz hinzu. Fahrzeiten von eineinhalb Stunden ins Büro sind in Berlin ganz alltäglich.

Dasselbe gilt für Behördengänge. Während sich die Mütter im Prenzlauer Berg selbstbewusst organisieren und darin die gesellschaftspolitische Chance sehen, die Mutterrolle neu zu definieren, ist das für alleinerziehende Mütter mit geringerem oder ganz ohne Bildungshintergrund meistens unmöglich. Viele dieser alleinerziehenden Mütter, die aus Not und Überforderung mit ihren Kindern mehr oder weniger in häuslicher Isolation leben, haben keinen Schulabschluss oder nur den Hauptschulabschluss und beziehen Hartz IV. Sie müssen regelmäßig zum Jobcenter. Trotz Terminvergabe sind die Wartezeiten in der Behörde oft lang. Eine Mutter berichtet, ihr hätte die Sachbearbeiterin im Jobcenter mal gesagt: »Wenn sie doch wenigstens einen Mann hätten!«

Frauen mit Gymnasial- bzw. Hochschulabschluss bekommen ihre Kinder durchschnittlich deutlich später als Frauen aus bildungsschwachen Familien, die häufig schon deutlich vor dem zwanzigsten Lebensjahr zum ersten Mal Mutter werden. Für sie ist das Abrutschen in die Armut beinahe unausweichlich. Ein Grund für viele, sich weiter auszubilden und trotz der Belastung durch die Kinder den Schulabschluss nachzuholen und einen Beruf zu erlernen. Den Frauen, die es so in monate- und jahrelanger Disziplin schaffen, ihr Leben in die Hand zu nehmen und ihre Chancen in der Gesellschaft zu verbessern, gebührt größte Wertschätzung. Doch die erfahren sie nur in seltenen Fällen. Die meisten Bewerbungen, die sie schreiben, werden abgelehnt. Eine Mutter sagt dazu: »Die Jobsuche war der

Horror. Ich bin mir sicher, dass ich da zu manchen Gesprächen erst gar nicht eingeladen wurde, nur weil da auf dem Bewerbungsbogen stand: »ledig und alleinerziehend«.

Zum Nordbahnhof wollte ich fahren, und von da zu Fuß weiter zum Hamburger Bahnhof, Berlins Museum für Gegenwartskunst in der Invalidenstraße. Ich wusste, dass am Nordbahnhof die Linien S1 und S2 halten und hatte mir sicherheitshalber die Farben der Linien gemerkt, um die richtige zu erwischen. Dunkelgrün die S1 und pinkfarben die S2. Nein, umgekehrt. Die S1 war die pinkfarbene Linie und die S2 die dunkelgrüne. Mit diesen Informationen hielt ich mich leichtsinnigerweise für ausreichend vorbereitet. Dass sowohl S1 als auch S2 am Bahnhof Friedrichstraße hielten, wusste ich. Vom Alex kommend, stieg ich daher Friedrichstraße aus und fing an, Ausschau zu halten. Wo hing ein Hinweis auf den Bahnsteig, an dem die S1 abfuhr? Oder die S2? Es hing nirgends einer. Oder war ich blind? Um mich herum Gerenne und Gewühl. Offenbar wussten alle anderen genau, wo sie hinmussten. Peinlich, höchst peinlich. Schließlich lief ich die Treppen zum erstbesten Gleis hoch, wo ich den Bahnbeamten nach der S1 oder S2 fragte. Er guckte mich an, als hätte ich ihn gebeten, mir ein Taxi zu rufen. Fragte zurück, ob ich nicht gesehen hätte, dass hier nur Regionalzüge führen. Da er mir also nicht weiterhelfen konnte, durchquerte ich zum zweiten Mal die gedrängt volle Wandelhalle und versuchte es mit derselben Taktik auf dem nächsten Bahnsteig. Nur hatte ich mich diesmal aus unerfindlichen Gründen in den Abfahrtsbereich der U-Bahn verirrt. An Aufgeben war nicht zu denken. Auf den Bahnsteigen der U-Bahn weit und breit kein Bahnbeamter. An- und Abfahrt der Züge vollautomatisiert. Das ehemalige Pförtnerhäuschen von außen verspiegelt, die Tür verrammelt. Vielleicht bald als Eventlocation zu mieten, aber für den Augenblick mausetot. Meine Laune sank auf den Nullpunkt. Auf dem nächsten Gleis hatte ich unerwartet Glück.

»Bitte entschuldigen Sie, können Sie mir sagen, wo die S1 oder die S2 abfahren?«, fragte ich eine Schaffnerin.

Von wegen Glück. Kratzbürstige Urberlinerin. O-Ton: »Seehnse dit nich? Hier fährt die U-Bahn. Wir ham nüscht mit der S-Bahn zu tun.«

»Ja, aber ...«, stammelte ich.

»Ja, nüscht aber. Wir sind die BVG. Die S-Bahn ist Deutsche Bahn. Und jetzt gehen Sie mal bitte weiter, ja, hier fährt gleich ein Zug ein.«

In meiner ganzen Zeit in Berlin habe ich weder auf dem Bahnhof Alexanderplatz, noch auf dem Bahnhof Friedrichstraße jemals einen Rollstuhlfahrer, geschweige denn einen Blinden gesehen. Der Grund liegt auf der Hand. Niedergeschlagen, wütend und müde fand ich den Weg zurück in die Wandelhalle. Ratlos sah ich mich um.

»Wo wollen Sie denn hin?«, fragte eine ältere Dame.

»Zur S1 oder S2«, sagte ich.

»Die fahren ganz unten im Tiefparterre. Da hinten geht die Rolltreppe.«

Ich bedankte mich. Hoffnungsvoll.

Den wahrscheinlich klaustrophobischsten Standort überhaupt hatte ein Obsttresen im Zwischengeschoss. Von einer Plattform in der Größe eines Feldbetts führten vor dem kleinen Laden schlauchenge Treppenschächte nach unten zu den Gleisen 11 und 12. In entgegengesetzter Richtung gingen Aufgänge zu den Gleisen 5 und 6. Aber das musste man wissen. Denn ein Schild gab's nicht.

Ein paar Minuten später stand ich auf dem Bahnsteig und im selben Moment fuhr die S1 ein. Volltreffer! Aber in welche Richtung musste ich? Der eingefahrene Zug fuhr nach Oranienburg. Lag der Nordbahnhof auf der Strecke nach Oranienburg? Ich brauchte dringend einen Liniennetzplan. Doch die Tunnelwände vor dem Gleis zierten nur historische Aufnahmen des Bahnhofs. Und Bildschirme, auf denen der Wetterbericht lief. Oder Nachrichten von n-tv. Einen

Liniennetzplan entdeckte ich nirgends. Sollte ich in den Zug, der vor mir hielt, einsteigen, oder nicht? Ein lebenswichtiger Tipp: Wenn man länger in Berlin wohnt, wartet man in solchen Fällen, bis der Zug hält und die Türen aufgehen. Dann ruft man ins Abteil: »Hält der Nordbahnhof???« Irgendwer antwortet immer und hilft. Denn jeder Berliner war schon zigmal in derselben Lage.

Die Türen schlugen mir vor der Nase zu.

»Wo wollen Sie denn hin?«, fragte die Bahnbeamtin.

»Nordbahnhof.«

»Hätten Sie die doch nehmen können! Wieso sind Sie nicht eingestiegen? Die nächste kommt in zwanzig Minuten. Wenn überhaupt. Heute ist Streik.«

Habt mich doch alle mal gern, dachte ich.

Mensch Meier von Ton, Steine Scherben – Rio Reisers BVG-Hit von 1971

Mensch Meier kam sich vor wie ne Ölsardine,
irgendjemand stand auf seinem rechten großen Zeh.
Das passierte ihm auch noch in aller Herrgottsfrühe
im 29er kurz vor Halensee.
Der Kassierer schrie: »Wer hat noch keinen Fahrschein?«
Und Mensch Meier sagte laut und ehrlich: »Ick!
Aber ick fahr schwarz und füttere mein Sparschwein.«
Und der Schaffner sagte: »Mensch, bist du verrückt?«
Doch Mensch Meier sagte:

Refrain:
»Nee, nee, nee, eher brennt die BVG!
Ich bin hier oben noch ganz dicht,
der Spaß ist zu teuer, von mir kriegste nüscht!
Nee, nee, nee, eher brennt die BVG!

Ich bin hier oben noch ganz dicht,
der Spaß ist zu teuer, von mir kriegste nüscht!«

Und da sagte einer: »Du hast recht Mensch Meier,
was die so mit uns machen, ist der reine Hohn.
Erst wolln'se von uns immer höhere Steuern
und was se dann versieben, kostet unseren Lohn«.
Doch der Schaffner brüllte: »Muss erst was passiern?
Rückt das Geld raus oder es geht rund.
Was ihr da quatscht, hat mich nicht zu interessieren,
und wenn ihr jetzt nicht blecht, dann kostet das 'n Pfund!«
Da riefen beide:

Refrain

»Halt mal an, Fritz!«, brüllt da der BVG Knecht,
»ick schmeiß den Meier raus und hol die Polizei.«
Doch die Leute riefen: »Sag mal, bist du blöd, Mensch?
Wir müssen arbeiten, wir haben keine Zeit.
Und wenn die da oben x-Millionen Schulden haben,
dann solln'ses bei den Bonzen holen, die uns beklauen.
Du kannst deinem Chef bestellen, wir fahrn jetzt alle schwarz,
und der Meier bleibt hier drin, sonst fliegst du raus!«
Und da riefen alle:

4x Refrain

Mensch Meier kam sich vor wie ne Ölsardine,
irgendjemand stand auf seinem rechten großen Zeh.
Das passierte ihm auch noch in aller Herrgottsfrühe
im 29er kurz vor Halensee.
Der Kassierer schrie: »Wer hat noch keinen Fahrschein?«
und Mensch Meier sagte laut und ehrlich: »Ick!

Aber ick fahr schwarz und füttere mein Sparschwein.«
Und der Schaffner sagte: »Mensch, bist du verrückt?«
Doch Mensch Meier sagte:
»Nee, nee, nee, eher brennt die BVG!
Ich bin hier oben noch ganz dicht,
der Spaß ist zu teuer, von mir kriegste nüscht!
Nee, nee, nee, eher brennt die BVG!
Ich bin hier oben noch ganz dicht,
der Spaß ist zu teuer, von mir kriegste nüscht!«

Wird Suchen zur Sucht?

Berliner S- und U-Bahnhöfe sind eine ständige Heraus- bis Über-
forderung. Wer als Tourist nicht ahnt, was ihn erwartet, verliert im
Gewühl der Hauptverkehrsknotenpunkte S-Alexanderplatz und
S-Friedrichstraße erst die Orientierung, dann die Nerven. Unter
Zeitdruck, ständig umgeben von Leuten, die es eilig haben und ent-
sprechend schlecht gelaunt sind, nerven immer dieselben Fragen:
Welche S-Bahn brauche ich? Von welchem Gleis fährt sie? Wo finde
ich das Gleis? In welche Richtung muss ich fahren?

Verspätungen, Ausfälle, Dauerbaustellen gehören leider zum Alltag – dafür lässt sich mit Bus und Bahn jeder Winkel der Stadt erreichen. Die BVG ist mit jährlich fast 950 Millionen Fahrgästen der
größte kommunale Verkehrsbetrieb in Deutschland. Für das Großunternehmen mit 700 Millionen Euro Umsatz (2013) und 947,3 Millionen Fahrgästen (2013) fahren S-Bahnen, U-Bahnen, Straßenbahnen, Busse und Fähren. In der Holzmarktstraße 15–17, Bezirk Mitte,
in der Nähe der Jannowitzbrücke, ragen die Trias Towers auf, heute
Sitz der BVG Zentrale.

Als Folge der S-Bahn Krise kündigte der Senat 2010 an, den Ver-
trag für den Betrieb auf dem S-Bahn Ring und weitere Linien bis
Ende 2017 neu zu vergeben. Doch der Termin ist nicht mehr zu

halten. Betreiber der Berliner S-Bahn ist die Deutsche Bahn. Das Unternehmen erhielt Geld für die Aufarbeitung von 300 Wagen, die eigentlich ausgemustert werden sollten. Kosten: 100 Millionen bis 160 Millionen Euro. Der Verein Berliner Kaufleute und Industrieller (VBKI) reagierte sauer. Der Senat hätte es versäumt, eine Ausschreibung durchzuführen – stattdessen wäre getrickst und verzögert worden. Große leistungsfähige internationale Unternehmen, die sich beworben hätten, seien damit verprellt worden. Wenn die Deutsche Bahn als einziger Bieter übrigbliebe, könnte sie fordern, was sie wollte.

Geheimtipps zur Bewältigung des Berliner Nahverkehrs

»Als wir das erste Mal in Berlin waren, dachten wir, dass die Taxilobby ihre Finger im Spiel hätte«, erzählen Marion und Klaus. »Anders konnten wir uns das Durcheinander nicht erklären. Und wir sind bei unserem ersten Besuch alles mit dem Taxi gefahren, was natürlich ziemlich ins Geld ging.« Das pensionierte Ehepaar ist einmal jährlich zu Gast in der Hauptstadt, um Kinder und Enkel zu besuchen. Inzwischen sind die beiden alte Hasen, wenn es um Berlins Öffentlichen Personennahverkehr geht. Newcomern geben sie zwei fundamentale Survivaltipps. Erstens: »Besorgen Sie sich einen Faltplan des Liniennetzes«, rät Klaus. »Den gibt es gratis in den Kundenzentren der BVG im Alexanderplatz, Bahnhof Friedrichstraße und im Hauptbahnhof. Alle S-Bahnlinien und alle U-Bahnlinien sind eingezeichnet. Vergessen Sie nie, diesen Faltplan mitzunehmen. Niemals, unter gar keinen Umständen. Wenn Sie ihr Hotel verlassen und merken, Sie haben ihn vergessen, drehen Sie um und holen ihn. Ein Plan des Berliner S- und U-Bahnnetzes ist so unentbehrlich wie Ihre Brieftasche, wenn Sie in Berlin unterwegs sind.«

Und Tipp Nummer zwei?

»Gewöhnen Sie sich an, die Normalzeit in ÖPNV-Zeit umzu-rechnen«, sagt Marion. »Es ist wie beim Geldwechseln. Oder wie beim Umrechnen von Kilometern in Meilen. Die Faustregel lautet: 35 Minuten Normalzeit = 1 Stunde Berliner ÖPNV-Zeit.«

Was ist damit gemeint?

»In Berlin gibt es keine schnellen Wege«, erklärt Marion. »Dafür ist die Stadt einfach zu chaotisch, zu voll und zu baufällig. Aber wenn man sich von vornherein darauf einstellt, dass jeder Weg, der in einer guten halben Stunde zu schaffen sein sollte, eine volle Stunde dauert, gelangt man wesentlich entspannter ans Ziel. Mit Bus und Bahn sind Sie zwar in der glücklichen Lage, dem Straßen-verkehr zu entkommen. Dafür müssen Sie beim ÖPNV überfüllte Kurzzüge, Verspätungen und Zugausfälle in Kauf nehmen.«

Also als erstes einen kostenlosen Liniennetzplan besorgen. Und für jeden Weg etwa die doppelte Zeit einplanen. »Selbst dann bleibt es noch spannend genug«, weiß Marion. »Denn die Beschilderungen in den Bahnhöfen sind gelinde gesagt eine Katastrophe. Klaus, welcher Bahnhof war das neulich, mit den schönen grünen Wandkacheln?« Sie schaut fragend ihren Mann an. »So hellgrüne Kacheln, weißt du nicht mehr, wie das Wasser im Swimmingpool.«

Poolgrüne Kacheln? Klaus überlegt. »Ach, das war der Alexand-erplatz, unten wo es zu den U-Bahnen geht.«

Vier Tramlinien, drei U-Bahnen und die S-Bahn kreuzen sich am Alexanderplatz. Nicht weit entfernt stehen der Fernsehturm und das Rote Rathaus. Touristenmassen Tag für Tag. Der Alexan-derplatz ist einer der am stärksten frequentierten Knotenpunkte Berlins, die Rolltreppen quellen von Reisenden über und die Bahnsteige sind immer voll. Warum trotzdem vermehrt Kurz-züge eingesetzt werden, selbst im Berufsverkehr, ist den Berli-nern ein Rätsel.

»Richtig, Alexanderplatz«, sagt Marion. »Da wollen sie wohl nicht so gern Löcher reinbohren, in ihre schöne grüne Keramik.

Erst recht nicht für sowas Profanes wie ein Schild. Das kann man verstehen.« Sie lächelt ironisch.

»Wir kamen vom U-Bahngleis hoch und haben einen Hinweis gesucht, wo es zur S-Bahn geht«, berichtet Klaus. »Das Schild haben wir auch gefunden. Allerdings erst, als wir abends kurz nach elf Uhr aus der Stadt zurückkamen und wieder zur U-Bahn runtergingen. Da waren nicht mehr so viele Leute unterwegs, und jetzt sah man es. Es hängt niedrig, das Hinweisschild, nicht höher als etwa einen Meter fünfzig über dem Boden, direkt neben der Treppe. Tagsüber sieht man es nicht. Weil dann alle die Treppe hochlaufen und es verdecken.« Er lacht. »Man sieht das Schild, wo es zur S-Bahn langgeht, erst, wenn alle Leute weg sind. Leider ...«

»... leider ist dann auch die S-Bahn weg!«, lacht seine Frau. »Übrigens war das aufgedruckte S-Bahn Symbol nicht größer als ein Fünfmarkstück. Wenn man nicht direkt davorsteht, sieht man es überhaupt nicht.«

»Beim U-Bahnfahren gibt es auch was zu beachten«, fährt Klaus fort. »Man ist oft irritiert, wenn man in der U-Bahn Haltestellenpläne von völlig anderen Linien sieht, als der Linie, in der man sitzt. Neulich sind wir zum Beispiel Friedrichstraße in die U6 eingestiegen. Da hingen im Abteil Haltestellenpläne der U8 und der U9 und der U5. Keiner für die U6. Im ersten Moment denkt man dann immer, dass man die falsche U-Bahn erwischt hat. Aber so ist Berlin!«

»Und das heißt nicht, dass Sie die U-Bahn meiden sollten, im Gegenteil!« Marion klatscht in die Hände. »U-Bahn in Berlin ist das pralle Leben! Alle nehmen die U-Bahn! Die Wichtigen und die Bescheidenen. Die Geretteten und die Gescheiterten. Die Schönen und die Obdachlosen. Alle! Ich mag die langen Sitzreihen und die durchgehenden Wagen. Die Fahrkartenkontrolleure sehen in Berlin immer wie Schlägertypen aus. Oder so, wie man sich eigentlich Schwarzfahrer vorstellt. Sehr aufregend! Das macht alles sehr viel Spaß!«

Das Schlusswort hat Klaus. »Wenn wir zu unserer Tochter wollen, nehmen wir den 140er-Bus. Das ist hochinteressant, denn jeder 140er fährt entweder zu früh oder zu spät ab. Und zwar grundsätzlich. Also könnte ja irgendwann einer zufällig wieder zur regulären An- oder Abfahrtszeit eintreffen. Und darauf warte ich seit fünf Jahren!«

Kino ist meine Passion. Im Freiluftkino Friedrichshain hatte ich *Casablanca* gesehen und mich, wie alle im Publikum, wie Woody Allen gefühlt, der in *Play it again, Sam* gebannt die Liebesgeschichte von Rick Blaine und Ilsa Lund verfolgt und dabei die ganze Zeit mitspricht, weil er das Drehbuch auswendig kann. Umso neugieriger machte mich eine Unterhaltung, die ich nach dem Film mitbekam.

»Charlie Chaplin hat mal gesagt, alles, was er brauche, um eine Komödie zu drehen, seien ein Park, ein hübsches Mädchen und ein Polizist«, sagte neben mir eine Frau und schüttelte die Decke aus, auf der sie gesessen hatte.

»Reicht aber nicht«, sagte ihre Freundin. »Im Park braucht er eine Drehgenehmigung. Und Kameras. Und Tontechniker, und, und, und. Selbst wenn der Film nur ein paar Minuten geht, der Aufwand ist riesig. Und Aufwand kostet immer viel Geld.«

»Anders kannst du deinem Publikum keine Geschichte erzählen«, sagte die erste.

»Im Kino nicht, das stimmt. Im Theater sieht die Sache schon ganz anders aus. Peter Brook hat gesagt: ›Ich kann jeden leeren Raum nehmen und ihn eine nackte Bühne nennen. Ein Mann geht durch den Raum, während ihm ein anderer zusieht; das ist alles, was zur Theaterhandlung notwendig ist.‹«

»Und Off-Bühnen sind das Theater, das für Berlin notwendig ist, stimmts?«

»Für mehr als einen leeren Raum kriegst du als Theatermacher in Berlin ja auch kaum Geld.«

Sie hatten ihre Siebensachen zusammengepackt und gingen zum Ausgang. Und ich lief langsam hinterher und dachte darüber nach, was sie gesagt hatten.

Aus Nichts eine Bühne machen

Off-Theater sind Häuser, die über wenig Budget verfügen. Not macht erfinderisch, was in vielen Off-Theatern zu jenen innovativen Inszenierungen geführt hat, deren neue Ideen hinterher Schule gemacht haben. Der Ausdruck »On-Theater« ist eine halboffizielle Bezeichnung für Häuser, die subventioniert werden und wesentlich besser budgetiert sind, als die Off Theater.

Keine andere Stadt in Deutschland ist so reich an Freien Theatern wie Berlin. Viele Bühnen krepeln am Existenzminimum und trotzdem machen sie weiter. Für nicht wenige Berliner Schauspieler ist Franz Kafkas Begriff »Hungerkünstler« reale Lebenserfahrung. Dass Berlin eine Theaterstadt ist, aus der immer wieder neue, große Impulse und Anstöße für das zeitgenössische Theater kommen, ist das Verdienst von Leuten, die hart arbeiten und alles in Bewegung setzen, um ein neues Stück auf die Bühne zu bringen. Nicht, um Berlin als Kulturstandort »sexy« für Investoren zu machen. Sondern weil sie ans Theater glauben. Leider ist der Kampf ums Überleben für die kleineren Häuser oft nicht mehr zu gewinnen. Zwei Bühnen, die schließen mussten – was für Berlin einen unersetzlichen Verlust bedeutet – sind das Theater Zerbrochene Fenster und das Orphtheater (später »TISCH«, Theater im Schokohof, das ebenfalls 2012 schließen musste). Beide Häuser hatten sich über viele Jahre ihre scharfzüngig-kritische Distanz zur Konsumgesellschaft bewahrt und mit ihren Inszenierungen an der Bewältigung der deutsch-deutschen Vergangenheit gearbeitet.

Und wie sieht es heute finanziell für Berlins Bühnen aus? 2013 war der Kulturetat mit annähernd 400 Millionen Euro auf den ersten Blick zwar gut dotiert. Andererseits floss ein gutes Drittel des

Geldes allein in die drei Opernhäuser der Stadt (vgl. Kapitel *Berliner Armut*, Seite 60). Von zehn Millionen Euro musste die gesamte Freie Theaterszene Berlins finanziert werden. Die wirft dem Senat dann natürlich vor, zu konservativ und zu schwerfällig zu planen. Stattdessen sollte man der freien Theaterszene eine stabile Zukunft ermöglichen. Und dafür Geld zur Verfügung stellen, dass Berlin die kreative und experimentierfreudige Theaterstadt bleibt, als die es aus der ganzen Welt Künstler und Theatermacher anlockt.

Immer wieder taucht dasselbe Problem auf. Erst kommen die Künstler, dann die Touristen, dann die Investoren und wenn die Investoren kommen, verlieren die Künstler ihre Theaterhäuser. Berlin wird als Kulturmetropole zum begehrten Investitionsstandort mit dem Ergebnis, dass Häuser, die Sternstunden des Theaters geschaffen hatten, verkauft, abgerissen und als Hotels oder Büros neu gebaut werden. Mit gutem Grund werden Investoren von vielen Kulturschaffenden als kulturvernichtende Seuchenerreger empfunden.

Klar, dass die Theaterszene Berlins fordert, sie am Kuchen zu beteiligen, den sie für die Stadt gebacken hat. Nur wie soll man den Anteil der Kreativen am Touristenboom finanziell ausdrücken? Die Künstler selbst haben sich in einem Aufruf als den »einzigen Rohstoff, den Berlin hat« bezeichnet. Und sie weisen darauf hin, dass die Stadt sich mit dem bisherigen Raubbau an ihren Künstlern um die eigene Zukunft betrügt. Denn wenn die Investoren kommen, die Künstler daraufhin gehen müssen und wegen der hohen Mietpreise keine neuen Künstler kommen, dann schwinden möglicherweise eines Tages auch die Touristen. Das Argument ist überzeugend wie ein Full House (ob beim Skat oder im Theater) und scheint als Drohpotential, getreu der primitiven Losung: »Wer nicht hören will, muss fühlen«, hinreichend zu sein. Gefordert wird deshalb, Spielorte und Produktionsstandorte zu sanieren, auszubauen und mit genügend Geld auszustatten.

★ Do it yourself ★

Das **Theater 89** wurde 1989 noch in der DDR gegründet. Das Haus, dessen Theaterkonzept in der Nachfolge Brechts steht, lässt Profis und Laienschauspieler auftreten. Aufgeführt werden Stücke selten gespielter, vergessener oder ins Abseits gedrängter Autoren. Dafür wurde das Theater 89 vielfach mit Preisen geehrt. Mittlerweile hat es seine Standorte in Berlin aufgegeben, spielt aber aktiv auf wechselnden Bühnen im Land Brandenburg. Die Internetseite präsentiert laufend den aktuellen Spielplan.

▌ www.theater89.de

Das **Theater Unterm Dach** im Prenzlauer Berg hat nicht mal hundert Plätze, und trotzdem ist die Bühne unter dem Giebel des alten Hauses am Ernst-Thälmann-Park eine der wichtigsten Off-Bühnen der Stadt. Im TuD haben große Karrieren begonnen, etwa die der Schauspielerin Corinna Harfouch. Bis heute versteht sich die Bühne als Entdecker, Förderer und Sprungbrett für vielversprechenden Schauspielernachwuchs. Auch neue Ansätze in der Theaterregie werden im TuD gefördert und vors Publikum gebracht, womit zum Beispiel auch der Weg von Regisseur Sebastian Hartmann begonnen hat.

▌ TUD Danziger Straße 101, Prenzlauer Berg • S-Bahn: Greifswalder Straße • www.theateruntermdach-berlin.de

Im **DOCK11** in der Kastanienallee, Prenzlauer Berg, wird modernes Tanztheater inszeniert. Die Atmosphäre vibriert vor Lebendigkeit. Hier arbeiten internationale Choreographen mit jungen, unbekannten Kollegen zusammen. Neben den Bühnenräumen wird trainiert. Das Haus der Profitänzer ist zugleich offene Tanzschule für freie Klassen in Ballett, Modern Dance, Kindertanz und Hip-Hop.

▌ Kastanienallee 79, Prenzlauer Berg • U-Bahn: Eberswalder Straße • www.dock11-berlin.de

Die **Sophiensaele** wurden 1996 von Sasha Waltz, Ex-Tacheles-Vorstand Jochen Sandig, Jo Fabian und LUBRICAT gegründet. Heute sind die Inszenierungen im historischen Handwerkervereinshaus in Mitte weit über Berlin hinaus bekannt. Sasha Waltz, die hier ihre ersten Inszenierungen auf die Bühne brachte, ist längst eine Tanzlegende. Trotzdem sind die Sophiensaele ihrer bodenständigen Vision treu geblieben und verstehen sich wie in der Anfangszeit als Start-up-Bühne für neue Talente und unkonventionelle Produktionen.

▌Sophienstraße 18, Mitte • U-Bahn: Klosterstraße • www.sophiensaele.com

Der **Theaterdiscounter** wurde 2003 gegründet und hat seinen Standort heute am Alexanderplatz im Haus des ehemaligen Fernmeldeamts (Ost). Der Schwerpunkt der Produktionen liegt im Sprechtheater. Hier werden neue Sichtweisen auf bereits bekannte Theaterstoffe und Inszenierungen neuer oder unbekannter Stücke erarbeitet – mit großen Erfolgsaussichten für die jungen Schauspieler und Regisseure, von denen viele nach dem Theaterdiscounter im Hebbel am Ufer (HAU, s. u.) und den Sophiensaelen (s. o.) aufgetreten sind.

▌Klosterstraße 44, Mitte • U-Bahn: Klosterstraße • www.theaterdiscounter.de

Als Theater für kleine Menschen hat sich das **GRIPS Theater** im Hansaviertel weit über die Grenzen von Berlin hinaus einen Namen gemacht. 1972 von Volker Ludwig gegründet, entstand mit dem GRIPS das erste Kinder- und Jugendtheater der BRD. Auf die Bühne kommen nur Stücke des Hauses. Viele der vielfach mit Preisen geehrten Eigenproduktionen wurden weltweit übersetzt. Legendär bleibt die Berlin-Inszenierung *Linie 1*.

▌Altonaer Straße 22, Tiergarten • S-Bahn: Tiergarten oder U-Bahn: Turmstraße • www.grips-theater.de

Drei Spielstätten zählen zu Berlins experimenteller Theaterbühne **Hebbel am Ufer**. Hinter den martialisch aussehenden Abkürzungen »HAU 1«, »HAU 2«, »HAU 3« verbergen sich drei Bühnen, auf denen Theater, Tanz und Performance, Musik und bildende Kunst gezeigt werden. Das Hebbel-Theater arbeitet mit Theatergruppen und Produktionen der ganzen Welt zusammen und ist mit Sicherheit eine der wichtigsten Bühnen Berlins. Vom Stadtmagazin *tip* wurde das Hebbel am Ufer zum »aufregendsten Theater Deutschlands« erklärt.

▌Stresemannstr. 29, Kreuzberg • U-Bahn: Möckernbrücke • www.hebbel-am-ufer.de

Einst führendes Theater der Hauptstadt der DDR, ist das **Maxim Gorki Theater** heute das kleinste der fünf großen Staatstheater Berlins. Theaterlegende Heiner Müller war hier in der DDR Mitarbeiter, seine Stücke (in der aktuellen Spielzeit: *Zement*) werden weiterhin inszeniert. Bei der Eröffnung des Maxim Gorki Theaters im Jahr 1952 standen russische Dramatiker auf dem Spielplan. Später wurden im Maxim Gorki Theater DDR-Autorinnen und Autoren uraufgeführt. Seinen Standort hat das Theater seit eh und je in der Singakademie, Baujahr 1827. Im Krieg zerstört, bauten die Sowjets das klassizistische Gebäude wieder auf und eröffneten es als Maxim Gorki Theater.

▌Am Festungsgraben 2, Mitte • S-Bahn: Friedrichstraße • www.gorki.de

Die **Volksbühne** am Rosa-Luxemburg-Platz ist und bleibt für immer mit Berlins Theaterlegenden Frank Castorf und Christoph Schlingensief verbunden. Das revolutionäre Berliner Theaterhaus hat 824 Plätze und erhält 16,8 Mio. Euro Subventionen jährlich. Viele tolle Inszenierungen liefen und laufen im Prater in der Kastanienallee, wo schon im 19. Jahrhundert leichte Unterhaltung geboten wurde.

▌Linienstr. 227, Mitte • U-Bahn: Rosa-Luxemburg-Platz • www.volksbuehne-berlin.de

Die **Schaubühne** am Lehniner Platz, untergebracht im ehemals größten Berliner Kino, für das Architekt Mendelsohn den Entwurf lieferte, ist Veranstaltungsort des Festivals Internationale Neue Dramatik (F.I.N.D.). Hier haben vielfach ausgezeichnete Regisseure wie Luc Bondy, Robert Wilson und Thomas Ostermeier inszeniert.

▌Kurfürstendamm 153, Charlottenburg • U-Bahn: Adenauer Platz, Bus: Lehniner Platz/Schaubühne • www.schaubuehne.de

Das **Deutsche Theater** gibt es seit 1850 in Berlin. Nach seiner Zeit beim Berliner Ensemble war Max Reinhardt, der später die Salzburger Festspiele begründete, Direktor des Hauses und führte es zu Weltruhm. Zum Ensemble des DT gehörten Theaterlegenden wie die Österreicherin Tilla Durieux. Das DT hat 600 Plätze und wird mit 24,4 Mio. Euro subventioniert.

❚ Schumannstraße 13, Mitte • U-Bahn: Oranienburger Tor, Bus: Deutsches Theater • www.deutschestheater.de

Das **Berliner Ensemble** am Schiffbauerdamm ist seit 1892 am Platz und gehört zu den bedeutendsten Theatern Deutschlands. Max Reinhardt war von 1903–1906 Direktor. Unter Ernst Josef Aufricht wurde am 31. August 1928 die Dreigroschenoper von Brecht/Weill uraufgeführt. Das Haus hat 700 Plätze und bekam im Jahr 2014 12,8 Mio. Euro Subvention.

❚ Bertolt-Brecht-Platz 1, Mitte • S- und U-Bahn: Friedrichstraße • www.berliner-ensemble.de

Wieder verfahren. Und wen sollte ich fragen, wo es langging? Am vertrauenerweckendsten erschien mir eine junge Frau, auf deren T-Shirt der Spruch prangte: »*Es gibt keine Fremden, nur Freunde, die du noch nicht getroffen hast. H. H .Dalai Lama*«. Sie wühlte im Kofferraum ihres Wagens. Ein kleines Mädchen stand neben dem Auto.

»Hallo, Entschuldigung«, sagte ich. »Ich suche den Weg nach Caputh, zum Sommerhäuschen von Albert Einstein. Ich glaub, ich bin vorhin einmal falsch abgebogen. Können Sie mir helfen?«

»Caputh? Warte mal, ich hab vorn eine Karte im Auto.«

»Warum bist du falsch abgebogen?«, fragte das kleine Mädchen .

»Tja, keine Ahnung. Menschen machen Fehler. Keiner ist ein Genie.«

»Aber ich weiß eine Straße, da liegt ein Gehirn.«

»Ein Gehirn?«

»Ji-aa.«

»Was für ein Gehirn?«

»Von Albert Einstein.«

»Du weißt, wo Einsteins Gehirn ist?«

»Jaa-aa! Es liegt auf der Straße, die genauso heißt.«

Hirnstraße? In Potsdam?? Wo!?

Die junge Frau kam mit der Karte wieder. »Caputh liegt am See, du musst von der B2 runter und rechts auf die Templiner Straße, dann fährst du genau drauf zu.«

»Danke«, sagte ich.

Die Kleine saß im Kofferraum, behauchte die Fensterscheibe und zog mit der Fingerspitze sorgfältig zwei Buchstaben durchs Kondensat. A und E.

Preußens Perle

Potsdam war Preußens Residenzstadt und zeugt bis heute vom Einfluss Friedrichs des Großen als Kunst- und Architekturfreund. Für die High Society ist eine Villa in Potsdam begehrtes Must-Have. Modezar Wolfgang Joop, Moderator Günther Jauch, Dirigent Christian Thielemann und SAP-Millionär Hasso Plattner leben in Potsdam in vornehm exklusiver Nachbarschaft.

Ihr **Sommerhäuschen in Caputh** verließen Albert Einstein und seine Frau Elsa am Dienstag, den 6. Dezember 1932, um gemeinsam die Reise nach Pasadena anzutreten, wo Einstein Gastvorlesungen am California Institute of Technology halten würde. Als Einstein das Haus abschloss, soll er zu Elsa gesagt haben, sie möge noch einmal einen letzten Blick darauf werfen, da sie es nie wieder sehen würde. Und das, obwohl Einsteins zu diesem Zeitpunkt noch nicht planten, Deutschland für immer zu verlassen. Als sich das Ehepaar in New York nach Europa einschiffen wollte, hörten die beiden im Radio, dass die Nazis eine Razzia in Einsteins Haus in Caputh durchgeführt hätten – angeblich auf der Suche nach einem Waffenlager. Einstein reagierte darauf mit den Worten: »Mein Sommerhaus wurde in der Vergangenheit oft durch die Anwesenheit von Gästen geehrt. Sie waren alle willkommen. Keiner hatte einen Grund einzubrechen.«

Einsteins Gravitationstheorie wurde von einem Potsdamer Astronomen experimentell bestätigt. Erwin Finlay-Freundlich entwarf ein Spezialobservatorium und gewann industrielle Sponsoren. Und der mit Einstein befreundete Architekt Erich Mendelsohn sah endlich seine große Chance gekommen, etwas Zeitgemäßes zu schaffen. »Ich übertrage zum ersten Mal Funktion und Dynamik als Gegensatzpaar auf das Gebiet der Architektur«, schrieb Mendelsohn.

Sein Entwurf des Astronomischen Observatoriums, des Potsdamer **Einsteinturms**, war revolutionär. Die feierliche Einweihung fand in Einsteins Beisein statt.

Das kleine **Bronzehirn** im Pflaster vor dem Einsteinturm stammt vom Berliner Künstler Volker März. Es korrespondiert mit einem gleichartigen Objekt vor dem Neurologischen Institut der Berliner Charité und verweist darauf, dass nach der Pöppel'schen Theorie »das Erleben der zeitlichen Kontinuität auf einer Illusion beruht«, die uns unser Gehirn vorgaukelt.

▌ **Sommerhaus Caputh** • April–Oktober samstags, sonntags und feiertags 10–18 Uhr • 5 €, ermäßigt 2,50 € • Am Waldrand 15–17, 14548 Potsdam • S-Bahn: Potsdam, Bus: 607 bis Haltestelle Caputh Schuhmanntraße • www.einsteinsommerhaus.de

▌ **Einsteinturm und Einsteins Gehirn** • Albert-Einstein-Straße (ganz am Ende), 14473 Potsdam • Bus: 691 bis Telegrafenberg • www.aip.de

Friedrich der Große war bekannt für seinen Humor und sein Vergnügen an Wortspielen. Sein geliebtes Sommerschloss **Sanssouci** (deutsch: »ohne Sorgen«) ließ er mit einer geheimnisvollen Inschrift unterm Giebel versehen: »Sans, Souci.«, in Worten: »Sans Komma Souci Punkt.« Auch wenn es im achtzehnten Jahrhundert noch keine Rechtschreibregeln gab, ein ziemlich sinnfreies Geschreibsel für einen sprachverliebten König. Oder nicht?

Nein, meint Kulturwissenschaftler Heinz Dieter Kittsteiner in seiner Untersuchung *Das Komma von Sans, Souci* und steigt tief ein in die geheimen Deutungsvariationen. Zur Einstimmung demontiert er den berühmten Rätsel-Wortwechsel Friedrichs und Voltaires »p/a à 6/100 = a sous p á sans sous six = Zum Souper nach Sanssouci«. Der Kram sei ganz schlicht erfunden. Weil »six« nicht »si« ausgesprochen wird, sondern »sis«, und »Sanssoucis« hieß das Schloss ja wohl nicht.

Danach führen Kittsteiners kryptografische Erkundungen zu einer kurzweiligen Deutung des Kommas: Nach dem Bericht eines von Friedrich dem Großen konsultierten Arztes war Friedrich als junger Kronprinz wegen Syphilis behandelt worden, wobei eine (nicht näher spezifizierte) Operation am Geschlechtsteil des späteren Königs von Preußen durchgeführt wurde. Friedrich fühlte sich seither angeblich kastriert und vermied jeden intimen Verkehr mit Frauen. Deshalb auch sein lebenslanger Verbleib im Kloster Sanssouci. In unverblümter Kürze: Das Komma steht für den königlichen Phallus und die Kurzschrift bedeutet, dass ohne (frz. *sans*) Phallus endlich ein Punkt hinter die Sorgen (frz. *souci*) gesetzt werden kann. »Sans , Souci . «

Schloss Sanssouci • April–Oktober Di–So 10–18 Uhr, November–März nur mit Führung • 12 €, ermäßigt 8 € • Maulbeerallee, 14469 Potsdam • Bus: Schloss Sanssouci • www.spsg.de • 0331/9694202

Der »Tag von Potsdam« war das Schlimmste, was der Stadt passieren konnte. In der Garnisonkirche besiegelten Reichskanzler Adolf Hitler und Reichspräsident Paul von Hindenburg das folgenschwere Bündnis zwischen deutschem Faschismus und preußischem Militär, das zum Erlass des Ermächtigungsgesetzes von 1933 führte. Von nun an war es den Nazis erlaubt, ohne eine Abstimmung des Parlaments verfassungswidrige Gesetze zu erlassen. Die Garnisonkirche brannte bei Bombardierungen 1945 nieder, die Ruine wurde 1968 auf Beschluss der SED gesprengt.

Größere Relikte aus der Nazizeit blieben jedoch erhalten. Die Wohnsiedlung hinter dem S-Bahnhof Charlottenhof zählt dazu. Sie wurde 1935 bis 1938, vor dem Krieg des »zwölfjährigen Reiches«, erbaut. Oberbürgermeister und Generalmajor a. D. Hans Friedrichs (NSDAP) regte damals die Gründung von Wohnungsbaugenossenschaften an und setzte sich mit der Friedrichsstadt, entworfen von Georg Fritsch, selbst ein Denkmal. Die Mitgliedschaft in einer der Potsdamer NS-Wohnungsbaugenossenschaften kostete circa 200 Reichsmark im Jahr. Die Wohnungen waren größtenteils kleiner als 50 Quadratmeter, verfügten über Küche, Bad, Kohleöfen, Trockenböden und Keller. Zwei der dortigen Häuser hatten bereits eine Schwerkraftheizung. Aus dem Adolf-Hitler-Platz wurde später der **Schillerplatz**. Die an der Schiller-, Wieland- und Grillparzerstraße gebauten dreigeschossigen Häuser greifen die Potsdamer Bautradition einer »offenen Blockbebauung« auf. Die Kopfbauten am damaligen Adolf-Hitler-Platz mit ihren gewaltigen, hoch aufragenden Mauerbögen – Vorbild war das Reichsparteitagsgelände – bilden das Tor zur Hauptachse, die den Platz des Führers mit dem seines Reichsmarschalls verband. Der Hermann-Göring-Platz (heute namenlos) mit der sogenannten »Bastion« war Aufmarschgelände und Überleitung zur Parkzeile am Havelufer.

Natürlich wurde von der SED alles dafür getan, die 503 unbeschadet gebliebenen Wohnungen des NS-»Bauvereins für Kleinwohnungen« ideologisch reinzuwaschen. Einige Kriegsschäden wurden in den Fünfzigern wieder restauriert. Heute bemüht sich eine Bürgerinitiative um den Wiederaufbau der NS-Bastion am Hermann-Göring-Platz.

‖ Schillerplatz, 14471 Potsdam ▪ RE bis Potsdam Charlottenhof

Das **Café Heider** in Potsdam hat alles gehört, was in der DDR nicht gesagt werden durfte. In der Zeit nach dem Mauerbau eröffnete Karl Heider sein Café Heider in den Räumen der ehemaligen Hofkonditorei Rabien am Nauener Tor. Hier fanden sich Westtouristen neben Ostpunks, Schachspieler neben Trinkern und Literaten neben Menschenrechtskämpfern im bunten Stilmix aus Ost-Mobiliar und Wiener Kaffeehaustischen. Von Tisch zu Tisch konnte man über alles frei sprechen und herziehen, nicht zuletzt über den verhassten Staat, der einen gefangen hielt. Das Café Heider war weit mehr als die Schwulenkneipe, auf die es manche reduzierten. Es war ein Rettungsanker, eine Hoffnung.

Fragt sich nur, warum es *nicht schließen* musste. Denn allzu lange dürfte es nicht gedauert haben, bis aus dem Heider durchsickerte, wer zu wem wann worüber geplaudert hatte. Warum hat es niemanden stutzig gemacht, dass der Inhaber keine Verwarnung (oder Schlimmeres) »von oben« bekam? Im Buch *Damals im Café Heider* von Martin Ahrends berichtet ein Stammgast: »Das Café Heider [...] war günstig gelegen zwischen Abrissviertel und Wohnungen von

Künstlern und Bohemiens. [...] Es lässt sich gut reden, wenn man sich einig ist, wogegen.«

Der entscheidende Unterschied zum privaten Wohnzimmer verbarg sich über der Decke. Bei seinen Recherchen erfuhr es Martin Ahrends von Karl Heider selbst. Die nur wenige hundert Meter entfernt residierende Staatssicherheit hatte ein Auffangnetz von Mikrofonen unterm Deckenstyropor installiert. Das Heider als »Sammlungs- und Konzentrierungspunkt negativ dekadent eingestellter intellektueller Kreise« (so lautete die Stasi-Einschätzung) wurde bis zuletzt geduldet und angezapft. Wie viele wegen ihrer freimütigen Reden am Kaffeehaustisch ins Potsdamer Stasi-Untersuchungsgefängnis »Lindenhotel« (das auch die Nazis und der KGB vor der Stasi als Untersuchungsgefängnis genutzt hatten) verschleppt wurden, ist unbekannt. Einige Geschichten stehen in Ahrends' Buch.

▌ **Café Heider** • Friedrich-Ebert-Straße 29, 14467 Potsdam • Bus oder Straßenbahn: Nauener Tor • www.cafeheider.de

▌ **Gedenkstätte Lindenstraße** • März–Oktober Di–So 10–18 Uhr, November–Februar Di–So 10–17 Uhr • 1,50 €, ermäßigt 1 € • Lindenstraße 54, 14467 Potsdam • Bus oder Tram: Dortusstraße • www.gedenkstaette-lindenstrasse.de

Lust auf ein Aalbrötchen und frisch gefangenen Fisch für zu Hause? Auf dem Potsdamer Fischerhof arbeitet Mario Weber, der einzige Fischer der Stadt. Sein Laden ist leicht zu finden, man muss sich nur zur Stadtmauer in der Großen Fischerstraße durchfragen. Auch wenn die Mauer zugegebenermaßen recht lang ist, findet man den Eingang in den **Fischladen** leicht. Der erste Eindruck ist einladend. Überall hängen, stehen und liegen die zunfttypischen Gerätschaften: Reusen, Stellnetze, Sehnen, Boote. Fast zu schön, um wahr zu sein – ein Fischreiher stelzt über den Havelsteg. In einem kühlen Verkaufsraum kann man Fisch kaufen – zum gleich Essen oder zum Mitnehmen. Beim Genuss – etwa eines fangfrischen Aalbrötchens –, draußen am Havelufer auf einer Bierbank, lauscht man den quasselnden Touristenführern auf den vorbeifahrenden Schiffen. Mario Weber schloss seine Ausbildung 1979 beim VEB Binnenfischerei in

Werder mit dem Facharbeiterdiplom ab. 18 Lehrlinge gab es damals. Von 1982 bis zu ihrer Auflösung am 31. Dezember 1990 fischte er in der Fischereigenossenschaft. Gefragt, ob er den Betrieb übernehmen wolle, sagte er Ja und betrieb den eigenen Fischerhof bis 2005 mit einem Kompagnon. Seither arbeitet er allein. Mario Weber macht einen zufriedenen Eindruck. Sein Handwerk ernährt ihn, auch ohne viel Werbung, und er liebt es. Wenn man ihn fragt, ob er der letzte Potsdamer Fischer sei, stellt er sofort richtig: »Der einzige, aber hoffentlich nicht der letzte!«

Fischerhof Potsdam • Di–Do 12–16 Uhr, Fr 11–17 Uhr, Sa 10–13 Uhr • Große Fischerstraße 12, 14467 Potsdam • Bus oder Tram: Burgstraße/Klinikum • www.fischerhofpotsdam.de

Die **Glienicker Brücke**, auch als »Fluchtbrücke« bekannt, wurde 1660 und 1777 aus Holz errichtet. 1831 erbaute man sie aus Stein. 1907 schließlich aus Stahl. Die kaiserliche Stahlbrücke steht noch heute. Kurz war sie zerstört, weil im Zuge des Rückzugs der Wehrmacht eine von zwei angebrachten Sprengladungen hochging. Die Alliierten veranlassten 1949 eine Instandsetzung für den Ost-West-Dienstweg. Nach 1961 war die »Brücke der Einheit« nur in Ausnahmefällen für Zivilpersonen und Diplomaten passierbar. Bis zur Wende haben die USA und die Sowjetunion während des Kalten Krieges auf der Glienicker Brücke Spione und internationale Agenten gegeneinander ausgetauscht, und zwar insgesamt dreimal: 1962, 1985 und 1986.

Noch 1988 wurde die Brücke zum Ort einer spektakulären Flucht: Im Untersuchungsbericht des Ministeriums für Staatssicherheit (MfS) hieß es zum Fluchtgeschehen: »*Um 1.58 Uhr näherte sich ein Lkw Typ W 50 mit hoher Geschwindigkeit der Glienicker Brücke, täuschte zunächst durch Betätigung der Blinkanlage ein Abbiegen vor der Brücke nach links vor, fuhr jedoch geradeaus weiter und durchbrach in der Folge alle vier auf der Glienicker Brücke befindlichen Sperrelemente in der angegebenen Reihenfolge: erstens das Passagentor, zweitens den Sperrschwenkbaum, drittens den verkehrsregulieren-*

den Schlagbaum und viertens das mechanische Tor. Durch umherfliegende Betonbruchstücke und eine Kohlensäureflasche, welche sich auf dem Lkw befand, wurde ein Dienstgebäude der GSSD an Türen und Fenstern beschädigt. Die Realisierung der Straftat wurde begünstigt, weil der Sperrschwenkbaum vom Typ Salzwedel in Bezug auf die Verankerung des Widerlagers im Betonsockel nicht dem vorausgesetzten Sicherheitswert entsprach.«

Eine in den Boden eingelassene Schiene mit dem Schriftzug »Deutsche Teilung bis 1989« des Bürgerrechtlers und Künstlers Bob Bahra erinnert an den profanen weißen Trennstrich, der von 1961 bis zur Wende an der Grenze aufgepinselt war. Wenn man seitlich an der Brücke entlangschaut, sieht man noch unterschiedliche Ost- und West-Grüntöne des letzten Brückenanstrichs aus den Achtzigern.

❚ **Glienicker Brücke** • Berliner Straße 86 (geht über in Königstraße), 14467 Potsdam • Bus oder Tram: Glienicker Brücke oder Bus: Glienicker Lake

Etliche der traumhaft schönen Anwesen in der **Neubabelsberger Villenkolonie** am Griebnitzsee gehörten, bis die Nazis kamen, jüdischen Familien – so auch das ehemalige Haus der Bühnen- und Filmschauspielerin Brigitte Horney. Doch als sie es 1939 von Hans Gugenheim erwarb, dem Sohn des jüdischen Seidenfabrikanten Fritz Gugenheim, sah der nichts vom Kaufpreis. Er musste aus Deutschland fliehen und die Kaufsumme floss als »Reichsfluchtsteuer« in die NS-Staatskasse. Brigitte Horney war weder antisemitisch noch NS-freundlich eingestellt. Ihren ersten Film *Abschied* (1930), nach einem Drehbuch von Billy Wilder, drehte der jüdische Regisseur Robert Siodmak. 1938 spielte sie die weibliche Hauptrolle an der Seite von Joachim Gottschalk in Wolfgang Liebeneiners *Du und ich*. Da Gottschalk mit einer Jüdin verheiratet war, wurde er 1941 mit Auftrittsverbot belegt. Brigitte Horney besorgte ihm in der Schweiz ein Engagement, doch Gottschalk, seine Frau Meta und ihr gemeinsamer Sohn erfuhren nie davon. Die Familie hatte sich aus Angst vor den Nazis das Leben genommen. Obwohl es ihr von den Nazis verboten worden war, nahm Horney an der Beerdigung teil.

In ihrer Villa beherbergte sie 1942 den an sich mit Publikationsverbot belegten Erich Kästner, der unter ihrem Dach das Drehbuch für den UFA-Jubiläumsfilm *Münchhausen* schrieb, in dem Horney 1943 die Zarin Katharina die Große spielte und Hans Albers seinen sensationellen Ritt auf der Kanonenkugel vollführte.

Den langjährigen Streit um eine mögliche Rückübertragung an die Gugenheim-Erben (die Villa wurde in dieser Zeit von Hausbesetzern gepflegt), gewannen die Horney-Erben. Heute ist sie wieder aufwendig im Originalzustand der Dreißiger restauriert und gehört neuen Besitzern. Am schmiedeeisernen Zaun prangen noch die Initialen »HG«: Hans Gugenheim.

▌**Villa Gugenheim** • Johann-Strauß-Platz 10, 14482 Potsdam • Bus: Karl-Marx-Straße/Behringstraße

Professor Hasso Plattner ist mit bald zweistelligem Milliardenvermögen ein »Mr. Big Net«. Nach dem klassischen amerikanischen Muster des Selfmademans hat er aus der Computertechnik Kapital geschlagen. »Seine Leistungen als Unternehmensgründer der SAP SE mit ihren heute weltweit über 66.000 Mitarbeitern sind herausragend«, heißt es auf der Homepage des von ihm gegründeten **Hasso-Plattner-Instituts** (HPI) am Campus Griebnitzsee. Im HPI hat Professor Plattner eigenes Wissen und eigene Innovationskraft für Interessierte nutzbar gemacht. Es ist in Deutschland einmalig, versteht sich für den Wissenschaftsförderer Plattner aber von selbst, der sich unentwegt für die »Community« einsetzt.

Das US-Magazin *TIME* wählte Hasso Plattner 2006 zu einem »Helden« der letzten 60 Jahre. Das HPI ist nicht nur architektonisch ein Augenschmaus (man sehe sich etwa das Treppenhaus mit dem gläsernen Aufzug an), sondern obendrein eine echte Karriereschmiede für alle, die keine Angst vor Platinen, Programmen, Datenbanken, Server-Farmen und Internet-Wolken haben. Der letzte Schrei im Netz ist sein Netz-Studium für alle: In wenigen Sekunden sind Sie eingeschriebene(r) Studierende(r) und belegen etwa auch bei Professor Plattner höchstselbst einen Kurs.

Die interaktive Skulptur *Gläserne Seele/Mr. Net* des spanischen Bildhauers Jaume Plensa am Seeufer auf dem Gelände des HPI nimmt Geräusche und Bilder aus ihrer Umgebung auf und brabbelt den ganzen Tag vor sich hin. Ursprünglich eine Expo-Werbefigur, wollte Jaume Plensa damit ein Sinnbild des neuen Menschen schaffen: gläsern wie in den Utopien der zwanziger Jahre, doch zunehmend aus austauschbaren Platten zusammengesetzt.

Hasso-Plattner-Institut • Prof.-Dr.-Helmert-Straße 2–3, 14482 Potsdam • S-Bahn: Griebnitzsee • www.hpi.de

Potsdam sollte einst das Luftfahrtzentrum Europas werden, nachdem Berlin diesbezüglich Desinteresse bekundet hatte. Der um Erlaubnis zur Firmenansiedlung gefragte Kaiser Wilhelm II. – ein Liebhaber der Technik – rief seinerzeit entzückt aus: »Endlich haben die Kerls mal eine vernünftige Idee!« Doch der Traum währte nur kurz: Der erwartete Zustrom der Luftreisenden blieb aus und aus dem Lufthafen wurde eine Werft. 16 Luftschiffe wurden in Potsdam gebaut, bis das Versailler Abkommen die Deutschen zur Landung zwang. 1922 wurde die große Luftschiffhalle schon wieder abgerissen. Doch die Riesenzigarren beschäftigten weiterhin die Fantasie der Potsdamer.

1927 wurde der Land- und Wassersportplatz **Luftschiffhafen** eröffnet, ein ausgedehnter funktionaler Sportpark für alle. Magistratsrat Dr. Friedrich Bestehorn betonte 1927 bei der Einweihung die »höhere« Bedeutung des Ortes: »Als Denkmal der im Weltkriege Gefallenen ist der Sportplatz ein Mahner der Jugend« Sollte im turnväterlichen Wettkampfsinne heißen: Frisch, fromm, fröhlich, frei, bis wir stark genug sind, den Franzosen und aller übrigen Welt eins auf den Deckel zu hauen. Auch die wehrsportbegeisterte DDR hat Jahn überall verehrt. In einem Mosaik hinter dem **Wohnheim der Sportschule Potsdam**, neben der alten Kanurampe ist sein aus Ton geknetetes und gebranntes Kopfrelief zu sehen.

Noch heute stehen das **Portal zum einstigen Zeppelinflugfeld**, einige Werkshallen (die Shedhallen) sowie das Verwaltungs- und

Sozialgebäude der Deutschen Luftschifffahrtsaktiengesellschaft DELAG. Das einst herrliche Freibad fehlt seit 1945, und auch vom Publikumsmagneten Nummer eins der 20er-, 30er- und 40er-Jahre, dem Restaurant Regattahaus, findet sich bloß die atemberaubende Hülle. Eines der wenigen genutzten Relikte des alten Sportgeländes ist die Tribüne des Stadions Luftschiffhafen von 1926.

Sportpark Luftschiffhafen • Am Luftschiffhafen 2, 14471 Potsdam • Tram oder Bus: Potsdam Luftschiffhafen • www.sportpark-luftschiffhafen.de

1970 wurde die **Grenzübergangsstelle Nedlitz/Jungfernsee** (GÜST) gebaut. Unter Nutzung der natürlichen Havelenge zwang man die aus- und einfahrenden Schiffe, in einen 25 Meter breiten Durchlass einzufahren, der von zwei 1,7 Tonnen schweren Kombinationen aus Stahlseil und Metallnetz – absenk- und anhebbar mittels einer starken Motorwinde – gesichert war. Kein Taucher sollte hier von einem Schiff aus unbemerkt durchkommen. Zum Ablassen der »Schwimmsperre« waren 35 Sekunden, zum Anheben 37 Sekunden notwendig.

Vom heute noch gut erhaltenen Wachturm aus wurde die Schwimmsperre bedient. Erst wenn der zuständige Grenzkontrolloffizier vom Zollkontrollboot aus Freigabe signalisierte, wurde die Durchfahrt zugelassen. Das Grenzgebiet und Kontrollterritorium der GÜST war durch Tonnen und Warnschilder gekennzeichnet. Bis zum 26. Mai 1972 mussten die Bootsführer an Land gehen und sich in einer Baracke am Schalter abfertigen lassen. Und wehe, es hatte einer aus dem Westen versäumt, seinen Personalausweis verlängern zu lassen! Der musste in einen Ost-Passbildautomaten und sein genervtes Gesicht ablichten lassen, damit man ihm für zehn Westmark einen Behelfsausweis erstellte. Das bräunliche Passbild war schon zerfallen, wenn er im Westen ankam.

Entsprechend dem Abkommen zwischen der DDR und der Bundesrepublik über die Aufhebung der Personenkontrollen wurden mit Wirkung vom 1. Juli 1990 sämtliche Kontrollen an den innerdeutschen Grenzen aufgehoben. Die Ufergebäude der GÜST Nedlitz wurden noch kurz von einer Werft genutzt. Heute stehen sie leer. Im Zaun der **Gutmann-Villa** in der an historischen jüdischen Villen reichen Bertinistraße hat sich noch ein Tor der GÜST erhalten.

▌ **Grenzübergangsstelle Nedlitz/Jungfernsee (GÜST)** • Bertinistraße 18–22, 14469 Potsdam • Bus: Höhenstraße • http://passkontrolle.thomschke.org/nedlitz.html

26 Berlins Russen

Nach einem kurzweiligen Nachmittag im Prenzlauer Berg mit Schaufensterbummel und allem Drum und Dran, verließ ich das Schuhgeschäft von Riccardo Cartillone mit wunderschönen, neuen Slingpumps. Schuhe von Cartillone sind sozusagen der Stolz jeder Berlinerin. Riccardo Cartillone ist gebürtiger Sizilianer und verließ seine sonnige Heimat, um in London oder Paris einen eigenen Laden aufzumachen. Zum Glück blieb er in Berlin hängen und eröffnete sein erstes Geschäft 1989 in der Nürnberger Straße. Anfangs verkaufte Cartillone seine Schuhe nur an Bekannte und an Freunde, inzwischen hat er mehrere Läden in der ganzen Stadt.

Wo ich schon mal in der Gegend war, beschloss ich, in der Knaackstraße im Pasternak essen zu gehen. Boris Leonidowitsch Pasternak schrieb den Roman *Doktor Schiwago* und wurde 1958 mit dem Literaturnobelpreis ausgezeichnet. Den Preis musste er unter dem Druck der Regierung zurückgeben, tat es auch und wurde trotzdem aus dem Schriftstellerverband der UdSSR ausgeschlossen. Erst 1989 durfte Pasternaks Sohn den Preis stellvertretend für seinen Vater doch noch entgegennehmen.

Im Pasternak bestellte ich Blini und Salat. Das Essen war liebevoll angerichtet und schmeckte fantastisch. Einmal hatte ich mich mit einem russischen Filmemacher über die beiden Restaurants Pasternak und Gagarin unterhalten, die ja sozusagen Nachbarn sind im Prenzlauer Berg. Was verlockt mehr, der Nobelpreisträger oder der erste Mann im All? »Eins sag ich dir«, erklärte mir Igor Plitschek, »die Küche im Gagarin ist so gut, ich glaube, die Köchin muss mit

Sicherheit Russin sein. Aber die Bedienung ist nicht russisch. Im Pasternak dagegen ist alles russisch. Geh am besten zu beiden und überzeug dich selbst.«

Nach dem Essen trank ich ein Glas Wein und bekam eine bemerkenswerte Unterhaltung am Nachbartisch mit. Die beiden Herren schienen dem Akzent nach Russen zu sein, sprachen aber Deutsch miteinander. Sie hatten sich offenbar schon eine ganze Weile nicht mehr gesehen, kannten sich aber von früher. Also ging es erst mal um die Familien, um die Kinder, um Krankheiten und dann um die Arbeit und was sie jetzt aktuell so machten. »Ich bin Businessman«, sagte der jüngere. Daraufhin nickte der andere und sagte lächelnd: »Businessman? Ah ja, ich hab auch gestohlen.«

Zuhören und lernen

Wenn man allen Nicht-Russen eine Empfehlung für den Umgang mit Russen geben kann und muss, dann diese: wenn du dich unterhalten willst, fang nicht von Politik an. Und wenn du dich mit Russen über Russlands Politik unterhalten willst, gib die Illusion auf, du wüsstest als deutscher Zeitungsleser und Nachrichtengucker über Russland genau Bescheid. Die große Chance, in Berlin mit Russen ins Gespräch zu kommen, liegt darin, etwas über Russland zu lernen.

Zu Beginn der 1990er-Jahre waren Kolchosen und Kombinate zwar offiziell noch Staatseigentum, doch die Sowjetunion befand sich bereits mitten in einem gewaltigen Umbruch. Vorübergehend machte sich eine Mentalität breit, die sich in kurzen Worten als »Klauen, oder beklaut werden« beschreiben ließe. Eine ganze Reihe immenser Privatvermögen, die in dieser Zeit entstanden, wurden auf ominöse, wenn nicht gar illegale Weise gemacht. Es entstand ein Geschäftemacher neuen Typs. Der »Businessman« war jemand, dessen Reichtum jeder sehen konnte, während seine Geschäfte alles andere als durchschaubar waren. Wo etwa aufgrund der ungeklärten

Zukunft in Fabriken die Produktion vorübergehend stillstand oder nur vermindert lief, gab es unzählige bewaffnete Überfälle, bei denen Maschinen gestohlen wurden. Aber genauso kam es vor, dass behauptet wurde, die Fabrik sei überfallen worden, und in dem Fall nahmen Mitglieder der Belegschaft mit, was sie verkaufen konnten. Das Ergebnis war in beiden Fällen dasselbe: Die Beute wurde gegen Devisen verkauft und ein Teil des Gewinns gezahlt, um Zeugen zu bestechen. Zugführer wurden bestochen und ein Zug Kohlen als »nicht angekommen« gemeldet. All das konnte damals niemand überprüfen und lachender Sieger war der »Businessman«.

Viele Russen zogen damals ins wiedervereinigte Berlin, unter ihnen eine große Anzahl Russlanddeutscher. Wegen vermeintlicher (und in einigen Fällen tatsächlicher) Kollaboration mit den Nazis von der Führung der Sowjetunion »sicherheitshalber« mit Universitätsverbot belegt, waren viele von ihnen ungebildet und mussten feststellen, dass es das Deutschland, nach dem sie sich gesehnt hatten, längst nicht mehr gab. In der Sowjetunion wegen ihrer deutschen Abstammung zwangsweise in abgelegenen Gebieten angesiedelt und gesellschaftlich isoliert, träumten viele von einem Leben in Deutschland. Die Ankunft war ernüchternd für die Russlanddeutschen und weit von einem herzlichen Empfang entfernt. In Russland war ihr Russisch schlechter gewesen als das gebildeter Russen. In Deutschland verstand man kaum, was sie sagten. Ihr Deutsch integrierte sie nicht, es stigmatisierte sie. Oft lebten Einwandererfamilien, die erst später nach Berlin kamen, zunächst in deutschen Kleinstädten. Ein Russlanddeutscher, der nach der Wiedervereinigung als Kind nach Deutschland kam, erzählt: »Ich habe mir als Kind immer einen Hund gewünscht. Unsere Vermieterin hatte einen kleinen Spaniel. Als ich ihn gern einmal streicheln wollte, erklärte sie, ihr Hund spiele nicht mit Russlanddeutschen. Man kann sich nicht vorstellen, wie rassistisch und rückwärtsgewandt die deutsche Provinz manchmal sein kann.«

Berlin dagegen machte den Traum von der Freiheit endlich wahr. Wie groß das Gefühl der Fremde anderswo in Deutschland auch sein mag, wer als Fremder nach Berlin kommt, begegnet hier so vielen Fremden, dass er sich nicht mehr allein fühlt. Die russische Szene ist lebendig und anziehend und das kulturelle Interesse der Berliner ist allem Neuen gegenüber aufgeschlossen. Lesungen junger russischer Dichterinnen und Dichter, Filmfestivals und Theateraufführungen bringen alle Neuberliner zusammen, ob sie aus Süddeutschland, Spanien, den USA oder Russland kommen.

In der Kulturbrauerei gibt es seit über zehn Jahren das **Russische Theater**. Auf dem Spielplan stehen Stücke von Klassikern wie Gogol und Dostojewskij, aber nicht nur die großen Alten sondern auch der Künstlernachwuchs kommt auf die Bühne. Stücke der modernen und zeitgenössischen Dramatik werden auf Deutsch und auf Russisch aufgeführt.

Russisches Theater • Kulturbrauerei Schönhauser Allee 36, Prenzlauer Berg • U-Bahn: Eberswalder Straße • www.russisches-theater.de

In Schöneberg feierte ein leer stehender Tante-Emma-Laden feierliche Wiedergeburt als Kleintheater. Das **Russkaja Szena** zieht sämtliche Register und spielt fantasievoll kostümiert zauberhafte Stücke für Kinder oder inszeniert für Erwachsene Theaterklassiker wie Tschechows Möwe. Selten wird das Privileg, sich in einer freien Stadt begegnen und austauschen zu können, so spürbar wie hier.

Russkaja Szena • Kurfürstenstraße 123, Tiergarten • Bus: Schillerstraße • www.russkaja-szena.de

Das russische Juwel in der Krone des Berliner Bären war zweifellos Wladimir Kaminer, der als Migrant nach Berlin kam und mit dem Musikstil Russendisko auf einen Schlag die ganze Stadt verrückt nach russischer Popmusik, Nonchalance und Lässigkeit machte. Kaminers Geschichten wurden Kultbuch und Bestseller. Aus den schweren Erfahrungen der Einwandererkinder und allem, was an Ausgrenzung und Isolation dazugehört hatte, wurde das Gegenteil: Selbstbewusstsein, weil man sich nicht hatte unterkriegen lassen. Noch viel angesagter als Kaminers Storys war Russendisko auf der Tanzfläche. Musikalisch versetzte Kaminer sein Publikum im berühmt-berüchtigten **Kaffee Burger** in Ekstase. Bands aus der ehemaligen Sowjetunion spielten auf, aber nicht mehr als unbekannte Musiker, die sie vorher gewesen waren, sondern plötzlich als Geheimtipp und auf der knallvollen Tanzfläche stürmisch bejubelt. Russendisko war genau das, was Berlin gefehlt hatte. Endlich musste man in der schicken Hauptstadt nicht mehr cool und unnahbar neben der Tanzfläche rumstehen, sondern konnte lachen, rumhotten und Spaß haben wie auf St. Pauli in Hamburg. Woran das lag? Die russischen Bands brachten ihren ganz eigenen Humor in die Szene. Die russische Seele, traurig und lyrisch, wird dabei mit tiefer Stimme und getragenem Gesang zwar übertrieben pathetisch auf die Schippe genommen, aber dadurch nur umso fühlbarer. Und vor allem tanzbar! Virtuose Beherrschung der Instrumente lässt die Bands in derwischhaft rasender Geschwindigkeit spielen, bei der sich niemand mehr fragt, ob er auf der Tanzfläche grade eher sexy oder mehr peinlich aussieht. Hauptsache tanzen, tanzen, tanzen! Kann man sagen, dass Russendisko Berlins Nachtleben vor Knochenschwund und Blutleere gerettet hat? Das russische Wort für »ja« lautet: *da.*

Kaffee Burger • Torstraße 6, Mitte • U-Bahn: Torstraße • www.kaffeeburger.de

Aber ein riesengroßes Land mit elf Zeitzonen bringt natürlich auch völlig anders tickende russische Sehnsüchte hervor, und deren Vertreter finden sich ebenfalls zahlreich in Berlin. Luxus, mehr Luxus und noch mehr Luxus lockt Moskaus Millionenblondinen in die Galerie Lafayette und die Boutiquen exklusiver Couturiers auf dem Kurfürstendamm. Ob halsbrecherisch hohe Manolo Blahniks, auflagenlimitierte It-Bags von Louis Vuitton oder Unikate von Hermés, es fließt Geld in märchenhaften Summen. Nur richtig glücklich sehen die reichen Russinnen nie aus. Ganz im Gegensatz zur Girlie-WG, die tütenschwingend von H&M kommt und sich vor Freude nicht mehr einkriegt über irgendein Schnäppchen für fünfzehn Euro. Das Verkaufspersonal hat sich ku'dammweit auf russische Kundschaft eingestellt. KaDeWe, Douglas und das Gros der Boutiquen beschäftigen russischsprachige Verkäuferinnen und Verkäufer. Übrigens sind es nicht die Reichsten der Reichen aus Moskau, die man in Berlin trifft. Denen ist London lieber. Schon allein wegen des unvergleichlich besseren Bildungsangebotes für den Nachwuchs.

★ Do it yourself ★

Die russische Küche kann man in folgenden Restaurant in stimmungsvoller und originärer Atmosphäre genießen:

Restaurant Pasternak: Auf der Speisekarte vom Pasternak stehen alle russische Gerichten, die man immer schon mal kennenlernen wollte. Wer mag, kann mit den liebevoll zusammengestellten Menüfolgen den Beginn einer wunderbaren deutsch-russischen Freundschaft machen. Die 4–5-Gänge-Menüs kosten zwischen 25 und 34 Euro.
❚ Knaackstraße 22–24, Prenzlauer Berg • U-Bahn: Senefelderplatz •
www.restaurant-pasternak.de

Bar Gagarin: Schon wegen des Wandbilds muss man im Gargarin gewesen sein. Achtung, aus »Astronaut« bitte »Kosmonaut« machen, wenn es um den ersten Menschen im Weltraum und Helden der Sowjetunion geht. Sonnenanbeter lieben die hellen Tische vor dem Restaurant, an denen sich der Kiez zum Frühstücken trifft. Kleines Frühstück ab 3,50 Euro.
❚ Knaackstraße 22, Prenzlauer Berg • U-Bahn: Senefelderplatz

27 Berlins Schwule

Meine beiden neuen Freunde heißen Torsten und Frank. Zu ihnen gehört Disko, ein niedlicher, absolut erziehungsresistenter Chihuahua–Pinscher–Jack-Russell-Terrier–Mischling. Disko lehnt es ab, sich die Pfoten schmutzig zu machen und wird von seinen Herrchen auf dem Arm getragen. Seit vierzehn Jahren sind die beiden ein Paar. Torsten kommt aus der Nähe von Gießen. Frank ist aus Dresden.

Heute gehen wir zusammen einkaufen. Torsten und Frank wollen für mich kochen. Bei Kaiser's treffen sie eine gute Freundin.

»Sieh mal da, Valeria! Du siehst müde aus, Schätzchen.« Für mich sieht Valeria eher wie ein Mann aus. Dann fallen mir ihre langen, cadillacpink lackierten Fingernägel auf.

Am Kühlregal beobachte ich kurz darauf eine Szene. Vor den Joghurts stehen zwei Leute. Eine ist Valeria. Dem Mann neben ihr rutscht der Schal runter und fällt auf den Boden, was er nicht merkt.

»Du hast was verloren«, sagt Valeria. Einen Moment sehen sich die beiden in die Augen. Dragqueen Valeria ohne Make-up. Müdes Gesicht. Trotzdem bekommt sie sowas wie ein Lächeln hin. Erst starrt der andere sie an. Dann verzerrt schieres Entsetzen sein Gesicht. Seine Frau steht mit dem Kinderwagen am Keksregal. Die lässt er stehen und rennt aus dem Laden.

Torsten und Frank finde ich am Weinregal wieder.

»Habt ihr das eben gesehen?«, frage ich.

»Aber ja, Süße. Sowas passiert leider immer mal wieder«, sagt Torsten und rollt mir den Augen.

»Und was war das gerade?«, frage ich.

»Ziemlich sicher ein Fall von Homophobie, würde ich sagen«, meint Frank und streichelt Disko zwischen den Ohren.

Torsten entscheidet sich für spanischen Bio-Rotwein, nimmt drei Flaschen aus dem Regal und platziert sie neben dem Sekt im Einkaufswagen.

»Drei Flaschen, Schatz? Die sind doch schon weg, bevor Mutti das Essen auf dem Tisch hat«, kommentiert Torsten die Menge verdoppelnd und fragt mich: »Trinkst du überhaupt Rotwein, Süße?«

Ich bin noch immer bei der Szene, die sich gerade vor uns abgespielt hat. »Ich dachte immer, Berlin sei die Hauptstadt der Schwulen und Intoleranz hier quasi abgeschafft.«

Indiskrete Plaudereien aus dem Nähkästchen von Torsten und Frank

Seit 1991 arbeitet Torsten im Schwulenzentrum **SchwuZ**, das vor über fünfunddreißig Jahren als eingetragener Verein aus der Schwulenbewegung entstanden ist. Erst hat er an der Garderobe gearbeitet, dann an der Bar und als Flyerboy. Frank ist seit vierzehn Jahren DJ im SchwuZ oder steht bei Partys als Barkeeper an der Schnapsbar. Ins herzlich-familiäre SchwuZ kommen nicht nur Schwule, sondern auch Heteros, Drags, Tunten und Queers aller Couleur.

Gibt es einen Unterschied zwischen Drags und Tunten? Dragqueens wollen schön sein und manche sind überirdisch schön. Mit dem politischen Hintergrund der Tunten, die sich für die Schwulenbewegung engagierten und die es als Chansonnieren auf die Bühne zog, haben Dragqueens allerdings nichts mehr im Sinn.

Sammelbegriff für alle Spielarten der Geschlechterwandlung ist *queer*. Im Amerikanischen ursprünglich als Schimpfwort gebraucht (»verrückt«, »gefälscht«), bezeichnen sich heute Schwule, Transsexuelle, Dragqueens, Lesben und alle, die ihren Lebensentwurf als Widerstand gegen das Normale sehen als queer. Und Metrosexuelle á la Beckham? Eine Erfindung der Industrie, um Männerprodukte besser verkaufen zu können, meinen Torsten und Frank. Die Metros, gepflegter als manche Schwule, kaufen Pflegemasken fürs Gesicht und tragen transparenten Nagellack. Wegen ihres süß-unschuldigen Aussehens nennt Torsten sie »Turnbeutelvergesser«. Aber schwul sind die Metrosexuellen nicht.

Die Frage, ob Berlin die Hauptstadt der Schwulen sei, beantwortet Torsten mit nein. Als Hauptstadt und Hotspot der Schwulen sieht er eher Köln. Dafür sei Berlin die Stadt, in der Schwule die meisten Möglichkeiten hätten. Und hat Ex-Bürgermeister Wowereit mit seinem »Ich bin schwul und das ist gut so« der Schwulenbewegung neuen Auftrieb gegeben? Frank meint nein, sieht in Wowereit einen Hampelmann, der nur Partys im Kopf hat, und findet, Politik hätte nichts damit zu tun, wer mit wem ins Bett geht. Torsten gibt zu bedenken, dass Wowereit die internationale Mode nach Berlin geholt und eine ganze Menge für die Berliner Theater getan hat. In Wowis Outing sieht Torsten eine Flucht nach vorn und einen Hinweis auf den aktuellen Stand der Intoleranz gegen Schwule. Denn wenn Wowereit sich zu seiner Homosexualität bekennen musste, um zu verhindern, dass ihm daraus ein Skandal gemacht würde, könnte man daran gut sehen, dass es mit der Toleranz für Schwule eben doch noch nicht so weit her sei.

Im Gegenteil. Frank erzählt, er sei beim Bäcker von zwei türkischen oder arabischen Jungen angemacht worden. Die beiden waren nicht älter als zwölf oder dreizehn Jahre. »Biste schwul?«, stänkerten sie. »Und du? Biste hetero?«, gab Frank zurück und hatte innerhalb von Sekunden die Klinge eines Klappmessers vor der Nase. Den Jungen hat er mit beiden Fäusten am Kragen gepackt und ihn vor dem Laden in der Großbeerenstraße gegen eine Hauswand gestoßen, bis er das Messer fallenließ und sein Kumpel wegrannte. Solche Beispiele gibt es viele in letzter Zeit, und die Provokateure sind nicht immer Teenager. Auch eine stattliche Anzahl von Männern mit Migrationshintergrund hat in Berlin offenbar nichts Besseres zu tun, als gegen Schwule zu hetzen. Reaktionismus in der Gesellschaft sei die eine Seite, meint Torsten, aber auch in den Reihen der Schwulenbewegung dürfte es gern mehr Akzeptanz geben für die, die anders sein wollen. Beim Karneval der Kulturen feiere sich Berlin zwar alljährlich als tolerante Weltstadt. »Bösartig könnte man aber sagen, dass der Karneval der Kulturen das Feigenblatt des multikulturellen Gutmenschentums ist«, findet Torsten.

Zwar sei die Toleranz oben angekommen, dafür werde unten draufgehauen. Schwule könnten heiraten, Homo-Ehen seien gesetzlich gleichgestellt. Gegen neu aufkommende Homophobie und Schwulenfeindlichkeit seitens islamischer Bürger helfe die Gleichheit vor dem Gesetz nicht. Abgesehen davon kann Torsten sowieso nicht verstehen, warum Schwule mit der endlich erlangten Anerkennung ihres Lebensentwurfs ausgerechnet hinter so einem urbürgerlichen Wert wie der Ehe her sind.

⭐ Do it yourself ⭐

Und wo kann man als Berlinbesucher in pralle, queere Lebensfreude eintauchen? In Schöneberg schon lange nicht mehr, auch wenn es anderslautend wahrscheinlich noch die nächsten hundert Jahre in den Reiseführern stehen wird. Schöneberg, das alte Westberlin der geteilten Stadt, hat sich seit dem Mauerfall totentwickelt. Die Lederszene ist dort noch lebendig, aber wen kümmert schon die Lederszene. Auch die Blue Boy Bar in der Eisenacher Straße 3A in Schöneberg ist als Stricherbar nichts für jeden Geschmack. Mehr Spaß macht die queere **Lieblingsbar** ein Haus weiter.

▎**Lieblingsbar** • Täglich ab 20 Uhr • Eisenacher Straße 3, Schöneberg •
U-Bahn: Nollendorfplatz

Der wildeste Platz Kreuzbergs und »Gulaschtopf für alle, die richtig durchdrehen wollen«, ist das **Rauschgold**.

▎**Rauschgold** • Täglich ab 20 Uhr • Mehringdamm 62, Kreuzberg •
U-Bahn: Mehringdamm

Im **SchwuZ**, Berlins Schwulenzentrum ist jeder willkommen, der die neue Adresse in Neukölln findet, was aber auch nicht allzu schwer ist.

▮ **SchwuZ** • Rollbergstraße 26, Neukölln • U-Bahn: Rathaus Neukölln

Unbedingte Empfehlung von Torsten und Frank ist die Party *Chantal's House of Shame* am Donnerstag im **Bassy Club**. Prädikat »sehr schwul«, inklusive Muskelpaketträger, bei denen sich das Fitnessstudio richtig gelohnt hat. Gastgeberin Chantal ist eine berühmte Berliner Transsexuelle. »Um die Jahrtausendwende herum hat sie gemerkt, dass ihr Bindegewebe nicht mehr richtig hält und sie einen neuen Lebensentwurf braucht«, lästert Torsten genießerisch. Seitdem trifft sich am Donnerstag alles bei Chantal.

▮ **Bassy Cowboy Club** • Schönhauser Allee 176a, Prenzlauer Berg •
U-Bahn: Senefelderplatz

Rund eine Million Menschen feiern jedes Jahr im Juni den **Christopher Street Day**. Die schillernd kostümierte Parade der queeren Paradiesvögel ist eine öffentliche Demonstration für die Rechte von Schwulen, Lesben, Transsexuellen und Bisexuellen.

▮ **Christopher Street Day Parade** • www.csd-berlin.de

Umstritten wegen faschistoider Symbole und deutlicher Gewaltverherrlichung ist die **Folsom Europe** Parade im September, Berlins Leder- und SM-Szenenwochenende mit großem Straßenfest.

▮ **Folsom Europe** • www.folsomeurope.info

Lydia wollte mir Mr. Minsch zeigen, den besten Konditor von Berlin. Man munkelt, das einzige Manko an Mr. Minsch sei, dass in seinem süßen Café die Tortenstücke so groß sind, dass man kein zweites schafft. Lydia und ich hatten uns an einem sonnigen Sonntagnachmittag an der U-Bahn-Station Mehringdamm getroffen und liefen zu Fuß die Yorckstraße runter. Als wir bei Mr. Minsch ankamen, standen die Leute vor dem Café Schlange bis zur Straße. Weil wir keine Lust hatten, uns anzustellen, drehten wir lieber noch eine kleine Runde durch den Viktoriapark.

Lydia arbeitet bei einem Berliner Stadtmagazin. Wenn ich ein Mann wäre, hätte ich Angst vor ihr. Es gibt nämlich nichts, womit man Lydia beeindrucken kann. Sie hat die Ausstrahlung einer hochempfindlichen Antenne oder einer Überwachungskamera. Ich glaube, sie *hört*, was man *denkt*. Neben Lydia fühlt man sich wie ein Orang-Utan, den sein Wärter aus Nettigkeit mit ins Theater genommen hat.

»In Kreuzberg hatte ich neulich einen richtigen Schweineohrensalat«, berichtete sie. Ich war gespannt, was sie erzählen würde und ging davon aus, dass es um Verständigungsschwierigkeiten in Kreuzberg ging. Da schnitt sie endlich mal ein Thema an, zu dem auch ich als Neuberlinerin etwas zu sagen hatte. Dass ich erst mal den Mund hielt, rettete mich vor der Vollblamage. Es ging nicht um Kauderwelsch. Bei Schweineohrensalat handelt es sich um ein chinesisches Gericht nach Shanghaier Originalrezept. »Ich war für die Zeitung in Tangs Kantine im Graefekiez und hab die Küche getestet«, sagte Lydia.

»Du hast *Schweineohren* gegessen?«, rief ich entsetzt.

»Tang kocht absolut köstlich«, sagte Lydia. »Bevor du nicht bei Tang warst, weißt du nicht, wie gut die chinesische Küche ist.«

Schon beim bloßen Gedanken an Schweineohrensalat sehnte ich mich nach Bullrich Salz. »Quatsch, du kriegst die Ohren doch nicht im Ganzen aufgetischt!«, feixte Lydia. »Am besten noch hellgrau gekochte Haut, was? Dampfgegarte Schweinelauscher, flubbernd in klarer Brühe. So von wegen: Stäbchen dazu, oder Gabel und Messer? Ach nein, doch lieber eine Geflügelschere.« Sie hat schon einen deutlich ausgeprägten Sinn fürs Morbide, die Gute.

»Bitte hör auf«, bat ich. »Ich will nichts mehr von Schweineohrensalat hören.«

»Rülps leise. Mein Essen hört mit«, kicherte Lydia fröhlich. »Alles halb so wild. Die Ohren sind in Streifen geschnitten, also die sehen auf dem Teller nicht – wie soll ich sagen – nicht *ohrig* aus. Ist mehr die Optik von gebratener Ente. Aber im Mund sind sie schön gnurtschig.«

»Und wenn sich einem der Magen umdreht?«, wollte ich wissen.

»Was soll sein«, sagte Lydia. »Ok, dein Salat hat Ohren. Sag ihm, dass er schmeckt.«

Als wir gegen fünf Uhr den zweiten Versuch bei Mr. Minsch machten, war die Menschenschlange verschwunden. Vor dem Café war ein Tisch in der Sonne frei.

»Los geht's!«, rief Lydia. »Da drin stehen die schönsten Backkunstwerke, die du je gesehen hast. Es ist, als wenn Tiffany statt Juwelen Torten verkaufen würde. Und jedes Stück kostet nur drei Euro.« Wir betraten das Café. Die Kellnerin las mir die Erwartung vom Gesicht ab. Zu meiner Verwunderung schüttelte sie bekümmert den Kopf und zog die Mundwinkel herunter. »Was ist los?«, fragte Lydia.

»Ist nichts mehr da«, sagte die Kellnerin traurig. »Wir haben kein einziges Stück Torte mehr. Alles schon verputzt, ich glaube die ganze Stadt war heute hier. Ist halt Sonntag und die Sonne scheint. Oh, es tut mir leid, ihr zwei. Um viertel vor fünf habe ich das letzte Stück verkauft.« Lydia seufzte.

»Sollen wir woanders hingehen?«, schlug ich vor. Sie war dagegen. Es gebe keine bessere Torte als bei Mr. Minsch. Lieber sollten wir ein Bier trinken gehen.

Das Beste – für alle

Andreas Minsch, Kreuzbergs John Galliano der »Torte Couture«, präsentiert seinen Gästen im **Mr. Minsch** jeden Tag ein Sortiment von zwölf bis zwanzig verschiedenen Konditorträumen. Seine Torten und Kuchen, im Schaufenster des kleinen Cafés wirkungsvoll auf einer ausladenden Etagere arrangiert, haben den passionierten Konditor zum König der Berliner Naschkatzen gemacht. In Oberfranken zum Konditor ausgebildet, lebte Minsch in London, Barcelona und New York City, bevor er sich in Berlin niederließ. Seine Biskuit- und Marzipankreationen wurden sogar schon auf Ausstellungen gezeigt.

❚ **Mr. Minsch** • Yorckstraße 15, Kreuzberg • U-Bahn: Mehringdamm

In **Tangs Kantine** in der Dieffenbachstraße wird nach Rezepten aus Shanghai gekocht, der Geburtsstadt von Koch und Inhaber Shaohuan Wolf. Kurz nach der Jahrtausendwende kam er aus der Hafenstadt Shanghai nach Berlin und eröffnete im Kreuzberger Graefekiez sein Restaurant, das er mal als »Das Schwein, das vom Meer kommt« und mal als »Buddhas Segen« bezeichnet. Die chinesische Küche ist vielfältig und Tang serviert denen, die sich trauen, traditionelle Spezialitäten wie Hühnerfüße, Schweineohrensalat und tausendjährige Eier. Wer sich nicht ganz so weit vorwagen mag, bestellt fleischgefüllte Dim Sum (»Das Herz berühren«), kleine Teigtaschen aus dem Dampfgartopf.

❚ **Tangs Kantine** • Dieffenbachstraße 18, Kreuzberg • U-Bahn: Schönleinstraße

Die schrägsten Futterstellen Berlins kamen ohne Werbung zur Welt und wurden Goldgruben. Manchmal genügt ein außergewöhnlicher Standort, und irgendjemand kommt auf die Idee: »Da müsste man die Leute zum Essen hinlocken.« So geschah es in der Oberbaumstraße am U-Bahnhof Schlesisches Tor. Umtost von Autoverkehr, alles andere als gemütlich, aber abenteuerlicher als alle anderen, hat unter den Pfeilern der Hochbahntrasse der Imbiss **Burgermeister** im historischen Pipipavillon eröffnet. Der Burgermeister wird geliebt und ist Tag und Nacht umdrängt. Die Soßen sind hausgemacht, die Burger saftig und großzügig portioniert.

▌Burgermeister • Oberbaumstraße 8, Kreuzberg • U-Bahn: Schlesisches Tor

Bleibt man in der Levetzowstraße in Berlin-Tiergarten mal Ecke Jagowstraße stehen und beobachtet ein paar Minuten lang den Straßenverkehr, wird man auf der vierspurigen, rauschend befahrenen Straße bald einen Schrei hören: »Margherita!« Manche hupen erst und schreien dann. Hinterher kurbelt der Schreier sein Wagenfenster wieder hoch und fährt im Schneckentempo einmal rund um den Mittelstreifen zurück zur Ampel. Ein plötzlicher Ausbruch von Wahnsinn? Wer genauer hinsieht, entdeckt auf dem Mittelstreifen eine kleine Bude. Wohnt da Margherita? Also geht's doch wieder um was Horizontales? »Margeritha!«, ertönt es wieder durchs runtergekurbelte Autofenster, während der Autofahrer von eben im Schritttempo um die Mittelinsel herum und auf die Bude zufährt. Dann kommt Action in die Szene: ein Mann taucht im Fenster der Bude auf und legt beide Hände an den Mund. »Noch eine Runde!«, brüllt er zur Straße rüber.

Nirgendwo in Deutschland, außer an der Ampelpizza in Moabit, freut man sich als Autofahrer über Rot. Ist der Steinofen richtig heiß, kriegen die Pizzabäcker im **Teigmeister** ihre Pizza Margherita innerhalb einer Rotphase gebacken und serviert. Wird es vorher gelb, muss man eben noch eine Runde um den Mittelstreifen eiern. Langsam genug, dass man bei Rot ankommt. Kurz halten, bezahlen und den heißen Pizzakarton ins Auto holen. Die Sorten Margherita und Mozzarella gehen am schnellsten und sind extra für Autofahrer gedacht. Auf die Laufkundschaft warten weitere Sorten. Die Pizzen sind erstklassig. Knuspriger, dünner Teig. Reichlich heißer Belag, viel Käse und noch mehr Jux.

▌Teigmeister • Levetzowstraße/Jagowstraße (auf dem Mittelstreifen), gegenüber Haus Nr. 10, Tiergarten • Vorbestellungen unter 0152/55929586

Und mit Kultbuden geht es weiter. Vor **Mustafas Gemüsekebab** auf dem Mehringdamm stehen die Leute Tag und Nacht Schlange. Wirklich Tag und Nacht. Nicht mal nachts um eins kommt man bei Mustafa sofort dran. Liegt es nur daran, dass es sonst nirgendwo in Berlin Döner für Vegetarier gibt? Möglich wär's schon. Aber Mustafas »Gemüse« gackert und legt Eier. Chickendöner mit Salat – die Araber sagen *Schawarma* dazu – ist die Spezialität des Chefs. Mustafas Erfolgsrezept sind die Soße »Kreuzberg scharf« und der Hauch frischer Minze im Salat. Dafür stehen die Leute selbst im tiefsten Winter bis zu einer halben Stunde lang an.

▌Mustafas Gemüsekebab • Mehringdamm 32, Kreuzberg • U-Bahn: Mehringdamm • Unbedingt anschauen: www.mustafas.de

Wurstlegende **Curry 36**, ebenfalls zu finden am Mehringdamm, hat die beste Currywurst Berlins. Wenn Mustafas Warteschlange und die wartenden Wurstfreunde vor dem Curry 36 sich schrittweise aneinander vorbeischieben, kommt man auf dem Bürgersteig nicht mehr durch. Das Curry 36 lockt mit Currywurst im Darm oder ohne Darm, Rostbratwurst, Wiener, Knacker und Top-Pommes seit eh und je Touris, Promis und Nachtschwärmer aus ganz Berlin nach Kreuzberg. Und das trotz Wartezeiten wie im Sozialismus ...

▌Curry 36 • Mehringdamm 36, Kreuzberg • U-Bahn: Mehringdamm

Nur in Berlin und nirgendwo sonst gibt es Bratwurst vom **Grillwalker**. Zum halben Imbiss-Preis und ohne Warteschlange sind die Bauchladengriller das Richtige für den Hunger zwischendurch. Seit der Jahrtausendwende gehören sie auf dem Alexanderplatz und am Fernsehturm zum Stadtbild. An manchen Wochenenden sind über zwei Dutzend Superhelden (der Grill wiegt 30 kg) mit würzigen heißen Würstchen, Brötchen und Ketchup im Einsatz gegen den Großstadthunger unterwegs. Von Kopf bis Fuß auf Bratwurst eingestellt, und sonst gar nichts, bieten die Transformatoren – halb Mann, halb Grill – zwar weder Pommes noch Schaschlik und auch kein kaltes Bier, dafür kommt man bei ihnen aber sofort dran.

Erfinder der portablen Wurststationen ist der Berliner Bertram Rohloff. Die *New York Times* hat über ihn geschrieben: »*Grillwalker rocks Berlin*«. Rohloff verkauft seine patentierten Apparate inzwischen nach Kolumbien, Japan und Südafrika. Dafür, dass die Laufgriller in Berlin hauptsächlich um den Bahnhof Alexanderplatz und das Rote Rathaus herum unterwegs sind, gibt es einen guten Grund. Sie bekommen in Mitte wesentlich leichter eine Genehmigung als in anderen Bezirken. Charlottenburg zum Beispiel verhält sich eher ablehnend.

▌**Grillwalker** • Immer an einer anderen Stelle rund um den Fernsehturm

Nichts sehen weckt die Sinne. Seit über zehn Jahren werden im **Nocti Vagus** Geschmacks- und Tastnerven in warmer Dunkelheit lebendig.

▌**Nocti Vagus** • Täglich ab 18 Uhr • Saarbrücker Straße 36–38, Mitte • U-Bahn: Rosa-Luxemburg-Platz

Im **Sauvage** wird gekocht wie in der Steinzeit: ohne Gluten und Getreide. Wer lebt wirklich in der Steinzeit, wir oder unsere Vorfahren? Die an uralter Ernährungsweisheit orientierte Paleo-Küche macht deutlich, wie vorsintflutlich heutige Essgewohnheiten sind.

▌**Sauvage** • Mi–So 18–23 Uhr, Sa und So Frühstück 11–15 Uhr • Winsstraße 30, Prenzlauer Berg • Tram: Winsstraße

Die **Tafelrunde** ist ein absolut stilechtes Mittelalterrestaurant. Mit Bänkelsängern, schönen Maiden und Feuerspuckern allein wäre es nicht getan, aber die Tafelrunde bietet darüber hinaus exzellente Küche und köstliche Weine.

▌**Tafelrunde** • Do–Sa 18-0.30 Uhr • Nachodstraße 21, Wilmersdorf • U-Bahn: Spichernstraße

29 Berlins Spiris

Emma rief mich an. »Hast du kurz Zeit?«

»Hallo, Emma! Geht's dir gut?«

»Könnte, ehrlich gesagt, besser sein. Hast du heute Abend was vor?«

»Haarewaschen, warum?«

»Kann das noch einen Tag warten?«

»Ist was passiert? Was ist los?«

»Als Uwe nach dem letzten Sommer endlich kein Emo mehr war ...«

»Wer ist Uwe?«

»Mein Sohn. Er ist neunzehn. Als er endlich aufgehört hat, mit den Emos rumzuhängen ...«

»Was sind Emos, Emma?«

In der Destille wartete Emma auf mich. Maurice brachte mir ein kleines Köpi vom Fass. Wir prosteten uns zu.

»Behältst du die Mütze auf? Ist warm hier drin. Und so siehst du aus wie ein Hipster.«

»Ich nehm sie nicht ab, Emma, meine Haare sind nicht gewaschen. Und was sind Emos?«

»Mit denen ist es ja vorbei. Arme Geschöpfe. Immer unglücklich. Starren beim Gehen die Kaugummis im Asphalt an. Sitzen im Park und lassen die Köpfe hängen. Drei Jahre war Uwe mit denen zusammen. Aber das dicke Ende kommt erst. Jetzt macht er *Familienaufstellung*. Heimlich. Hilfst du mir?«

Natürlich kam ich mit. Emma war so aufgeregt, dass sie sich die ganze Zeit verfuhr. Und das als Taxifahrerin. Endlich fanden wir ans Ziel. Die Praxis eines Heilpraktikers in Charlottenburg.

»Ist dein Sohn auch da?«, fragte ich.

»Nein, der darf das gar nicht wissen! Uwe geht in Kreuzberg zur Familienaufstellung. Aber ich muss endlich wissen, was die da eigentlich *machen*!«

Wir wurden als Besucherinnen von Bernd, dem Leiter, willkommen geheißen. Unser Unkostenbeitrag fürs Zuschauen betrug ein paar Euro. Zwei Stunden lang wurde vor unseren Augen geschrien, geweint, getobt und gezittert, dass die Wände wackelten und ich verstand, dass es sich um Theater handelte. Also brauchte sich Emma keine Sorgen zu machen. Im schlimmsten Fall würde ihr Sohn beschließen, Schauspieler zu werden. Wir folgten dem Treiben vor uns zunächst etwas befremdet, dann gewöhnte man sich dran. Die Handlung fand ich zwar mehr als frei, aber dafür auch besonders authentisch. So ähnlich drückte ich es auch Bernd gegenüber aus, als wir hinterher zum Verabschieden zusammenstanden.

»Und wann ist die Aufführung?«, fragte ich. »Ihr macht doch eine?«

Bernds Augen wurden schmal. »Du, ich nehme dich gerade als ziemlich feindselig wahr«, sagte er sanft.

Ich und feindselig? Was meinte der hagere Kahlkopf in den sauerkirschroten Jeans damit?

»Wenn du dich nicht auf unseren Prozess einlassen magst, ist das für mich okay«, fuhr er fort, »ist aber dann kein Grund, feindselig gegen die Gruppe zu werden, okay?«

Jetzt ahnte ich es. »Ah, was du sagst, gehört auch noch mit dazu«, sagte ich, ehrlich beeindruckt. »Ich dachte, das wär jetzt schon ein *richtiges* Gespräch. Wow, Kompliment, ich hab's im ersten Moment echt überhaupt nicht gemerkt! Sehr gut, du kommst völlig echt rüber!« Von Method Acting und Improvisationstheater und solchen Sachen war ich ja ein großer Fan. So was könnte ich nie. Die Leute waren für mich wirklich echte Profis.

Emma zog mich raus. Draußen fing sie an zu lachen, fiel mir um den Hals und sagte, das hätte ich klasse gemacht. Mir rutschte die Mütze vom Kopf und fiel auf die Straße. Keine Ahnung, was Emma so freute. Ich verstand nur, dass ich besser zu Hause geblieben wäre. Und mir in Ruhe die Haare gewaschen hätte.

Berlins Suche nach dem Sinn

Das Interesse an neuen Formen der Gruppentherapie, wie der Familienaufstellung oder innovativer Körperarbeit, mit deren Hilfe Energieblockaden gelöst werden sollen, ist groß in Berlin. Diejenigen, die praktizieren, erzählen von ihren Erfahrungen mit Yoga, Autogenem Training, Meditation, Buddhismus und spirituellen Sportarten wie Aikido und Tai Chi. Und alle, die es nicht interessiert, grinsen und tun das Ganze als »Eso-Gelaber« ab. Viele der Sektenskeptiker mochten die New-Age-Bewegung der 1980er-Jahre nicht, als plötzlich weißgekleidete Kalifornier aus New-Mexiko bei sich zu Hause in der Wüste Kontakt zu Ufos und Außerirdischen aufnahmen, unsere Vorstellung von Zeit für obsolet erklärten und statt Gemüse nur noch Sonnenlicht aßen. Heute verwenden viele Berliner, die von »Eso« sprechen, die Begriffe New Age und Esoterik mehr oder weniger synonym.

Der griechische Begriff »Esoterik« bezeichnet eigentlich Geheimlehren, hat aber längst einen Bedeutungswandel durchgemacht und umfasst heute psychologische Schulen und spirituelle Techniken, die für alle offen sind. Die große Vielfalt spiritueller Praktiken geht durch alle Kieze, vom eher studentischen Friedrichshain bis zum schicken Zehlendorf. Überall reges Interesse an Heilung und Gesundheit, Frieden und friedlichem Miteinander. Das bereichert Berlin.

Astrologie, Feng Shui, Aromatherapie, Seelenrückholung, Aura-Reinigung, Homöopathie und Schamanismus sind viel zu verschiedene Gebiete, als dass sie sich sinnvollerweise unter einen Begriff bringen ließen. Es gibt kaum eine Yogalehre, deren Technik man nicht in Berlin lernen könnte. Fast alle alternativen Heilmethoden, von Geistheilung bis Kinesiologie, werden in Berlin von erfahrenen

Praktizierenden angeboten. Das Angebot an spirituellen Praktiken ist europaweit einzigartig und zeigt, wie offen und dem Leben zugewandt die Stadt ist. Die sanft heilende und dabei ungeahnte Schöpferkraft freisetzende Mentaltechnik Theta Floating wurde vor wenigen Jahren in Berlin von Esther Kochte entwickelt und wird heute europaweit praktiziert und gelehrt.

Vielleicht kommt in der allgemeinen Praxisbegeisterung manchmal das Hintergrundwissen etwas zu kurz und bringt Skeptiker dazu, von »Fastfood für den Geist« zu sprechen. Doch der leere Hinweis auf »Unwissenschaftlichkeit« hat sich längst totgelaufen, denn im dritten Jahrtausend sprechen zunehmend mehr Physiker, Biologen und Hirnforscher ihrer Wissenschaftsdisziplin den Anspruch auf absolute Wahrheit ab. Zu vieles, das noch nicht wissenschaftlich bewiesen werden kann, ist in ihren Forschungsräumen inzwischen messbar und erfahrbar geworden.

Was für den einen richtig ist, kann für den anderen falsch sein. Wer bei Rückführungen regelmäßig einschläft, ist vielleicht anderswo besser aufgehoben. Viele sind auch der Meinung, sie hätten mit diesem Leben schon genug zu tun und interessieren sich wenig dafür, ob sie im vergangenen Leben Mann oder Frau, John Lennon, Coco Chanel oder Mozart waren.

Zum Vergnügen aller spirituellen Berliner hat Künstler Oliver Sturm einen Automaten gebastelt, der außergewöhnlich und bezaubernd ist. Der »Gebetomat« sieht von außen wie ein Fotoautomat aus, der er im vorherigen Leben auch war, und er funktioniert wie eine Musicbox. Nimmt man auf dem Hocker Platz, sitzt man vor einem Bildschirmmenü und kann zwischen 300 Texten in 65 Sprachen wählen. Christentum, Islam, Hinduismus, Judentum und Buddhismus stehen mit Gebeten und Mantras zur Auswahl. Lange stand der Gebetomat in der Arminius-Markthalle in Moabit. Heute reist er um die Welt. Seine Reiseroute kann auf www.gebetomat.de verfolgt werden.

Yoga in Berlin

Die Auswahl an Yogaschulen in Berlin ist einzigartig. Zur Orientierung sind hier einige Yogastile kurz erklärt:

Ashtanga ist ein dynamisches, kraftvolles Yoga, bei dem die Positionen über bestimmte Bewegungsabläufe verbunden werden.

Jivamukti ist, wie Ashtanga, eine der neun Stile des Hatha Yoga, die alle spirituelle Schulen sind und den Weg in den eigenen Körper als Weg zu Gott verstehen. Dabei handelt es sich um eine ebenso physische wie spirituelle Yoga-Art, bei der Wertevermittlung und ganzheitliches Denken grundlegend sind. Kurse gibt es zum Beispiel bei Jivamukti Yoga Berlin [Oranienstraße 25, Kreuzberg • www.jivamuktiberlin.de].

Die übrigen sieben Hatha-Yogastile sind: Iyengar, Viniyoga, Sivananda, Integral, Bikram, Kripalu und Kundalini. Beim **Iyengar**-Yoga werden für die unterschiedlichen Positionen Hilfsmittel wie Klötze, Gurte und Stützen eingesetzt, was älteren oder wenig gelenkigen Menschen hilft, die Positionen einzunehmen. **Bikram** wird auch »Hot Yoga« genannt, denn es findet in einem bis zu 40 Grad heißen Raum statt. **Power-Yoga** ist ein sportives und nicht spirituelles Yoga. Es verwendet die klassischen Stellungen, doch ohne Bezug zu Gott und nur, um die körperliche Ausdauer und die Muskulatur zu stärken.

★ Do it yourself ★

Berlins jährliches **Yogafestival**: Das große Yogafestival in Berlin findet jedes Jahr im Sommer statt. Selbst aus den USA und Australien kommen Yogalehrer und Musiker nach Berlin. Es gibt interessante

Vorträge (bei denen viel gelacht wird), bestes Essen, gemeinsames Chanten (wobei Gebete und Mantras gesungen werden) fröhliche Menschen und natürlich: Yoga around the clock.

▌ **Yogafestival** • www.yogafestival.de

Die Mandala Buchhandlung im Prenzlauer Berg und die Mondlicht Buchhandlung in Kreuzberg sind beliebte Treffpunkte der Berliner Spiri-Szene.

▌ **Mandala Buchhandlung** • Mo–Fr 10–18.30 Uhr, Sa 11–15 Uhr • Husemann-straße 27, Prenzlauer Berg • Tram: Husemannstraße • www.mandala-berlin.de

▌ **Mondlicht Buchhandlung** • Mo–Fr 10–19.30 Uhr, Sa 10.30–17 Uhr • Oranien-straße 14, Kreuzberg • Bus: Heinrichplatz • www.mondlicht-berlin.de

Am Telefon fragte Emma: »Hast du deine Gurke inzwischen aufgepumpt? Nicht? Dachte ich mir. Ede hätte ein Fahrrad für dich. Er sagt, du musst nur noch ein Schloss dafür kaufen, dann kannst du es haben.«

Ede ist Emmas bester und ältester Freund, der in der »Fahrrad-koppel«, Hufelandstraße 7 im Bötzowkiez arbeitet.

An meinem alten Fahrrad hatte ich mich halbtot gepumpt. Die Luft war nicht dringeblieben. Inzwischen hatten die Ringeltauben im Hof mir Sattel und Lenkerstange weiß getüncht. Emma gab mir Edes Nummer und am Nachmittag stand ich vor einem schweren, graugrünen Hollandrad aus der Charlestonzeit. Jahrzehnte unter freiem Himmel hatten dem Rahmen eine Patina aus Rostflecken und sprießenden Flechten verpasst. Ede nennt das alte Rad »die Holländerin«. Er hatte immer seine Freundin auf der Holländerin durch Berlin gegondelt. Jetzt wohnte Moni in Süddeutschland und die Holländerin war frei.

»Mach einen Ausflug bei dem schönen Wetter«, empfahl Ede. »Guck dir den Märchenbrunnen im Volkspark Friedrichshain an, das ist hier gleich um die Ecke. Danach kannst du in die Karl-Marx-Allee fahren, den Brunnen am Strausberger Platz anschauen.«

Ich drehte auf der Holländerin eine Proberunde durch die Hufe-landstraße. Erhebendes Gefühl. Ein Fuhrwerk von majestätischer Kraft, irgendwo zwischen einem Elefanten und einem Schützenpanzer. »Ist das Knacken schlimm?«, erkundigte ich mich.

Sorglos winkte Ede ab. »Rechts scheuert das Pedal am Rahmen, das hält aber noch ewig. Außerdem hört man dich so schon von weitem.« Was gut war, denn die Klingel ließ sich nicht mehr bewegen, die war festgerostet.

Bei bestem Berliner Wetter schaute ich mir den Märchenbrunnen im Volkspark an und fuhr weiter zum Brunnen am Strausberger Platz. Die Fontänen funkelten im Sonnenlicht. Die höchsten waren über 17 Meter hoch. Mir gelangen ein paar richtig gute Fotos. Gerade wollte ich auf der Holländerin Richtung Alexanderplatz zurückfahren, da fiel mein Blick auf eine Artischocke. Eine frische Artischocke lag sauber am Rand des Bürgersteigs. Jemand musste sie nach dem Einkaufen verloren haben. Ich stieg vom Rad und hob sie auf. Tadellos, keine Schmutzspur an den Blättern, eindeutig zu schade zum Wegwerfen. Gerade wollte ich meinen vitaminreichen Fund in der Tasche verstauen, da wies mich eine Stimme hinter mir zurecht.

»Lass sie da liegen! Das ist Street-Art, siehst du doch!« Die junge Frau mit neonfarbener Kuriertasche schaute mich kopfschüttelnd an, und weg war sie. Leicht geschockt legte ich die Artischocke aufs Pflaster zurück.

Sichtbare Spuren unsichtbarer Künstler

Die Artischocke am Strausberger Platz gab es wirklich. Objet trouvé eines unbekannten Künstlers, stand die distelartige Kulturpflanze – mit roten Johannisbeeren geschmückt! – an der Bürgersteigkante und versüßte einen Tag lang Fußgängern und Radfahrern die Wartezeit an der Ampel. Vielleicht als Wortspiel aus *art* und *shock*? Oder um zu zeigen, wie schön Alltägliches wird, das man aufmerksam ansieht?

Der Begriff lässt sich nicht eindeutschen. Das Wort »Straßenkunst« bezeichnet Musiker, Jongleure und Pantomimen, eventuell noch Straßenkünstler, die großformatige Kreidegemälde auf den Gehweg malen. Aber alles, was die Wände hochgeht, ist keine Straßenkunst mehr, sondern: Street-Art. Deren Künstler sind nicht bei der Arbeit zu bewundern. Sie sind anonym. Und unsichtbar.

Street-Art gehört zur Urban Art (Stadtkunst) und umfasst alle künstlerischen Ausdrucksformen, die für jeden in der Stadt frei zugänglich sind. Auf einfachstem Level gehören dazu die Tags der Crews (zum Beispiel »SW« für die Berliner Skywalker). Am anderen Ende der Skala rangieren Künstlerinnen wie Swoon (alias Caledonia Dance Curry) mit ihren exquisiten, spinnwebzarten Paste-ups (siehe Glossar am Ende des Kapitels).

Street-Art ist eine Absage an die Konsumgesellschaft. Inhaltlich antikapitalistisch, antifaschistisch, antiimperialistisch und antisexistisch, drücken die Künstler ihre Sehnsucht nach einem freien, selbstbestimmten Leben in der Stadt aus. Denn Berlin gehört allen, die hier leben. Street-Art erobert mit hintergründigem Humor und Sinn für Schönheit den öffentlichen Raum zurück, manchmal sehr politisch, manchmal romantisch, immer gekonnt. Mit der Wahl ihrer Mittel drücken die Künstler aus, dass man aus allem Kunst machen kann. Aus der Not wird Street-Art. Verzaubernd, kritisch und hellwach. Die Eroberung ganzer Häuserwände ist ein Gegenstatement zur großflächigen Werbung. Konzerne wie die Telekom besetzen in Berlin den öffentlichen Raum mit z. T. riesigen Werbeflächen, vor denen kein Blick geschützt ist. Dem setzen Street-Art Künstler die Zärtlichkeit des Entdeckens entgegen. Ihre Hunderte kleiner Spuren überall in der Stadt wertschätzen die Aufmerksamkeit des Betrachters, statt sie zu überwältigen.

Ruhm spielt eine Rolle. Doch Street-Art-Ruhm ist lautloser »Fame without face« und ein Gegenstatement zu den Egotrips des Promikults. Unsterblichkeit gibt es nicht. Aber es gibt den Augenblick, in dem jemand ein Street-Art-Bild entdeckt. Aus Augenblicken des Einklangs zwischen Künstler und Betrachter entsteht Berlin Bild für Bild über Nacht immer wieder neu. Suchen und Finden zwischen Gleichgesinnten, intim und öffentlich zugleich. Es ist ein Flirt der Subkultur mit Sehnsucht, Melancholie und Vergänglichkeit, um's mal wie in einem Stadtführer auszudrücken.

Neben London, New York City und Tokio gehört Berlin zu den berühmtesten Street-Art-Metropolen der Welt. Von der UNESCO ist die deutsche Hauptstadt 2006 zur »Stadt des Designs« gekürt worden. An Street-Art hat dabei wahrscheinlich keiner gedacht. Doch woran liegt es, dass es in Berlin mehr Street-Art als in jeder anderen deutschen Stadt gibt? Nach der Wiedervereinigung waren im Ostteil ganze Stadtteile verlassen. Die verwaisten Kieze und ihre leer stehenden Straßen zogen Künstler an. Subkultur entstand und hinterließ ihre Spuren an den Hauswänden. Selbst ein Vierteljahrhundert später stehen am Alexanderplatz noch DDR-Bauten leer und verfallen. Verwahrlosende Areale spiegeln das Leben in der Stadt und ziehen das wilde, kreative Potential der Street-Art-Künstler an.

Berlin ist bis heute unfertig und wird es noch lange, vielleicht immer, bleiben. Freiflächen wie die Cuvrystraße und ihre Zukunft lösen heftige Debatten aus. Wo es um Infragestellung von Profit und Kapitalinteressen geht, um Umgestaltung von offenem und öffentlichem Raum, um soziale Gerechtigkeit und das Recht auf Stadt, erscheint Street-Art auf Mauern und Hauswänden. Schöpferischer Ausdruck derjenigen, die im Kiez leben und nicht verplant werden wollen, zeigt sich Street-Art als Indikator der kreativen Vielfalt auf den Oberflächen des Kiezes.

Die großflächigen Mauerbilder entstanden in Mexiko City, wo sie *murales* heißen und der indigenen Bevölkerung, die größtenteils nicht lesen konnte, sozusagen anstelle von Flugblättern, in riesigen, bunten Bildern Mut zur Revolution und Hoffnung auf eine gerechtere Gesellschaft machen sollten.

Es gibt viel zu entdecken, wenn man nicht gerade mit hängendem Kopf durch Berlin läuft. Auf vielen Straßenschildern und an Ampelkreuzungen sitzen beispielsweise die »Kork-Yogis« von Josef Foos, inzwischen von anderen Künstlern abgewandelt und verändert nachgebaut. Wie Kastanienmännchen aus Korkscheiben werden die kleinen Figuren mit Schaschlikstäben zusammengesteckt. In ganz Berlin stehen und sitzen Kork-Yogis in originalen Yogastellungen (Asanas) hoch oben über den Straßen. Einige Exemplare haben schon mehrere Winter überstanden, ohne entdeckt und mitgenommen zu werden.

Street-Art hängt mittlerweile in Galerien. Die berühmteste ist open air, die **East-Side-Gallery**, gegenüber vom Ostbahnhof. Sie wurde 1990 mit damals etwa 100 Werken eröffnet. Aus 21 Ländern kamen 118 Künstler und malten ihre Visionen von Grenzen, Mauern und Freiheit.

▌**East-Side-Gallery** • Mühlenstraße zwischen Oberbaumbrücke und Ostbahnhof, Friedrichshain • U-Bahn: Warschauer Straße oder Schlesisches Tor, Bus: Oberbaumbrücke

Ein Streifzug durch die Höfe von **Haus Schwarzenberg** in Mitte neben den Hackeschen Höfen führt vielleicht zu einem Fenstersims, auf dem ein Trüppchen hartgekochter Eier mit Sonnenbrillen aus Pappe hockt. Die Treppenaufgänge und die Durchgänge zum Hinterhof zeigen noch das Berlin der späten 90er-Jahre. Urban Knit Art, etwa von Patera, findet man hier mit etwas Glück auch. Oder die Skalitzer Straße in Kreuzberg, Nähe Heinrichplatz.

▌**Haus Schwarzenberg** • Rosenthaler Straße 39, Mitte • S-Bahn: Hackescher Markt • www.haus-schwarzenberg.org

An den Brandschutzmauern um den **Postbahnhof** am Ostbahnhof kleben meterhohe Bilder. Berühmt geworden ist das »How long is now« auf der Brandschutzmauer des Tacheles in der Oranienburger Straße.

▌**Postbahnhof** • Straße der Pariser Kommune 8, Friedrichshain • S-Bahn: Ostbahnhof

Ein großes, gekratztes Wandbild ist in der Potsdamer Straße, Ecke Winterfeldtstraße zu sehen. In der Prenzlauer Allee, Ecke Grellstraße, sitzt ein Kork-Yogi auf dem Straßenschild. Auch bei der Neuen Nationalgalerie und neben der Standuhr am Bahnhof Potsdamer Platz sitzen die kleinen Männchen auf Straßenschildern (falls sie nicht inzwischen mitgenommen worden sind).

Gute Möglichkeiten für Erkundungsspaziergänge

U-Bahnhaltestelle Görlitzer Bahnhof aussteigen und durch die Mariannenstraße zum Heinrichplatz laufen. Der berühmte **Astronaut** bedeckt die ganze Brandschutzmauer. Durch die **Oranienstraße** weiterlaufen, in den 70er- und 80er-Jahren eine der politisch heißesten Straßen von Kreuzberg, wo immer viel Street Art zu sehen ist.

S-Bahnhaltestelle Hackescher Markt aussteigen und in die Hinterhöfe von **Haus Schwarzenberg** in der Rosenthaler Straße 39 gehen. Man wird überwältigt, versprochen. Außerdem kann man ins Treppenhaus schauen und in einem Street-Art-Laden stöbern [Neurotitan • 2. Hof im 1. OG • Mo–Sa 12–20 Uhr]. Unbedingt mit einem Besuch der hydraulikbetriebenen Stahlkreaturen von Hannes Heiner im Monsterkabinett verbinden. Kontakt über 030/30872573. Wer sich die East-Side-Gallery anschauen will und an der S-Bahnstation Ostbahnhof aussteigt, kann gegenüber vom Ostbahnhof an den Mauern des alten Postbahnhofs Wandbilder von Street Art Künstlern entdecken.

Techniken der Street-Art-Künstler

Graffiti ist Street-Art. Aber Street-Art ist mehr als Graffitis. In Berlin sieht man verschiedene Techniken und es kommen ständig neue dazu. Hier eine Auswahl der am häufigsten zu sehenden Techniken.

Stencils: Wandbilder, die durch eine Schablone gesprüht werden. Vorteil von *Stencils* ist, dass sie in Sekunden angebracht werden können.

Paste-ups: Auf meist sehr dünnes Papier gemalte Bilder, die ausgeschnitten und an die Wand geleimt oder gekleistert werden. Vorteil der Plakatiertechnik ist die »Mobilität« des Bildes. Street-Art Künstlerin Swoon verschickte *Paste-ups* von New York City nach Berlin mit der Post. Ihre fragil-filigranen Kunstwerke wurden dann in Berlin von Freunden angeklebt.

Stickerart: Aufkleber zu drucken kostet Geld. Die Gratis-Variante sind die Adressaufkleber der Deutschen Post. In Berlin werden sie mit Tags (dem Erkennungskürzel des Street-Art Künstlers) beschriftet, mit Edding bemalt oder mit *Scribbles* (schöne Kritzeleien) zu Kunstwerken gemacht.

Scratchiti: Damit sind nicht die Kratzereien mit dem Schlüssel an Fenstern von U-Bahnen und S-Bahnen gemeint. *Scratchiti* (aus *scratch,* engl. für »kratzen und -*iti* nach Graffiti) ist die Kunst, etwa eine ganze Brandschutzmauer mit einem einzigen, meterhoch ins Gemäuer gekratzten Porträt zu schmücken.

Tape-Art: Die atemberaubende Technik, mit nichts als Klebeband Bilder zu machen, die wie gemalt aussehen. Viele *Tape-Art*-Künstler verwenden billigstes Tape, etwa braunes Paketklebeband. Geknittert und gedreht erzeugt das Material optisch ähnliche Effekte wie Ölfarbe. Slava Ostapchenko schuf beeindruckende Bilder mit Verpackungsband. 2009 beklebte El Bocho für die Ausstellung Urban Affairs Extended das Stadtbad Wedding mit Klebeband und brach mit seinen Bildern den Weltrekord.

Urban Knitting: Das Umstricken von Pfählen und Pfosten zu farbenfrohen Wollkunstwerken. Die Strickereien werden natürlich nicht am Objekt »hochgestrickt«, sondern fertig mitgebracht und hinten zusammengenäht.

Roll-On-Technik: Die großflächigen Schriftzüge werden mit breiten Malerrollen auf Hauswände gemalt. Oft in etlichen Metern Höhe. Das geht entweder vom Dach aus »nach unten« oder mit z. T. mehreren aneinander befestigten Teleskopstangen.

31 Berlins Strich

Nach dem Aussehen meiner Sohlen und Absätze zu urteilen, musste Berlin das härteste Pflaster der Welt sein. Ich brachte meine Schuhe zu einem Schuster in der Nähe der Potsdamer Straße. Vor mir war eine Dame dran. Den Schuster hörte ich hinten im Laden. Als er nach vorne zurückkam, hielt er ein Paar Schuhe in den Händen, das mir den Atem verschlug. Es waren Stilettos, aber der Extraklasse: In den durchsichtigen, steilen Absätzen sah man echte Hundert-Dollar-Noten. Mit meinen blauen Mary Janes, kam ich mir daneben wie Alice im Wunderland vor.

»Wie hoch sind die?«, fragte ich bewundernd.

»Achtzehn Zentimeter«, sagte der Schuster. Sorgfältig polierte er die Absätze der Stilettos, bis sie schimmerten. »So hoch, wie Susanna als Domina über den Männern steht, stimmt's?«

»Was schulde ich dir?«, fragte die Dame vor mir. Es war ein stolzer Preis. Missbilligend zog Susanna die Stirn kraus.

Den Schuster schien das nicht zu beeindrucken. »Susanna, es war eine Menge Arbeit, die wieder hinzukriegen. Es ist nichts mehr zu sehen. Und das Geld kriegst du schnell wieder rein.«

»Alles mach ich aber auch nicht für Geld.«

Der Schuster schwieg diskret, aber mit kaum verhohlener Neugier. Die ich teilte. Was mochte es sein, das eine Prostituierte wie Susanna nicht zu tun bereit war? Die Geschichte hätte ich zu gern gehört.

Susanna tat uns den Gefallen. »Einer kam mal zu mir, der wollte von mir ›geschlachtet‹ werden«, erzählte sie und steckte sorgfältig ihr Wechselgeld weg.

»Geschlachtet werden? Was hat er denn damit gemeint?«, wollte der Schuster wissen.

»Hab ich ihn auch gefragt. Zur Antwort lief er auf allen Vieren durchs Zimmer. Dazu hat er gequiekt wie ein Ferkel.«

»Süß«, lachte ich.

»Süß? Der wollte, dass ich ihn mit eimerweise rotgefärbtem Wasser übergieße. Das sollte sein Blut sein. Also mich hat das so angeekelt, den habe ich rausgeschmissen. Mir wird heute noch schlecht, wenn ich an den denke. Und das nicht nur, weil ich Vegetarierin bin.«

Rotlicht auf Schritt und Tritt

Hamburg hat die Reeperbahn. Die sündige Meile von St. Pauli ist ein klassisches Rotlichtviertel. In Frankfurt am Main führt die Sehnsucht nach käuflicher Liebe ins Bahnhofsviertel. Ein so klar begrenztes Territorium käuflicher Liebe gibt es in Berlin nicht. Auch Sperrbezirke, wie sie die Spider Murphy Gang in *Rosie* besungen hat, hat die Hauptstadt keine. Seit dem Urteil des Europäischen Gerichtshofs aus dem Jahr 2001 gilt Prostitution als selbstständig ausgeübte Erwerbstätigkeit und ist damit legal. Die Prostituierten können sich hinstellen, wo sie wollen. Berlins bekannteste Sexmeilen sind zwischen Bülowstraße und Kurfürstenstraße, wo es schon seit etwa 1885 einen Straßenstrich gibt. Angeblich sollen in der schicken Gegend sogar Mitarbeiter der Berliner Stadtreinigung hin und wieder ihre Müllwagen in der Seitenstraße parken, um in den frühen Morgenstunden den Damen einen Besuch abzustatten. Im Bezirk Mitte wandelt sich die Oranienburger Straße nachts zum Straßenstrich, auf dem spektakulärste Lackstiefel mit endlos hohen Absätzen getragen werden. Auch in der Straße des 17. Juni stehen nach Einbruch der Dunkelheit Prostituierte am Straßenrand.

Der mondäne Ruf Berlins, von Kopf bis Fuß auf Liebe eingestellt zu sein, ist solide gewachsen. Schon in den 1920er-Jahren machten

Nacktänzerinnen an der Spree Furore. In den letzten Jahren breitet das horizontale Gewerbe sich mit rasender Geschwindigkeit in der ganzen Stadt aus. Die traditionellen Straßenstriche sind überfüllt. Viele Frauen aus Südosteuropa, die neu in Berlin sind, versuchen, sich mit Prostitution über Wasser zu halten und es ist klar, dass die Legalisierung der Prostitution diese Entwicklung vorausgesehen hat. Weil die Neuen die Preise in Dumpingbereiche drücken, werden sie für ihre deutschen Kolleginnen zum Ärgernis. Seit Stricherinnen in Wohngebieten auftauchen, wie in Buch, Weißensee und Hohenschönhausen, werden sie für die Anwohner zum Problem. Vom Glamour käuflicher Liebe bleibt da nur wenig übrig. Wenn die Dienstleistungen nur noch im parkenden Wagen der Freier erbracht werden können, ist der Lack eigentlich längst ab, sollte man meinen. Aber die Nachfrage bestätigt das Gegenteil.

Für käufliche Liebe werden in Berlin jährlich 300 Millionen Euro ausgegeben. Schätzungsweise 8.000 Prostituierte gibt es, von denen etwa 500 auf die Straßenstrichs gehen, während der Rest in den über 600 Bordellen, vom Schmuddelpuff im Hinterhaus bis zum Edelappartement im Grunewald, ihrem Gewerbe nachgeht. In Wirklichkeit sind diese Zahlen nur Anhaltspunkte. Denn in wie vielen Privatwohnungen unregistrierte Bordelle betrieben werden und wie hoch die Dunkelziffer bei den Prosituierten ist, weiß natürlich niemand.

Im dritten Jahrtausend verabreden sich viele Freier per App auf dem Smartphone mit Prostituierten. Die neue Situation der laufend neu auftauchenden Straßenstriche hat aber auch den Sportgeist angefacht. Man erfährt sozusagen aus der Zeitung, wo man noch überall hinfahren kann. Vielerorts findet die käufliche Liebe nicht nur im Auto statt, sondern auch in Hauseingängen. Für die Anwohner ist das ziemlich hart, vor allem wenn sie Kinder haben. Vor dem Hintergrund hat es nichts mehr mit gelebter Wirklichkeit zu tun, dass das Berliner Verwaltungsgericht die Prostitution für »nicht sittenwidrig« erklärt hat. Durch die Presse ging die Geschichte einer Prostituierten, die am helllichten Tag in der Nähe einer Kita im Auto des Freiers ihrem Gewerbe nachging. Von außen sah man das Auto schaukeln, und in dem Moment ging eine Mutter mit ihrem Kind vorbei. Das Kind wollte natürlich wissen, was mit dem Auto los sei. Schließlich machte das Auto von Mama und Papa nicht so komische Ruckelbewegungen. »Da spielen zwei Erwachsene. Große Leute spielen manchmal auch«, antwortete die Mutter geistesgegenwärtig.

Im Französischen Gymnasium in der Nähe des Lützowufers muss der Hausmeister auf dem Parkplatz morgens vor der ersten Stunde die Spuren der letzten Nacht entfernen. Geplant ist ein Zaun um das Gelände, doch der würde aus Denkmalschutzgründen sechsstellige Summen kosten, erklärt die Schulstadträtin von Mitte resigniert.

32   Berliner Tourismus

Mir fiel auf, dass ich zum fünften Mal versuchte, denselben Satz zu lesen. Nichts zu machen, ich konnte mich einfach nicht konzentrieren. Und glauben Sie nicht, dass ich mich etwa durch Karl Marx' *Kapital* quälte. Nein, das Buch konnte nichts dafür, dass ich dauernd steckenblieb. Es lag an etwas anderem. Alle paar Sekunden erschütterten das U-Bahn-Abteil die grellen Lachschreie einer Truppe bester Freundinnen. Doch was für die vier praller *Sex-and-the-City*-Appeal sein mochte, brachte die Fahrgäste und mich jedes mal an den Rand einer Panikattacke. Wie jeder moderne Großstädter versuchte ich, die anderen so sein zu lassen, wie sie waren. Hatte ich nicht gerade erst in einem Wissenschaftsmagazin gelesen, dass das Gehirn von Jugendlichen während der Pubertät zur Baustelle wird? Besonders im Kontrollzentrum, lokalisiert im Frontallappen des Großhirns und für die Steuerung von Impulsen und Emotionen zuständig, konnte es in der Backfischzeit vorübergehend zu Totalausfällen kommen. So einen bekam ich gerade live mit. Offenbar als neurochemische Kettenreaktion.

Eine der vier hielt ihr Smartphone hoch. Markerschütterndes Gelächter über irgendein peinlichstes Selfie der Welt. Ich klappte mein Buch zu und steckte es ein. Ein nett aussehender Typ mit Cordmütze und Hornbrille, der mir gegenüber saß, sagte: »Lesen in der U-Bahn wird immer schwieriger.«

Eine neue Lachsalve platzte explosionsartig. Ich hielt mir die Ohren zu und bedauerte, ohne meine eigenen Worte hören zu können: »Sich unterhalten auch!«

»Ob die wissen, dass es Menschen gibt, die jetzt auf dem Weg zur Arbeit sind? Zur Spätschicht zum Beispiel? Oder dass hier Leute sitzen, die den ganzen Tag arbeiten mussten und jetzt gern etwas Ruhe hätten?« Mein Sitznachbar war sauer. Dann las eins der Mädchen eine SMS vor, die es gerade bekommen hatte. Als Reaktion darauf ließen die anderen drei ein Geschrei vom Stapel, das selbst den stärksten Frontallappen in Stücke riss.

»Reicht es jetzt langsam mal?«, schrie der Typ mit der Cordmütze. »Euer Scheiß geht uns auf die Nerven, klar? Es gibt in Berlin auch Menschen, die gerade *nicht* die ZEIT IHRES LEBENS haben!«

Willkommen in Berlin – bei uns sind 12.498.301 Vergnügen offiziell erlaubt!

Die Broschüre von Visit Berlin beginnt mit der guten Nachricht: »Berlin ist die Stadt der Freiheit. Im Grunde dürfen Sie bei uns machen, was Sie wollen. Wir haben die in Berlin erlaubten Dinge einmal zusammengezählt: Insgesamt sind es 12.498.301 Sachen, die Sie bei uns tun können. Vom Tangotanzen im Bikini auf dem Ku'damm bis zum Schiller-Rezitieren um 3 Uhr nachts in der Kuno-Fischer-Straße.«

Die Hauptstadt lockt mehr Touristen an als Rom. Ob Rundgang durch den Reichstag, Trabi-Rallye oder Dirigent Simon Rattle, Berlin hat jedem so viel zu bieten, dass alle kommen wollen. Der Chef der Tourismusagentur Visit Berlin spricht von einem Nachholbedarf Berlins, das endlich ungeteilte Stadt und Metropole sein darf und dessen Tourismus deshalb hier und da ein bisschen über die Stränge schlägt. Aber Berlin ist als wiedervereinigte Stadt nicht nur volljährig, sondern schon über ein Vierteljahrhundert alt. Das sollte reichen, um erwachsen zu sein. Finden jedenfalls viele Anwohner.

Berlin ist eine harte Stadt. Darauf innerlich vorbereitet zu sein, ist empfehlenswert und kann einem viel Ärger ersparen. Berlintourist und Make-up Artist Jerry aus Los Angeles rät: »Wer sensibel oder verletzlich ist und möglicherweise noch einer bedrohten Minderheit angehört, sollte ein hartes Outfit wählen und damit signalisieren: »Kommt mir nicht zu nahe, Freunde!« Ruhig eine Lederjacke über Bluse und Blazer tragen. Die Augen hinter einer Sonnenbrille oder unter einer Mütze verbergen. Merke: Je geschlossener deine Oberfläche ist, desto sicherer bist du.«

Der Ansturm auf Berlin ist sechs- bis siebenstellig. 1,1 Millionen Gäste kamen allein im Sommermonat Juli 2014 in Berlin an, das waren 6,4 Prozent mehr als im Vorjahr. Hotels und Pensionen verbuchten während des Monats 2,8 Millionen Übernachtungen (6,5 Prozent mehr als im Vorjahr). Von den Besuchern kamen 619.000 Gäste aus dem Inland (7,9 Prozent mehr als im Vorjahr) und blieben durchschnittlich 2,4 Tage. Aus dem Ausland kamen 470.000 Gäste (4,6 Prozent mehr als im Vorjahr), die durchschnittlich 2,8 Tage blieben. Die knapp 800 Hotels und Pensionen hatten eine Auslastung von durchschnittlich 66,2 Prozent. Insgesamt verzeichnete das Touri-Jahr 2013 11,3 Millionen Besucher und 27 Millionen Übernachtungen. Unvorstellbar große Zahlen, und die Tendenz bleibt steigend. Für das Jahr 2016 rechnen Berliner Tourismusexperten mit 30 Millionen Übernachtungen.

»Berlin ist eine Stadt, die mal locker 500.000 bis eine Million Leute wegschluckt. Das haben wir zuletzt wieder bei der Fanmeile gesehen« Die Touristenströme müssten allerdings besser verteilt werden. Deshalb sei es wichtig, Besuchern, die öfter kommen, auch mal weniger bekannte Orte nahezulegen. Etwa die **Gärten der Welt in Marzahn**, die **Zitadelle in Spandau** und die heile Welt von **Köpenick**.

Wenn Visit Berlin mit der Zusage, es müsste ein Teil der Einnahmen aus der Touribranche wieder in die Infrastruktur reinvestiert werden, Hoffnung auf Sanierung im Straßenbau weckt und dann stattdessen von weiteren geplanten Toilettenhäuschen spricht, klingt das unfreiwillig ironisch. Für den Anfang hat Visit Berlin eine Broschüre mit Benimmtipps für Touristen herausgegeben. Verbandsgeschäftsführer Burkhard Kieker erklärt, die »freundlichen Hinweise« sollen die Besucher dafür sensibilisieren, »dass dort, wo sie feiern wollen, Berliner leben«.

Viele Neuzugezogene in Straßen wie der Simon-Dach-Straße in Friedrichshain oder im Graefekiez nahe dem Kreuzberger Landwehrkanal haben sich früher selbst noch als Touristen in die Gegend verliebt, in der sie heute wohnen – und wo sie nachts die Touris am liebsten vom offenen Fenster aus mit Tomaten bewerfen würden. Besonders angespannt ist die Lage an den Ufern der Admiralbrücke in Kreuzberg. Die ganze Nacht lang sitzen Weltenbummler auf der Brücke, lachen, klönen, trinken und zerschmeißen die Bierflaschen zum Leidwesen der Anwohner auf dem Pflaster. Auch in anderen Teilen Kreuzbergs sieht es nicht viel rosiger aus. Da ist es nur allzu verständlich, dass die berühmtberüchtigte Berliner Schnauze auch mal den Bereich unter der Gürtellinie erreicht. Vor allem, wenn bis Tagesanbruch auf der Straße gefeiert wird und dann in direktem Anschluss schon im Morgengrauen die ersten Trolleys übers Kopfsteinpflaster hoppeln. Da greift der Berliner zur Dose und sprayt sich den Zorn von der Leber. An Hauswänden in Neukölln tauchten Graffitis auf mit Texten wie »No more Rollkoffer«, »Touristen fisten«, »Berlin does not love you« oder in Mitte das Transparent »Refugees Welcome, Tourists piss off«.

Andere halten die Touris ebenfalls für blöd, protestieren aber nicht, sondern verstehen ein Geschäft draus zu machen. Bierbikes und ganze Touristenhorden auf Leihfahrrädern, Elektro-Rollern oder in knatternden Trabis vermehren sich explosionsartig. In Berlin boomt Feierindustrie á la Ballermann mit Biermeilen und organisierten Sauftouren. Saufen, wo die echten Berliner sind, lautet das Motto der Pub Crawler, die erst aufhören, wenn sie nur noch auf allen Vieren stehen können (engl. *crawl* – »krabbeln«). Auf den geführten Kneipentouren durch Kreuzberg muss in jeder Kneipe mindestens ein Bier getrunken werden. Die echten Berliner machen nicht mit, sondern nehmen Reißaus.

Ein beliebter Club für Touris ist das Berghain. Der Name setzt sich zusammen aus den Stadtteilen Kreuzberg und Friedrichshain. Die Besucher des weltberühmten Technoclubs bilden eine wilde Mischung aus eingefleischten, aufgepumpten Technowikingern,

Stammgästen – auch Bergheinis genannt – und zahlreichen Touristen. Wer stolz erzählt, dass er immer im Berghain feiern geht, outet sich schnell als Touri oder Schaumschläger, statt als waschechter Berliner.

Berlins Kultband Seeed sang schon vor zehn Jahren: »Die Massen sind jetzt da. Es hat sie niemand drum gebeten.« Andere Kulturschaffende sprechen von »rasanter Easy-Jet-Völkerwanderung« nach Berlin. Unter den Jüngeren ist die Stimmung offener und vielen ist es recht, dass man überall in der Stadt internationale Bekanntschaften schließen kann oder sich austauscht über alles, was nicht in den Zeitungen steht. Und so wie aus dem ersten Kuss echte Liebe werden kann, sind viele, die als Touris in die Stadt gekommen sind, nach ein paar Anläufen als Neuberliner dageblieben.

Berlin barrierefrei für Besucher mit Handicap

In der deutschen Hauptstadt leben knapp 600.000 Menschen mit einer körperlichen oder geistigen Behinderung. 350.000 von ihnen sind schwerbehindert (der Grad ihrer körperlichen Einschränkung liegt bei über 50 Prozent). Darauf hat die Stadt reagiert, jedenfalls dort, wo sie keine Baustelle mehr – oder noch nicht wieder – ist. Im ÖPNV sind Behinderte mit den Bussen am besten beraten. Außer der **Linie 218**, die als Touristen- und Ausflugsattraktion extra von einem Oldschool-Bus gefahren wird, sind alle Berliner Buslinien barrierefrei. Die Straßenbahnen sollen bis 2017 umgerüstet sein. Bislang sind 18 Linien barrierefrei, 5 noch nicht. Weniger erfolgreich schneiden im ÖPNV die Berliner U-Bahnhöfe ab. 100 sind barrierefrei, 73 noch nicht. Viele Berliner S-Bahnhöfe sind mit einem Fahrstuhl für Rollstuhlfahrer ausgerüstet, das gilt auch für Fernbahnhöfe wie Südkreuz oder Ostbahnhof. Fragen zur Anreise, zur Hilfe beim Ein- und Aussteigen und weiteren Details beantwortet die Mobilitätszentrale der Deutsche Bahn AG unter 0180 551 251 2.

★ Do it yourself ★

Hier die wichtigsten Tipps, wenn Sie in Berlin unterwegs sind:

Ganz wichtig: an bequeme Schuhe denken. Wenn es für den denkwürdigen Spaziergang durchs Brandenburger Tor unbedingt die neuen Riemchensandalen sein müssen, kein Problem. Dann aber ein zweites und gut eingelaufenes Paar Schuhe im Rucksack dabei haben. Nach Erkundung des Tiergartens und anschließendem Erklimmen der Siegessäule sind die Füße ein bis zwei Nummern größer als vorher (und Taxifahren wegen kaputter Füße geht ins Geld!).

Vertrauen ist gut. Realismus ist besser. Das bedeutet für Damen: Handtaschen gern unter der Jacke tragen, vor allem im Gewühl am Checkpoint Charlie und überall sonst, wo Schlange gestanden wird. Die Herren: Brieftaschen niemals in der hinteren Hosentasche transportieren. Steckt die Brieftasche sicher in der Innentasche des Jacketts, dann unbedingt dran denken, sie dort rechtzeitig rauszunehmen, ehe die Jacke im Straßencafé über eine Stuhllehne gehängt wird.

Berlin hat sehr viele Obdachlose und Drogenabhängige und anders als z. B. in Paris sieht man sie in der ganzen Stadt betteln. Das kann einen als Berlinbesucher erschrecken, ein schlechtes Gewissen machen, einen überfordern. Machen Sie sich von vornherein klar, dass Sie unmöglich jedem Bettler Geld geben können und wie Sie einen für sich passenden Umgang mit dem Problem finden können. Etwa, alle Münzen bis zwanzig Cent in der Manteltasche für Bettler zu sammeln. Oder sich vorzunehmen, dass man jeden Tag einem Bettler einen Euro gibt, aber es dabei auch bewenden lässt.

In Berlin ist die Polizei geschult, bürgernah, konfliktbegrenzend und freundlich zu sein. Wenn Sie einen Demonstrationszug oder eine abgesperrte Unfallstelle sehen und wissen wollen, was los ist, dann können Sie die Polizisten fragen. Spricht man sie sachlich, unaufgeregt und nicht sensationsheischend an, geben die Beamten einem die gewünschte Auskunft. Dasselbe gilt für telefonische Anfragen unter 110. Selbst wenn Sie nur wissen wollen, wie lange der Stau auf der Stadtautobahn noch dauert, können Sie den Notruf 110 anrufen, nach der zu erwartenden Wartezeit fragen und Sie erhalten Auskunft von der Polizei.

Zahlen Sie im Café, Restaurant oder der Bar gleich, wenn Sie es eilig haben. Vor allem während großer Festivals wie der Berlinale oder bei herrlichem Sonnenschein im Biergarten sparen Sie sich nerviges Warten, wenn Sie gleich zahlen, sobald ihre Bestellung Ihnen gebracht wird.

Fahren Sie nicht allein nach Berlin. Es macht mehr Spaß, seine Eindrücke miteinander zu teilen. Außerdem kriegt man zu zweit alles viel leichter in den Griff. Manchmal kommt man zum Beispiel um langes Warten nicht herum, etwa bei großen Ausstellungen, wenn man unter Umständen 2 Stunden in der Schlange vor dem Museum steht. Wenn man zu zweit ist, kann einer zwischendurch eine Stärkung holen, Coffee to go oder eine Bratwurst. Findet in der Regel sofort Nachahmer.

Nehmen Sie ein kleines Englischwörterbuch mit. Berlin ist eine internationale Stadt. Wenn Sie neue Bekannte aus den USA, Australien oder Israel kennenlernen, ist es doch nett, wenn man sich auch ein bisschen austauschen kann.

Führen Sie ein Reisetagebuch. Selbst wenn Sie nur stichwortartig im Kalender eintragen, was Sie wann gemacht haben. Später werden Sie sich darüber freuen.

Top Ten: Was man in Berlin besser lassen sollte

1 Nie ohne Linienplan der BVG losgehen (siehe *Geheimtipps zur Bewältigung des Berliner Nahverkehrs,* Seite 172).

2 Nie rumschlendern, ohne auf Hundehaufen zu achten (siehe ab Seite 262).

3 Nie in der U-Bahn/S-Bahn lärmen oder rumalbern (siehe ab Seite 229).

4 Nie im Café die Jacke über einen Stuhl hängen (siehe ab Seite 273).

5 Nie enge Schuhe anziehen (siehe Seite 234).

6 Nie einem Berliner widersprechen, wenn man weniger als die absolute Top-Retourkutsche in petto hat. (Welche das ist: siehe letzter Satz im Kapitel *Berliner Schnauze,* Seite 92.)

7 Nie mit Russen über Politik reden (siehe ab Seite 195).

8 Nie damit angeben, dass man im Berghain war (siehe ab Seite 229).

9 Nie einen Rollkoffer übers Straßenpflaster ziehen (siehe ab Seite 229).

10 Nie in Neukölln rennen (siehe ab Seite 111).

33 Berlin und die Wildnis

Vor meinem Haus hatten sie die Straße aufgerissen, um irgendwelche Rohre zu verlegen. Kaum waren sie damit durch, verging keine ganze Woche und eine andere Truppe riss die Straße an derselben Stelle noch mal auf. Diesmal, weil Kabel verlegt werden sollten. Warum das nicht alles in einem Aufwasch geht, kapiert kein Mensch. Jedenfalls hörte ich das Geratter der Presslufthämmer und dröhnenden Generatoren von morgens um sieben bis nachmittags um vier.

Und dann waren unter mir auch noch neue Mieter eingezogen. Meine Nachbarin glaubte, es müssten Schwaben sein, weil die die Wohnung angeblich nicht gemietet, sondern gekauft hatten. Als erstes hatten sie in allen fünf Zimmern und dem Flur die Dielen abgezogen. Eine Woche lang unter mir das schrille Sirren der Schleifmaschine, oft so laut, dass ich die Baustelle unten vor dem Haus nicht mehr hören konnte.

Irgendwann konnte ich nicht mehr und lud Lydia zum Cocktailtrinken in den Würgeengel ein, um mich bei ihr auszuheulen.

»Wenn ich die Nase voll von der Stadt habe, mache ich mit dem Auto einen Trip durch Brandenburg. Ist noch Happy Hour?« Lydia fasste nach meinem Handgelenk, warf einen Blick auf meine Armbanduhr und bestellte uns noch zwei Whiskey Sour.

»Brandenburg? Da leben doch nur Nazis«, sagte ich.

»Meinst du die ausländerfeindlichen Alkoholiker ohne Arbeit, die von Hartz IV leben?«, fragte Lydia.

Raus aus dem Großstadtstress

Vielerorts ist das große Bundesland rund um Berlin noch unbesiedelte Wildnis. Während die Einheimischen mit derselben Selbstverständlichkeit körbeweise Steinpilze zum Auto tragen als würden sie nicht vom Sammeln aus dem Wald kommen, sondern vom Einkaufen bei Edeka, ist der Stadtmensch aus Berlin sprachlos vor Staunen darüber, wie viel Naturschönheit sozusagen vor der Haustür liegt. In Schwärmen ziehen Kraniche und Wildgänse über die Felder der Prignitz. Sogar Schwäne kann man beobachten. Im Havelland ist es nachts so dunkel und der Sternenhimmel so klar, dass dort ein Gebiet zum offiziellen Darksky-Park erklärt wurde. Sehr zur Freude der Hobbyastronomen. Landwirtschaftlich dominieren in Brandenburg riesige Flächen, auf denen Mais zur Biogasgewinnung angebaut wird – mit verheerenden Folgen für den Boden. Die Pachtpreise, die Biogaskonzerne zahlen können, drängen nachhaltig wirtschaftende Bauern an den Rand. Die meisten Betreiber der Brandenburger Biohöfe sind im Laufe der Jahre Kämpfernaturen geworden. Das Aussehen der Höfe ist so romantisch wie in der guten alten Zeit, mit freilaufenden Hühnern und glücklichen Kühen, die auf den Weiden grasen. Die Höfe instandzuhalten und wirtschaftlich über die Runden zu kommen, ist dagegen ein knallhartes Geschäft ohne die kleinste Spur von Romantik.

Trotz der unvergleichlich schönen Landschaft ist Brandenburgs Image nicht das beste. In einen Satz gefasst: »Tolle Natur – aber überall Nazis.« Ist da was Wahres dran? Nicht viel.

Die Autorin hat in der brandenburgischen Prignitz gelebt und dabei festgestellt: Niemand hat so wenig Interesse an Ausflügen in die Naturlandschaft Brandenburgs wie die Brandenburger. Gelegentlich sieht man Senioren beim Nordic Walking. Aber Wandern oder Spazierengehen stoßen auf Verständnislosigkeit. Frische Luft ja, aber nur im eigenen Garten. Warum? Weil in Wald und Flur alles voll von fahnenschwingenden, Marschlieder grölenden Rechtsradikalen ist? Nein. In Brandenburg leben viele ältere Menschen – was natürlich damit zusammenhängt, dass die jüngeren Jahrgänge keine Arbeit finden. Einen Schrebergarten zu haben, der sie mit Obst und Gemüse versorgt, und ein paar Hühner zu halten reicht ihnen vollkommen.

Bei den Rechtsradikalen in Brandenburgs Dörfern handelt es sich zum überwiegenden Teil um junge, arbeitslose Alkoholiker. Geld haben sie wenig bis gar keins und getrunken wird in den allermeisten Fällen zu Hause vor dem Fernseher. Weil es am wenigsten kostet. Auf dörflichen Veranstaltungen wie beispielsweise Feuerwehrfesten kommt es gelegentlich zu Aufmärschen. Und es stimmt auch, dass sich die Polizei – falls sie überhaupt jemand holt – anscheinend sehr viel Zeit mit dem Kommen lässt, wenn ein Flüchtlingsheim überfallen wird. Für Flüchtlinge und Asylsuchende ist und bleibt Brandenburg, wie viele andere Ecken Deutschlands auch, ein Albtraum. Mit Sicherheit. Sich aber die Rechtsradikalen als gewaltbereite Wegelagerer oder auf den Dorfstraßen herumziehende Schlägertrupps vorzustellen, entspricht nicht im Entferntesten der Realität. Die Dorfstraßen Brandenburgs sind menschenleer, die schönen alten Villen und Schlösser verfallen und außer mitunter abenteuerlich holprigen Straßen müssen Ausflügler mit keiner Gefahr für Leib und Leben rechnen.

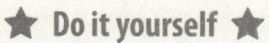

Ein Tag durch Brandenburg

Jeder der folgenden acht Vorschläge für Ausflüge ins Brandenburgische kann bequem an einem Tag geschafft werden. Es ist aber auch kein Problem, private Übernachtungsmöglichkeiten zu finden. Viele Brandenburger bieten im eigenen Haus preisgünstig Bed and Breakfast für Gäste. Auf diese Weise kann man den Ausflug aufs ganze Wochenende ausdehnen, kommt mit der Urbevölkerung ins Gespräch und lernt noch ein bisschen was über die Gegend um Berlin.

Vorschlag 1 – Der Birnengarten von Schloss Ribbeck

50 Kilometer Entfernung von Berlin

Schloss, Restaurant und Park täglich 10–18 Uhr, das Museum 10–17 Uhr. Führungen täglich 13 Uhr • Theodor-Fontane-Straße 10, 14641 Nauen, OT Ribbeck • Mit dem Pkw auf der B 5 bis Ribbeck • 033237/8590-0 • www.schlossribbeck.de

Den kinderlieben Birnenonkel gab's wirklich. Als Hans Georg von Ribbeck 1759 starb, ließ er sich zur letzten Reise eine Birne ins Grab legen. So lautet die 1887 von Karl Eduard Haase veröffentlichte Sage, nach der Fontane seinen Ribbeck auf *Ribbeck im Havelland* verfasste. In seinem Schatten gerieten die Werke unbekannter Birnenbarden in Vergessenheit. Dabei sind sie wirklich lustig zu lesen.

In der Ribbeckfamilie wurden schon lange vor Fontane märkisch-markige Birnenverse geschmiedet. So marschiert der berühmte Vorfahr bei Hertha von Witzleben in zackigen Jamben auf:

In allen Kleidertaschen er Birnen, Äpfel hat
gab stets mit beiden Händen, gab gern, genug und satt.
Und als er kam zu sterben, man in den Sarg ihn legt,
denkt nicht an seine Taschen, darin er Birnen trägt.
Im Herbst viel kleine Birnen der Baum streut auf den Sand,
und heut noch greift mit Jubel danach der Kinder Hand.
Die Abendschatten sanken hernieder allgemach,
da ward in meiner Seele die alte Sage wach.

Als der Birnbaum 1911 in einer stürmischen Nacht vom Sturm gefällt wurde, inspirierte dies Olga von Ribbeck zu einem wehmütigen Nachruf:

Jahrzehnte kommen, Jahrzehnte die gehen,
alljährlich ist leise das Wunder geschehen,
dass Frühling und Herbst in schaffender Macht
die Blütenfülle und Birnen gebracht;
da stürzte der traute Birnbaumgreis,
von Kindern und Großen betrauert so heiß;
sein stilles Segnen mit aller Kraft
hat ihm viel warme Freunde geschafft.

Ein Stück Stamm des historischen Birnbaums steht in der Kirche. Zuletzt schmetterte Pfarrer Karl Boelcke aus Ribbeck 1932 sein Vanitas der weichen Birne:

Geschlechte auf Geschlecht in Ribbeck verging,
der Birnbaum wurde alt, die Birnen gering,
ja so voller bitterer Bitternis,
dass kein Kind mehr gern in die Kodden biß,
dass auch im Strumpf das größte Loch
vor ihrer Säuernis zusammen sich zog.

Vorschlag 2 – Das Brecht-Weigel-Haus

53 Kilometer Entfernung von Berlin
April–Okt. Mi–Fr 13–17 Uhr, Sa, So, feiertags 13–18 Uhr; Nov.–März Mi –Fr 10–12 und 13–16 Uhr, Sa, So 11–16 Uhr • Bertolt-Brecht-Straße 30, 15377 Buckow (Märkische Schweiz) • Mit dem Pkw auf der B 1 bis Müncheberg, B 168 Richtung Eberswalde, nach Waldsieversdorf rechts ab bis Buckow • 033433/467 • www.brechtweigelhaus.de

»Das kleine Haus unter Bäumen«, in dem er mit Helene Weigel lebte, besingt Brecht in den *Buckower Elegien.* Der Dichter kam 1948 in die Sowjetisch besetzte Zone (SBZ) und wurde glänzend empfangen. 1952 zog er mit seiner Frau Helene Weigel ins gar nicht so kleine Haus unter Bäumen am Schermützelsee, das die beiden zu ihrem Sommersitz machten. Bert Brecht war Zeitzeuge der Weimarer Republik und der Weltwirtschaftskrise gewesen, die zu Massenarbeitslosigkeit und schließlich zum Faschismus führten. Der visionäre Dramatiker hielt nach dem Zweiten Weltkrieg den Beginn einer tiefgreifenden, gesellschaftlichen Erneuerung für gekommen. Sein Theater sollte ein Beitrag zur Revolution werden. Brecht war Marxist und fest von der kommunistischen Gesellschaftsordnung überzeugt. Seine Radikalität ging jedoch selbst den Funktionären der KPD zu weit. Der marxistische Dichter, der selbst nie der KPD beitrat, wurde vom Führungskader als »dekadent« eingestuft. Für Brecht riss eine Kluft zwischen Kommunismus einerseits und kommunistischen Machthabern andererseits auf. Nach dem Arbeiteraufstand vom 17. Juni 1953 schrieb der Dichter in den *Buckower Elegien* sein Gedicht *Die Lösung* mit der berühmten Schlusszeile: »Wäre es da nicht doch einfacher, die Regierung löste das Volk auf und wählte ein anderes?«

1929 heiraten Weigel und Brecht, im darauffolgenden Jahr wurde ihre Tochter Barbara geboren. Die Ehe war weniger glücklich als die berufliche Zusammenarbeit. In Helene Weigel fand Brecht eine Künstlerin, die durch ihr ausdrucksstarkes Gesicht, ihre sanfte Stimme und feine Körpersprache seine Frauenfiguren weltberühmt machte. Theaterkritiker Alfred Kerr schrieb über sie: »Frau Weigel, Marketenderin, tut sich hervor: durch einen festen Dauerschrei; straffes Gegell; Peitschenton; Schenkelprofil; Prallsprung. Wacker.« Im Berliner Ensemble (BE) zog Helene Weigel in ihrer Paraderolle als »Mutter Courage« den legendären Karren über die Bühne, der heute im Gartenhaus des Brecht-Weigel-Hauses als Prunkstück ausgestellt ist.

Vorschlag 3 – Das John-Heartfield-Haus

54 Kilometer Entfernung von Berlin
▌Mai–Okt. Fr–So 13–18 Uhr • Eintritt kostenlos, Spenden erbeten • Schwarzer Weg 12, 15377 Waldsieversdorf • Mit dem Pkw auf der B1 bis Müncheberg, weiter auf der B 168 nach Waldsieversdorf • www.heartfield.de

Beim Meister der Montagekunst. Aus Protest gegen das Kriegsge-schrei »Gott strafe England!«, änderte Helmut Herzfelde seinen Namen in John Heartfield. Er betrachtete seine revolutionären Fo-tomontagen als Waffe gegen Krieg, Spießertum und Überheblich-keit. Den Bruder, Wieland Herzfelde, Gründer des Malik-Verlags, nannte George Grosz anerkennend den »Dada-Motor«, dessen provokante Arbeit »über einfache Klebekunststücke hinausging«. Heartfield entwickelte aus Collagetechnik und einer kühnen Ty-pografie seinen Stil und ließ beredte Zeichen seiner schrecklichen Zeit sprechen. Schwarze Zeigefinger etwa, gekreuzte Knochen oder ein Kindersarg treten wie Lettern aus den Montagen hervor. Es lag ein Stück Zeitgeist darin: So zerstückelt war die Welt. Die Colla-gen vermitteln durch simultanistische Darstellung den Eindruck chaotischer Gleichzeitigkeit einer aus den Fugen geratenen »Welt-sekunde«.

Die Zeitschrift *Neue Jugend,* herausgegeben von Franz Jung, er-schien im Großformat wie die Londoner *Times.* Im Jahr 1917 war das ein unvorstellbar waghalsiges Projekt. Nicht nur wegen der Pa-pierbeschränkung, sondern vor allem wegen der Gefahr, mit op-positionellen Schriften gefasst zu werden. Trotzdem erschienen die Ausgaben, bald in Vier-Farben-Druck, bald auf schwarzem Papier mit weißer Schrift. Die Zeitschrift hatte keine Lizenz und keine echte Verlagsadresse. Drucker und Polizei mussten getäuscht, ge-druckte Exemplare binnen Stundenfrist verkauft sein. Heartfield trug die *Neue Jugend* an die größten Kioske, wo sie reißend weg-gingen. Im Sommer 1950 verließ Heartfield sein Exil in England und zog mit seiner Frau in die DDR. Als John Heartfield aus ge-sundheitlichen Gründen Berlin verlassen wollte, empfahl ihm Ber-tolt Brecht den Umzug ins ruhige Waldsieversdorf. 1957 baute sich der Künstler dort ein Sommerhaus, das seit 2008 vom Freundes-kreis Heartfield-Waldsieversdorf gepflegt und für Besucher geöff-net wird.

Vorschlag 4 – Der Ziegeleipark Mildenberg

58 Kilometer Entfernung von Berlin

▌ Ende März–Okt. täglich 10–18 Uhr • Erwachsene 8 €, Kinder 4 € • Ziegelei 10, 16792 Zehdenick, OT Mildenberg • Mit dem Pkw auf der B 96 bis Altlüdersdorf über Zabelsdorf, Ribbeck nach Mildenberg • www.ziegeleipark.de • 03307/310410

Der Fußboden vor dem Ofen wurde so heiß, dass Schuhsohlen aus Gummi darauf geschmolzen wären. In Holzschuhen »beschickten« die Arbeiter den riesigen Ringofen mit Tonziegeln, die bei wahnsinnigen 980 Grad Celsius gebrannt wurden. Rund um die Uhr wurde in atemversengender Hitze geschuftet. Auf dem Höhepunkt der Produktion stieß die Ziegelei in einem einzigen Jahr 625 Millionen gelbliche Ziegel aus.

Der Hoffmannsche Ringofen (1859 von Baumeister F. E. Hoffmann patentiert) lieferte Ziegel in nie geahnter Menge und Qualität. Als in Brandenburg beim Bau einer Eisenbahnstrecke enorme Tonvorkommen zutage kamen, ging die Produktion an den Start. Auf Schiffen wurden die Ziegel nach Berlin geschafft, das damals einen explosiven Bauboom erlebte. Aus dieser Zeit stammt der Spruch: »Berlin ist aus dem Kahn gebaut.«

Heute steht der Ringofen schaurig und stylish da wie eine superedle Location des gehoben morbiden Geschmacks. Ausgerüstet mit einem neonweiß leuchtenden Kunstziegel als Taschenlampe in der Hand, zieht es den Besucher unwiderstehlich in die dunklen, kalten Brennkammern. Eine Klanginstallation erinnert kunstvoll und unheimlich an die historische Soundkulisse des arbeitenden Ringofens und der Maschinen. Lichtprojektionen an den Wänden locken den gebannt irrlichternden Besucher in ein Labyrinth gespenstischer Entdeckungen.

Auf dem Gelände gibt es tolles Programm für die ganze Familie. In einer originalen Ziegeleibahn fährt man auf den alten Gleisen durch die Industrieanlage und staunt, wie immens groß sie ist. Dampflokfans kommen auf der Fahrt durch die historische Tonstichlandschaft auf ihre Kosten. Erwähnt seien auch die Handwerkertage, bei denen »im Handstrichverfahren« die Besucher ihren eigenen Ziegel herstellen können. Eine Glückszahl, ein besonderes Datum oder Namen können von Hand hineingraviert werden. Jeder Ziegel wird gebrannt und ist danach so fest und haltbar »wie gekauft«.

Vorschlag 5 – Der Bonsaigarten

60 Kilometer Entfernung von Berlin
▌ April–Okt. Di–So, feiertags 10–18 Uhr • Erwachsene 4 €, Kinder 2 € •
Fercher Straße 61, 14548 Schwielowsee, OT Ferch • Mit dem Pkw auf den Berliner Ring (A 10) bis Ausfahrt Ferch • www.bonsai-haus.de • 033209/72161 und 208904

Japan finden in Brandenburg. Auf seiner Studienreise ins Land des Lächelns hat ihn die Begeisterung für Japans Gartenkunst gepackt und nie mehr losgelassen, erzählt Tilo Gragert. In Ferch hat der Gartenbaukünstler eine vollkommene Oase japanischer Schönheit zum Leben erweckt. Während im Frühjahr Azaleen in leuchtenden Farben blühen, taucht zum Herbst das Laub der Ahornbäume den perfekt gepflegten Zengarten in strahlendes Rot. Ein Rundweg führt an stillen Teichanlagen vorbei zum japanischen Pavillon. Im Vorbeigehen kommt man an Bonsaibäumchen vorbei, von denen einige 180 Jahre alt sind.

Oft kommen Kindergruppen. Kleine Menschen mögen den Garten mit den winzigen Bäumchen. Es ist ein Spaziergang durch eine neue Welt. Man bekommt eine Ahnung davon, wie viel Weisheit hinter der Gartenkunst Japans steckt. Die Harmonie überträgt sich spürbar, der Aufenthalt im Garten wird zur Meditation, weckt die Sinne und sensibilisiert den Blick. Auf flachen kreisrunden Steinen spazieren die Besucher über den Koi-Teich. Manchmal sind die Goldkarpfen nicht zu sehen. Am frühen Vormittag halten sie sich tiefer im Wasser auf. So lange, bis der Reiher, der morgens seine Runde dreht, weitergeflogen ist.

Zum japanischen Bonsaigarten gehört ein Teehaus. Ausgeschenkt und verkauft werden erlesene Teesorten aus den besten Anbaugebieten der Welt. Bonsaischalen sowie Werkzeug und Zubehör zur Pflege der Miniaturbäume werden angeboten. Wer einen Bonsai kaufen möchte oder mehr über die Pflege der kleinen Bäume wissen will, kann sich an den Inhaber wenden. Tilo Gragert bietet Seminare an, in denen die Teilnehmer vieles über die Geheimnisse der Bonsaizucht erfahren. Auch Pro 7 hat schon im japanischen Garten einen Film über Bonsai gedreht. Und der rbb zählt den Bonsaigarten, der bereits für den brandenburgischen Tourismuspreis nominiert wurde, zu den 30 schönsten Ausflugszielen von Brandenburg.

Vorschlag 6 – Der Zentrale Gefechtsstand (ZGS) 14

76 Kilometer Entfernung von Berlin

▌Führungen in der Regel Sa 10 Uhr (oder auf Anfrage) • Erwachsene 18 €, Kinder 6–17 Jahre 1 € pro Lebensjahr • Am Fuchsbau 8a, 15526 Bad Saarow, OT Petersdorf • Mit dem Pkw auf der A 12 bis Ausfahrt Fürstenwalde-West, auf der Landstraße Richtung Bad Saarow bis Petersdorf • www.bunkeranlage-fuchsbau.de • 0174/4863724

Englands Geheimdienst blieb bei der Führung durch die Anlage die Spucke weg. Besuchern wird es während der mehrstündigen und ausgezeichnet erklärten Besichtigung genauso gehen. Der Zentrale Gefechtsstand ZGS 14 war *auch* ein Bunker. So wie das Raketenstartgelände Cape Canaveral *auch* eine Insel vor der Küste Floridas ist, nur war er eben noch viel, viel mehr. Im Kriegsfall sollte im Fuchsbau keine Zivilbevölkerung untergebracht werden. Sondern es galt, einen Militärstützpunkt von enormer Bedeutung möglichst unbeschadet durch den Krieg zu bringen. Mit Hilfe von »Betriebsweise 2« im Kriegsfall, »Betriebsweise 3« nach einem atomaren Angriff und »Betriebsweise 3a« bei Napalmeinsatz verwandelte sich der Gefechtsstand in einen Bunker, um die Belegschaft am Leben zu erhalten. Außer einem kleinen Kreis Eingeweihter wusste so gut wie niemand, dass sich hinter der Tarnbezeichnung Raduga (russ. »Regenbogen«) etwas völlig anderes als das offiziell so bezeichnete Forschungszentrum verbarg.

Zutritt zu der unterirdischen, über 9.000 Quadratmeter großen, hochtechnisierten Anlage, die kleinstadtkompatible zwei Megawatt Leistung brachte, hatten nur diejenigen, die von hier aus den gesamten Luftraum der DDR überwachten. Im Dauereinsatz, 24 Stunden, sieben Tage die Woche. Zwei von ihnen sind der heutige Museumsleiter und ehemaliger Offizier Hans-Joachim Pötzsch, der unmittelbar dem Hauptgefechtsstand des Warschauer Vertrages in Minsk unterstand, und seine Frau. Wer im ZGS 14 Dienst hatte, war bei Alarm in drei Minuten am Arbeitsplatz. Beide Systeme provozierten sich gegenseitig, indem sie – so nah es ging – an die Grenze des anderen heranflogen.

Etwa zehn- bis zwölfmal wöchentlich, oft zur Mittagszeit, kamen Überschallflugzeuge der BRD angerast. Dann konnte keiner essen, in drei Minuten war jeder einsatzbereit. »Hunger macht böse, das wussten die genau«, erinnert sich der Museumsleiter. Erich Honecker gehörte nicht zu den prominenten Besuchern des ZGS 14. Dafür war Richard von Weizsäcker da. Die kenntnisreichsten Fragen stellte eine Gruppe britischer Geheimdienstmitarbeiter, die sich 2007 total perplex durch den Fuchsbau führen ließen und alles ganz genau erklärt haben wollte.

Vorschlag 7 – Die Burg Rabenstein

92 Kilometer Entfernung von Berlin
▌Zur Burg 49, 14823 Rabenstein/Fläming OT Raben • Mit dem Pkw auf der A 9 bis Ausfahrt Klein-Marzehns, rechts ab Richtung Raben, rechts ab zur Burg Rabenstein • www.burgrabenstein.de • 033848/60221

Keine Lust mehr auf Spielplatz, Kita und Kinderkanal? Ist der Badesee veralgt und ins Grüne fahren langweilig, weil die Action fehlt? Wie wär's mit einer riesigen mittelalterlichen Burg, in der man herrlich Verstecken spielen und rumrennen kann? Wo es keine Autos und keinen Straßenverkehr gibt, aber einen Rittersaal und eine schrecklich unheimliche originale Folterkammer? Außerdem weiß der Burgherr, wo das Gespenst der Traurigen Rosemarie unerlöst herumspukt, und eine echte Ritterrüstung zum Anfassen zeigt er den Besuchern auch (die steht gleich neben der Folterkammer).

Heilberufe, Kräuterkunde und Religionsfreiheit sind inzwischen staatlich anerkannt und das Mittelalter hat wieder Hochkonjunktur. Auf Burg Rabenstein gibt es Ostern Turniere echter Ritter in Harnisch und zu Pferde, die mit Schwert und Lanze kämpfen wie zu König Artus' Zeiten. Ein Publikumsmagnet sind die großen Mittelaltermärkte, bei denen Gaukler, Schausteller, Sänger und Tänzer ihre Zuschauer verzaubern und wohlfeile Waren angeboten werden. Mehrmals im Jahr spielen Bands mittelalterliche Musik, oft auf Instrumenten und in Kostümen aus der alten Zeit.

Zur Burg Rabenstein gehört auch eine echte Falknerei. Jeden Freitag führt der Burgfalkner den Gästen Flugkunststücke seiner Falken vor und erzählt dabei viel Interessantes über Brandenburgs wilde Greifvögel. Am Samstag wird im uralten Backhaus Rabenstein knuspriges Landbrot nach alter Rezeptur im Holzofen gebacken. Die Burgküche serviert täglich gute rustikale Mahlzeiten, schmackofatzige Kinderteller und hausgemachten Kuchen. Wenn es trocken ist, wird im Burghof unter freiem Himmel serviert. Keine Lust mehr, nach Hause zu fahren? *No problem:* Wer eigenes Bettzeug mitbringt, kann für 20 Euro in einem der kleinen Herbergszimmer übernachten – Frühstück und »Kaffee satt« inklusive. Bitte vorher telefonisch anmelden.

Vorschlag 8 – Der Mittelpunkt der DDR

105 Kilometer Entfernung von Berlin

▌ Führung mit Klaus Nichelmann vom Verein Pro Belzig e. V. Die Führungen finden alle nach Vereinbarung mit Herrn Nichelmann statt und die Preise beruhen auf Spendenbasis. Interessenten möchten bitte Herrn Nichelmann anrufen und einen

Termin vereinbaren. • 14806 Bad Belzig, OT Weitzgrund • Mit dem Pkw auf der A 9 bis Ausfahrt Niemegk, weiter auf der B102 bis Bad Belzig und über Verlorenwasser bis Weitzgrund • 033841/42361

Mitten im Weitzgrund, hinter einem Ort mit dem melancholischen Namen Verlorenwasser, liegt der Mittelpunkt der DDR. An Christi Himmelfahrt, dem »Herrentag« der BRD und »Männertag« der DDR, ist jedes Jahr schwer was los. Offiziell dauert das gesamtdeutsche Volksfest fünf Stunden, getreu dem Motto: »Von elf bis vier, nicht nur Ossis hier!« Danach sollen Rabe, Fuchs und Hase wieder ihre Ruhe haben. »Aber ich kann ja die Leute nicht aus dem Wald rausschmeißen!«, grinst Herr Nichelmann vom Verein Pro Belzig e.V. Den »Mittelpunktsgeist«, Nichelmanns erstklassigen Obstbrand, dreht man um den Mittelpunkt der DDR, bevor man ihn auf Ex trinkt. Danach kann sich jeder urkundlich bestätigen lassen, am Mittelpunkt der DDR gewesen zu sein. Ein kurioses Souvenir ist auch die Findlingskerze des Vereins Pro Belzig, die dem dreieinhalb Tonnen schweren Pro-Belzig-Findling am Mittelpunkt maßstabgetreu nachgebildet ist. Durch das Engagement des Vereins ist Belzig der Kreissitz von Potsdam-Mittelmark geworden.

Den »Mittelmann«, die weithin sichtbare Erkennungsmarke des Ortes, hat Bernd Schulze von der nahegelegenen Gaststätte Hirschtränke in Verlorenwasser mit der Kettensäge aus einem Kiefernstamm geschnitzt. Im hinteren Pavillon sind Granitplatten mit den Umrissen Deutschlands und Mitteleuropas in den Boden eingelassen. Die Bolzen wurden in einer feierlichen Zeremonie vom Bürgermeister des jeweiligen Ortes eingeschlagen: Niederdorla in Thüringen ist Mittelpunkt der neuen BRD, Herbstein in Hessen war Mittelpunkt der ehemaligen BRD. Im oberpfälzischen Flossenbürg liegt der Mittelpunkt Mitteleuropas.

Meine neue Bekannte, Stadtmagazinreporterin Lydia, war zu einer Cocktailparty im Prenzlauer Berg eingeladen.

»Künstler und so«, sagte Lydia. »Willst du mit? Könnte nett werden.«

»Soll man was mitbringen?«, fragte ich.

»Sicherheitshalber Eis«, sagte Lydia. »Ich hol vorher einen Sack Crushed Ice von Kaiser's. Das kannst du ja auch machen, wär gut. Ich trink meinen Gin Tonic nicht so gern handwarm.«

»Haben die kein Gefrierfach?« Wieso sollte man Eis mitbringen? Ich hatte eher an eine Flasche Sekt gedacht.

»Vielleicht haben sie eins«, sagte Lydia. »Aber das heißt dann noch lange nicht, dass Eis drin ist. Kann auch sein, dass Gaby ihre Schuhe da reinstellt.«

Ich hatte von Frauen gehört, die ihre Kaschmirpullover im Eisfach hatten, um ein für allemal das Mottenproblem aus der Welt zu schaffen. Und ich wusste, dass viele im Sommer ihre Lippenstifte wegen der Hitze im Kühlschrank aufbewahrten. Filmrollen wurden auch kühl gelagert. Aber Schuhe?

»Wieso stellt die ihre Schuhe ins Eisfach, Lydia? Heißt das, Eis ist gut fürs Leder?«

»Eis ist nicht gut fürs Leder. Warum sollte Eis gut fürs Leder sein?«

»Warum stellt die dann ihre Schuhe da rein?«

»Weil der Gefrierschrank nicht funktioniert, zum Beispiel?«

»Kann man den nicht reparieren?«

»Ich fürchte«, lachte Lydia, »die Garantie könnte abgelaufen sein. Falls du verstehst, was ich meine, hehe.«

Es stellte sich zweierlei heraus: Gastgeberin Gaby, Medienkünstlerin Mitte dreißig, war ausgesprochen sympathisch. Und: Lydia hatte den richtigen Riecher gehabt. Unsere Eissäcke wurden euphorisch bejubelt.

Ich warf einen Blick in die Küche. Ein kleines Buffet, bestehend aus Tortillachips und Guacamole. Auf dem Eisschrank standen Lautsprecher. Die Tür war offen. In den oberen Fächern standen CDs, unten eine kleine Stereoanlage.

»Den Kühlschrank hab ich von unten mit hochgebracht«, sagte Gaby. »Ist doch praktisch, oder?«

»Wie – von unten?«, fragte ich ratlos.

»Der stand vorm Haus. Komm rein, setz dich!«

Sie platzierte mich auf einem Sofa, auf dem schon zwei Gäste saßen. Als sie beiseite rückten, um mich zwischen sich zu lassen, rutschte Gabys bunte Batikdecke herunter. Zum Vorschein kamen eine dunkel-speckige Sofalehne und mehrere große, dunkle Flecken auf dem Sitzpolster.

»Oh«, sagte ich. »Da ist wohl mal was umgekippt?«

»Die waren schon drin, als ich die Couch unten gefunden habe«, erklärte die Gastgeberin fröhlich. »Weiß nicht, was da ausgelaufen ist. Aber was es auch sein mag, es sieht für mich nicht so aus, als ob es noch rausgeht. So!«

Die Decke lag wieder drüber. »Mach's dir gemütlich!«

Wild, wilder am wildesten: Berlins illegale Müllhalden

Für manche sind sie eine Fundgrube. Wie aus dem Nichts auftauchende Gerümpelhalden gehören in Berlin zum Stadtbild. Meistens fängt es mit einem Lattenrost an, der morgens plötzlich an die Straßenlaterne lehnt. Am nächsten Tag steht ein ausrangierter PC daneben. Oder ein Fernseher. Dann der erste Kühlschrank. Und schließlich das obligate Sofa. Manchmal mit himmelwärts gedrehten Füßen, manchmal mit zerfetzten Polstern. Um den Anblick ein bisschen freundlicher zu gestalten, klebt oft ein handgeschriebenes Schild »Zu verschenken!« dran. Aber das dient eher der Beruhigung des eigenen Gewissens. Es dauert nicht lange, dann ist der Bildschirm eingetreten. Dafür kommt ein kaputter Drucker dazu. Am nächsten Tag lehnt ein altes Bügelbrett daneben. Braucht vielleicht noch jemand. Und dann stellt jemand eine Sperrholzkommode ohne Schubladen dazu. Die Schubladen liegen als Bretterstapel daneben. Nachbarn empfinden wilde Müllkippen in ihrer Straße als Dauerproblem. Berlins zahlreiche Hunde fragen nicht lange und hinterlassen einander Nachrichten am Gerümpel.

Was weg ist, ist weg? Aus den Augen, aus dem Sinn? Nicht ganz. Meistens ruft über kurz oder lang ein Nachbar bei der Berliner Stadtreinigung (BSR) an. Dann wird der Krempel abgeholt. Aber das kostet Geld. Im Jahr 2010 gab die BSR bekannt, dass Kosten in Höhe von 5,4 Millionen Euro für den Abtransport auf die Straße gestellten Mülls angefallen seien. Das Volumen der ausrangierten Sofas, Schränke, Teppiche, Computer, Fernseher, Staubsauger und Sessel ergab eine Halde von 18.300 Kubikmetern. Bei der Polizei häufen sich die Meldungen. Aber wie soll man die Täter zu fassen kriegen?

Um keine Strafanzeige zu riskieren, verladen viele ihren Krempel in Waldgebieten. Auch dort muss die BSR den Müll wieder abholen. Kosten: 1 Million Euro jährlich, Tendenz steigend. Einsamer Tabellenführer unter den meistvermüllten Kiezen ist Neukölln. Dort kamen laut aktueller Jahresstatistik 16.136 selbsternannte Schrotthalden zusammen. Im gesamten Stadtbereich waren es 31.814.

In der Regel kommen die ehemaligen Besitzer unerkannt davon. Dem Stadtrat Pankow hängt es zum Hals raus. Für die Entsorgung von 520 Tonnen Müll aus dem Bezirk sind Geldsummen draufgegangen, die wirklich besser eingesetzt werden könnten. Seitdem arbeitet das Ordnungsamt mit der Berliner Polizei zusammen. Spurensuche ist alles. Manchmal findet sich im Schrott alte Post. Dann können die Adressen eventuell einen Hinweis liefern, wer sich bei Nacht und Nebel sorglos der unliebsamen Besitzgüter zu entledigen versucht hat. Indizien, die allerdings reine Glückssache sind und meistens keinen Fahndungserfolg bringen, wie man im Lichtenberger Ordnungsamt weiß: »Auch wenn wir Privatpost im Müll finden, streiten die Leute noch ab, dass sie es waren!« Nicht mal für Ausreden wie: »Uns haben sie den Müll gestern geklaut!«, sind sich die Verdächtigten zu schade. Verständlich, denn das Bußgeld ist gesalzen. Bis zu 10.000 Euro kann es kosten, was weg kann einfach auf die Straße zu stellen. Meistens liegt das Bußgeld aber im zwei- bis dreistelligen Bereich.

Trotzdem tauchen täglich 30 neue Müllberge in den Straßen der Spreemetropole auf. Besonders unangenehm wird es im Winter. Von Schnee bedeckt, bilden die Gerümpelhalden vorübergehend ein paar Tage lang fantasievolle Silhouetten. Dann taut's und zutage kommt das nackte Grauen. Oft sind die Bürgersteige nicht gestreut, weil der Stadt das Geld dazu fehlt. Umso länger dauert es dann, bis das vereiste Gerümpel von der BSR abgeholt werden kann. Vielfach bleibt der Schrott wochen- bis monatelang stehen.

Ruhige Villengebiete in Zehlendorf und die vornehmen Straßen Schlachtensees mögen weitgehend verschont bleiben, sind aber die Ausnahme. Von Schöneberg, Mitte, Prenzlauer Berg, Kreuzberg und Neukölln bis Britz, Lankwitz, Wittenau, Pankow und Treptow gedeiht der Straßenmüll munter vor sich hin. Unbebaute Gelände sind besonders gefährdet. Aber es genügt auch schon ein leerer Einkaufswagen aus dem Supermarkt, der im Hauseingang stehen gelassen wird. Am nächsten Tag steht Elektroschrott drin.

»Müll vermehrt sich wie von selbst, so schnell kann man gar nicht gucken«, sagt ein BSR-Mitarbeiter und erklärt, dass die Sache mit der Entsorgung ein zweischneidiges Schwert ist. Denn wenn die Müllmänner der BSR schnell da sind und den ganzen Krempel mitnehmen, wird das von vielen Bürgern als Ermutigung aufgefasst. Geht doch! Und schon kommt über Nacht Nachschub. Über die Kosten denkt offenbar keiner nach. Und wenn man den Krempel liegen lässt, bis die Leute merken, dass es so nicht geht? Bei der BSR glaubt keiner an den erzieherischen Effekt eines Müllbergs. Erstens kommt der Müll nie dort her, wo er abgeworfen wird. Zweitens kann man nicht einfach zusehen, wie die Straßen verkommen. Das Problem sind Leute, die nur an sich denken und sich keine Gedanken um andere machen. Doch für den Fortschritt der sozialen Intelligenz ist nicht die Berliner Müllabfuhr zuständig. Also geht es vorläufig leider erst mal weiter wie gehabt.

Neulich stand ich am Mehringdamm an der Ampel. Mir taten die Füße weh vom Laufen. Ich traute kaum meinen Augen, als auf der gegenüberliegenden Straßenseite ein Fuhrwerk auftauchte. Gezogen wurde der hölzerne Bauernwagen nicht von Pferden, sondern von vier jungen Männern. Oben auf dem Wagen saßen, sehr gerade und würdevoll, sechs alte Damen mit weißen Strohhütchen auf dem Kopf.

»Die haben es gut«, sagte ich, verlagerte mein Gewicht von einem schmerzenden Fuß auf den anderen und stellte mit leichtem Unbehagen fest, dass mich eine Frau neben mir nicht aus den Augen ließ. Als die Ampel auf Grün sprang, überquerte sie so schnell sie konnte vor mir die Straße. Das einzige, was ich noch hörte, war: »Das lassen Sie die lieber nicht hören. Seien Sie froh, dass Sie nicht in deren Haut stecken.«

Berlins Immobilienmarkt – Goldgräberstimmung im Haifischbecken

»Das hab ich früher *nie* gemacht«, sagt Margarete. Es ist die erste Demonstration ihres Lebens. Ihre kleine goldene Armbanduhr rutscht am Handgelenk runter, als die alte Dame mit beiden Händen ihr Schild hochhält: »Margarete (93 Jahre alt) und nur bedingt flexibel sucht Zimmer in WG bis € 350,-« Margarete ist Mieterin im Seniorenwohnhaus Hansa-Ufer 5, Bezirk Tiergarten. »Hier könnt ihr wohnen, solange ihr lebt. Da braucht ihr euch keine Sorgen zu machen«, hat sie beim Einzug gehört. Warum geht Margarete mit 93 Jahren auf die Straße? Der Fall Hansa-Ufer 5 löste in Berlin eine Woge der Solidarität aus. 60.000 Unterschriften brachte die Online-Petition, mit der die SeniorInnen auf ihre Notlage aufmerksam machten. Weitere 2.000 Unterschriften bekamen sie auf Papierlisten zusammen, die in der Stadt auslagen.

Hintergrund des Protestes ist, dass ein schwedischer Investor das Seniorenwohnhaus im Hansa-Ufer 5 gekauft und Sanierungen angekündigt hat. Der Immobilieninvestor kauft weltweit interessante Mietobjekte, bevorzugt in beliebten Wohngegenden. Seit 2006 in Deutschland aktiv, ist die Firma mittlerweile zum größten privaten Wohnungsunternehmen angewachsen. Jede Immobilie, die das Unternehmen sich einverleibt, wird schnellstmöglich auf den selbstdefinierten First Class Standard saniert. Danach erhöhen sich die Mieten auf 15 bis 21 Euro pro Quadratmeter. Zum Vergleich: Bei den sechs städtischen Wohnungsbaugesellschaften Berlins lag der Quadratmeterpreis 2014 bei durchschnittlich 5,37 Euro.

Dem Chef des Unternehmens widmete der Mieterverein Mieter helfen Mietern e. V. der Stadt Hamburg in Heft 4/2013 die Titelstory: *Günstig war gestern – wie der schwedische Investor Mieten in die Höhe treibt.* Das Unternehmen gibt an, bundesweit etwa 18.000 Wohnungen zu besitzen, davon die Hälfte in Berlin. Die immens erhöhten Mieten werden mit dem Hinweis begründet, das Unternehmen investiere hohe Summen in die erstklassige Sanierung der Häuser. Das klingt mieterfreundlich. Ist es aber nicht in allen Fällen.

In Wirklichkeit soll die Sache möglichst viel Geld einbringen. Immobilien gelten als sichere Wertanlage in Zeiten eines immer schwächer werdenden Euros. Durch Mieteinnahmen werden lukrative Renditen erwartet. Eine Rechnung, die natürlich nur aufgeht, wenn die Mieten möglichst hoch sind. Also wird den zahlungsschwachen Altmietern mit Begründung »Eigenbedarf« gekündigt. Sind sie draußen, wird mit Marmorwaschbecken im Bad, teuren Einbauküchen und Messingbriefkästen im Treppenhaus luxussaniert.

Doreen, eine Betroffene aus Friedrichshain, die durch ihren Protest lokale Berühmtheit erlangt hat, erzählt die Geschichte ihres Mietrechtsprozesses. Nach 27 Jahren musste die gebürtige Rathenowerin mit ihrem Sohn aus ihrer Wohnung ausziehen. 1987 hatte sie die 58 qm große Wohnung als »Ausbauwohnung« gemietet, d. h. mit Auflagen, für die Instandsetzung selbst zu sorgen. Damals war die Simplonstraße 11 ein heruntergekommenes, unsaniertes Haus. Weil es in der DDR für kleine Leute keine Fliesen und Kacheln gab, bekam Doreens Badezimmer einen Estrichboden und Tapeten an den Wänden.

1995 kaufte die deutsch-schweizerische Immobilienfirma Mebes und Wullinger das Haus in der Simplonstraße und kündigte Modernisierungen an. Doreen war einverstanden, den alten Badeofen gegen Heizung und Warmwasser austauschen zu lassen. Ansonsten sprach sie sich gegen eine Modernisierung ihrer Wohnung aus und hielt die veranschlagten Kosten in Höhe von 12.000 DM für ziemlich übertrieben. Nach Abschluss der Sanierung wurde die Wohnfläche plötzlich mit 66 qm angegeben. Das geheimnisvolle Wachstum der Wohnung um 6 qm begründete der Eigentümer mit der hinzugekommenen Grundfläche des entfernten Badeofens und dem zur Wohnfläche gerechneten Balkon. Mit Vorkaufsrecht bot Investor Mebes und Wullinger Doreen ihre Wohnung für 225.000 DM zum Kauf an. Natürlich konnte sie sich die Wohnung zu diesem Preis nicht leisten.

Nicht lange danach schrieb ihr ein Berliner Arzt und stellte sich als neuer Eigentümer ihrer Wohnung vor. Der Arzt war nie in der Wohnung gewesen. Unbesehen hatte er sie von Immobilienfirma Mebes und Wullinger gekauft. Damit das Geschäft sich für ihn lohnte, verlangte der neue Eigentümer eine Mieterhöhung um 20 Prozent. Weil ihr neuer Vermieter die Wohnfläche noch immer mit 66 qm statt 58 qm angab und Wasserschäden und Pilze an den Wänden nicht beseitigte, lehnte Doreen die Mieterhöhung ab. Die Kündigung traf umgehend ein. Der Arzt meldete Eigenbedarf an. Doreen bestritt seinen Eigenbedarf, da er, wie sie auf eigene Faust herausgekriegt hatte, bereits Mieter einer 5-Zimmer-Wohnung im Bergmannkiez war. Es kam zum Prozess.

Doreen kam es vor, als würde sie wie eine Verbrecherin vor Gericht zitiert. »Sie wollen dir deine Wohnung wegnehmen und machen dich zur Beklagten, weil du die Wohnung nicht hergibst«, sagt sie. Erst sah es gut aus. Vor dem Amtsgericht Tempelhof gewann Doreen den Prozess. Der Arzt ging in Berufung und in zweiter Instanz gewann er vor dem Landgericht Mitte. Zum 30. November 2013 musste Doreen ausziehen.

Beim Bundesverfassungsgericht in Karlsruhe reichte sie Verfassungsbeschwerde ein, in der sie eine Änderung des Eigentumsrechts forderte. Es müsse rechtlich abgesichert werden, dass man auch als Mieter ein eigentumsähnliches Recht auf die Wohnung habe. Das BVG forderte daraufhin von allen Mieterschutzverbänden und Eigentümerverbänden der BRD Stellungnahmen. Ergebnis war, dass Doreens Verfassungsbeschwerde im Mai 2014 abgelehnt wurde.

Inzwischen haben über dreißig Zeitungen, Fachzeitungen und Radiosender über ihren Fall berichtet. Mit Unterstützung der Süddeutschen Zeitung fand sie eine neue Wohnung. Und was muss ihrer Meinung nach geschehen, damit sich von Privatverkauf und Sanierung bedrohte Mieter sicherer fühlen können? »Wir müssen uns besser vernetzen«, findet Doreen. »Außerdem müssen wir an Politiker herantreten. Es muss auf eine Änderung des Gesetzes hinauslaufen. Es fehlt ein Zusammenschluss aller kleinen Initiativen, damit die Leute begreifen, dass es nicht nur ihre Einzelschicksale sind. Sondern dass die Sache System hat und mafiaähnliche Strukturen.«

Doreens Haus in der Simplonstraße 11 ist luxussaniert. Die neuen Eigentümer vermieten bevorzugt an Touristen. Plattform sind weltweit frequentierte Internetportale wie zum Beispiel Airbnb. Übernachtungspreise um die 50 Euro bringen den Eigentümern leicht 1.200 Euro pro Monat und sind für die Gäste billiger als ein Hotelzimmer, zumal die Privatsphäre einer Wohnung hinzukommt. Das Haus Simplonstraße 12 auf der gegenüberliegenden Straßenseite steht seit der Wende leer. Grund sind die seit fünfundzwanzig Jahren ungeklärten Eigentumsverhältnisse.

Welche Folgen es für die Menschen hat, die ihre Wohnungen räumen müssen, scheint für die Immobilienunternehmen und Investoren keine Rolle zu spielen. Im Wedding starb die Rentnerin Rosemarie drei Tage nach polizeilicher Zwangsräumung aus ihrer Wohnung an Stress- und Schockfolgen.

★ Do it yourself ★

Ein Beispiel für gut sichtbare Luxussanierung sind die pastellfarbenen Fassaden der Oderberger Straße im Prenzlauer Berg. Der Kiez gilt als Paradebeispiel für Gentrifizierung in Berlin. Auch am Kollwitzplatz ist das gut zu erkennen.

Inzwischen sind mit *Betongold* (2013) und *Mietrebellen* (2014) auch zwei erfolgreiche Berliner Dokumentarfilme zum Thema Ausverkauf der Stadt gedreht worden.

Demos in Berlin

Berlin protestiert. Vom Friedrichshainer Nachbarschaftsverein, der sich nicht vom Ordnungsamt das gemeinsame Singen von Balkon zu Balkon verbieten lassen will, bis zur Großdemo gegen staatliche Überwachung – wenn's zu weit geht, gehen Berlinerinnen und Berliner auf die Straße. 2014 gab es 4.900 Demonstrationen, was der Berliner Polizeipräsident einen »absoluten Rekord« nennt. Vier Jahre zuvor hatte es 2.400 Demos in Berlin gegeben. Ein Zuwachs an Demonstrationen von über hundert Prozent in vier Jahren – deutlicher kann die Hauptstadt kein Zeichen setzen.

Mit der Demonstration zum Todestag von Rosa Luxemburg und Karl Liebknecht erinnern Linke in Berlin alljährlich an die beiden im Jahr 1919 ermordeten Marxisten und führenden Köpfe der Arbeiterbewegung.

Die Traditionsdemo zum 1. Mai läuft nach Aussage des Polizeipräsidenten gut eingespielt und professionell.

Zur Demonstration »Wohnraum ist keine Ware« gegen Spekulation mit Wohnraum kamen das Bündnis »Stadt von unten« und ein paar Hundert Menschen, darunter viele Kinder. Für die Polizei war es eine relativ kleine Veranstaltung.

Seit 2007 findet die Großdemonstration »Freiheit statt Angst« in Berlin statt. Der Protest fordert Datenschutz und die Abschaffung staatlicher Überwachung. Nach der NSA-Affäre im Jahr 2013 nahmen zwischen 10.000 und 20.000 Menschen daran teil. Im Jahr 2014 waren es etwa 6.500.

Flüchtlingsdörfer und Asylpolitik sind Daueranlass für Demonstrationen. Den Rechten, die gegen Asylbewerber Stimmung machen, stehen Einwanderungsbefürworter in deutlich höherer Zahl gegenüber. Immer wieder wird die sofortige Abschaffung des Duldungsrechts gefordert. Rund 500 Rechte protestierten im November 2014 in Marzahn gegen das geplante Containerdorf für Asylbewerber. Ihnen gegenüber standen mehr als 1.000 Gegendemonstranten. Die Polizei war mit einem Großaufgebot im Einsatz.

Montagsdemonstrationen gehörten 1989 in Leipzig zur Friedlichen Revolution. Ein Vierteljahrhundert nach der Wende haben sie sich mit anderem Themenschwerpunkt in Berlin etabliert: auf dem Alexanderplatz bei der Weltzeituhr wird gegen Hartz IV demonstiert und die sofortige Beendigung der unsozialen Armutsverwaltung gefordert. »Montagsdemonstration« nennen die Veranstalter vom Berliner Bündnis gegen Agenda 2010 und Hartz IV die wöchentliche Versammlung unter freiem Himmel. Seit 2004 stehen die Demonstranten jeden Montag unter der Weltzeituhr. Aber kann man das, was hier auf dem Alexanderplatz passiert, wirklich mit den Montagsdemonstrationen der DDR vergleichen, die vor 25 Jahren eine Regierung, ein ganzes System aus den Angeln gehoben haben? Darf man es überhaupt so nennen? Während der Hochphase der sogenannten Montagsdemonstrationen 2004 haben sich viele dazu geäußert. Wolf Biermann bescheinigte den Protesten »Etikettenschwindel«, Joachim Gauck, damals noch nicht Bundespräsident, hält die Bezeichnung für »töricht und geschichtsvergessen«. Andere verteidigten die Nutzung des Begriffs. Unter anderem der im Juni 2014 verstorbene Christian Führer, dessen Friedensgebete in Leipzig als Grundlage für die Montagsdemonstrationen 1989 gelten.

Mit dem Fotoapparat in der Hand spazierte ich am Landwehrkanal entlang. Was für eine schöne Gegend. Die Leute, die es geschafft hatten, hier eine Wohnung zu ergattern, waren zu beneiden.

Zweimal ändert sich auf beiden Seiten des Kanals der Name des Ufers. Das Fraenkelufer (Max Fraenkel war ein jüdischer Architekt) wird zum Paul-Lincke-Ufer (Vater der Berliner Operette und Schöpfer des Chansons *Berliner Luft*). Auf der gegenüberliegenden Seite des Landwehrkanals wird das Planufer (ehemalige Hütewiese der Berliner Schlächterinnung) jenseits des Kottbusser Damms zum Maybachufer (nach dem preußischen Minister und Eisenbahner Albert von Maybach).

Die weißen Gründerzeithäuser im Planufer gefielen mir so sehr, dass ich ein Foto nach dem anderen schoss. Beim Fotografieren guckt kein Mensch auf den Fußweg. Vor der Hausnummer 90 ging ich langsam rückwärts, um das beeindruckende, dunkelgrün lackierte Eingangsportal zu fotografieren. Der letzte Schritt war zu viel. Mit dem Absatz sank ich in etwas Weiches. Ließ die Kamera sinken. Drehte mich um. Und hätte heulen können. Da auf dem Pflaster lag sie. Mitten auf dem Gehweg, eine dicke braune Tretmine. Noch relativ frisch, die Wurst. Deutlich zeichnete sich das Profil meiner rechten Schuhsohle darin ab. Drei Milimeter tiefes Profil. Da genügt es nicht, durch eine Pfütze zu laufen. Oder den Schuh an nassem Gras sauber zu streichen. Außerdem hatte es nicht geregnet! Es gab weit und breit keine Pfützen auf der Straße. Ich würde die ekelhaft riechende, breiige Substanz also wohl oder übel mit irgendeinem Werkzeug *herauskratzen* müssen.

Übellaunig sah ich mich nach einem kleinen Zweig um und entdeckte einen Mann, der mir sofort auffiel. Gebückt laufend kam er mir vom Kottbusser Damm her durchs Planufer entgegen. Alle paar Schritte blieb er stehen, schüttelte eine Lackdose und sprühte irgendetwas auf den Boden. Es waren neongelbe Kreuze. Nicht auf den Gehweg, sondern auf die den Gehweg säumenden Hundehaufen. Jeden Haufen versah er mit einem sorgfältig gesprühten X. Als er sah, dass ich ihn beobachtete, richtete er sich auf und nahm die Atemschutzmaske ab.

»Ich mach das, damit jeder die Haufen sieht, bevor er reintritt. Wenn's um Fremdwurst vor der eigenen Haustür geht, platzt mir der Kragen. In dieser Stadt leben mehr Hunde als Menschen. Glaubt mir zwar keiner, aber die Indizien *häufen* sich. Debattiert wird seit Jahren. Viel Gelaber, keine Lösung. Dabei hat jeder von uns das Problem *an der Hacke*. Und keiner weiß, wie viele Hunde eigentlich in der Stadt sind. Offiziell spricht man von rund Hunderttausend. Das stimmt vorne und hinten nicht.« Er senkte verschwörerisch die Stimme und raunte an meinem Ohr: » Kennen Sie die Dunkelziffer? 150.000 nicht registrierte Hunde!«

»Pro Einwohner?«, stammelte ich im ersten Schreck.

»So kommt's einem vor, nicht wahr?«, grinste er wissend.

Berlins Not mit dem Kot

Kreuzberg ist zugekackt. Ob Tom Wolfs Vorschlag auf der *taz*-Wahrheitsseite, jedem Hund je nach Emissionsausstoß eine Plakette ans Ohr zu heften (Grün ist die preisgünstigste, Gelb die mittlere, die braune Plakette wird richtig teuer) und die Halter entsprechend zahlen zu lassen, den Anstoß zum »Bello-Dialog« gab, kann nur vermutet werden. Nach jahrelangem Hin und Her tagte ab 2012 im Bello-Dialog, ein 30-köpfiges Gremium aus Betroffenen und Fachleuten, um unter Schirmherrschaft des Berliner Justizsenators Thomas Heilmann über ein neues Hundegesetz für die Hauptstadt zu beratschlagen. Heraus kam dabei der Hundeführerschein, der demnächst in Berlin eingeführt werden wird.

Auf ca. 3.400.000 Einwohner kommen 103.000 gemeldete Hunde, informiert das Statistische Landesamt. Andere Schätzungen gehen von 97.000 aus. Die nicht registrierten Hunde schätzt das Landesamt auf 150.000, andere Quellen gehen von höchstens 40.000 Hunden aus, die »im Untergrund« leben. Insgesamt kann man realistischerweise von 165.000 in Berlin lebenden Hunden ausgehen. Das bedeutet täglich durchschnittlich 330.000 neue Hundehaufen. Täglich! Die Würste verwesen leider nicht innerhalb eines Tages. Die »Arbeitsgruppe Hundekot« des Bello-Dialog-Gremiums stand vor dem Problem, wie man mit 55 Tonnen Hundescheiße pro Tag fertig werden soll. Gestern 55 Tonnen. Heute 55 Tonnen. Morgen 55 Tonnen. Übermorgen 55 Tonnen. Macht 385 Tonnen pro Woche.

Eine Stadt, die es auf Hundehaufen mit einem Gesamtgewicht von fast 400 Tonnen pro Woche bringt, kann nicht länger den Kopf in den Sand stecken. Der Bezirk Pankow reagierte schneller als Kreuzberg. Mit Rücksicht auf die Gesundheit buddelnder Kinder wurde der Kollwitzplatz 2010 zur hundefreien Zone erklärt. 6.000 qm inklusive Spielplätze sind nicht länger Auslaufgebiet und Hundeklo, sondern absolut tabu für Vierbeiner. Hundehalter hielten das zunächst für einen Aprilscherz. Wenn man sich an die Regeln hält und den Hund anleint, reicht das nicht? Statt Verbotsschildern solle der Senat lieber mehr Hundekottütenspender aufstellen. Die Strafen für nicht entfernte Hundehaufen sind offenbar noch nicht hoch genug.

Für viele Eltern ist das Hundeverbot im Park eine Erleichterung, weil ihre kleinen Kinder vor Hunden Angst haben. Der Kommentar einer Mutter, deren Tochter gebissen worden war: »Wir reden hier über Freiflächen für Hunde. Ich frage: Wo sind die Freiflächen für Menschen?« Der Traveplatz im Friedrichshain war als der erste hundefreie Platz des Stadtteils im April 2005 eröffnet worden.

Auf das Problem freilaufender Hunde hat Berlin nach dem Bello-Dialog reagiert. Der Hundeführerschein wird kommen, und einfach wird die Prüfung für Halter und Hund nicht. Ist die Prüfung zum

Hundeführerschein erfolgreich absolviert worden, soll die allgemeine Leinenpflicht in Grünanlagen nicht mehr gelten. Über Ausnahmen von dieser Regelung sollen die jeweiligen Bezirke entscheiden. Nach bestandener Prüfung sollen die Hunde durch eine andersfarbige Plakette leicht erkennbar sein.

Wer also seinen Hund von der Leine nehmen will, muss den Hundeführerschein machen, für den die Tiere nach Größe und Gefährlichkeit unterschieden werden. Hunde der Hundeführerscheinklasse I sind kleiner als 40 cm Schulterhöhe und dürfen ohne Hundeführerschein mit Leine oder Maulkorb spazieren gehen. Hunde, die größer sind als 40 cm Schulterhöhe, werden nach ihrem Gefahrenpotential für Fußgänger eingestuft. Wenig Gefahrenpotential liegt bei Hunden, die zum Apportieren oder zum Hüten von Viehherden gezüchtet wurden. Das neue Gesetz teilt die Hunde nicht mehr nach Rassen, sondern nach mehr oder weniger großem Gefahrenpotential ein. Hunde, die größer als 40 cm Schulterhöhe und nicht besonders gefährlich sind, müssen vom 10. Lebensmonat an mit Leine und Maulkorb Gassi geführt werden. Absolviert der Besitzer den theoretischen Teil der Prüfung, darf er wahlweise Leine oder Maulkorb anlegen (gelber Hundeführerschein). Hat Herrchen oder Frauchen auch den praktischen Teil absolviert, gibt es den grünen Hundeführerschein, der gestattet, Waldi, Hasso und Rex auf öffentlichem Straßenland frei laufen zu lassen. Für gefährliche Hunde (Hundeführerscheinklasse III) ist nach der ersten praktischen Prüfung, die für alle Hunde identisch ist, noch ein zweiter, spezieller Teil vorgesehen. Da testet der Prüfer Situationen, die für die jeweilige Rasse typischerweise problematisch sind. Regel für alle: Gefährliche Hunde dürfen nur wahlweise ohne Leine oder ohne Maulkorb ausgeführt werden.

Der Senat hofft, dass so Berlins Straßen sicherer werden, Kinder keine Angst vor Hunden mehr zu haben brauchen und Hundehalter mehr Sicherheit im Umgang mit ihrem Tier bekommen. In Bussen und Bahnen gilt seit 2010 Maulkorbzwang für Hunde, es sei denn, die Tiere werden von ihren Haltern in einer Tasche oder einer Schutzbox getragen.

Damit bleibt nur noch ein großes Problem: die nicht registrierten Hunde. Über 900 Kontrollen der Ordnungsämter haben im Jahr 2012 ergeben, dass weniger als die Hälfte (43,2 Prozent) aller kontrollierten Hunde registriert und steuerlich gemeldet war. Dem Land Berlin entgehen dadurch jährlich 15 Millionen Euro Steuereinnahmen.

In Berlin werden für den ersten Hund 120 Euro Hundesteuer pro Jahr erhoben. Für jeden weiteren Hund müssen jährlich 180 Euro gezahlt werden. Es gibt keine Sonderregelung für Kampfhunde oder sogenannte große Hunde. Die Höhe der Hundesteuer ist für jede Hunderasse gleich. Schwerbehinderte werden unter bestimmten Voraussetzungen von der Hundesteuer befreit. Die Ausnahmeregelung gilt für Assistenzhunde, die aufgrund einer Ausbildung in der Lage sind, die Schwerbehinderung des Hundebesitzers zu lindern. Hunde, die Vereinen gehören oder deren Unterhalt aus öffentlichen Mitteln bestritten wird, muss man nicht zur Hundesteuer anmelden. In Berlin wird ferner keine Hundesteuer verlangt, wenn der Hund aus gewerblichen Gründen gehalten wird. Für Hunde, die zu Rettungshunden ausgebildet werden oder bereits ausgebildet sind und der Öffentlichkeit zur Verfügung stehen, wird in Berlin ebenfalls keine Hundesteuer erhoben.

Wer einen Hund aus einem Tierheim aufnimmt, wird in Berlin ein Jahr lang von der Pflicht befreit, Hundesteuer zu bezahlen.

★ Do it yourself ★

Den »Kotsprayer« sieht man manchmal am Planufer in Kreuzberg. Ansonsten hat das Hundeproblem für Berlinbesucher leider wenig Unterhaltungswert. Für jeden Ausflug durch Kreuzberg und Friedrichshain, besonders für Parkbesuche, wird dringend empfohlen, den Rasen nie länger als ein paar Sekunden aus den Augen zu lassen ...

Am Alexanderplatz stiegen Musiker in die U2 und stimmten ihr polyphones Spektakel an. Trompete, Akkordeon, Gitarre und gefühlt siebenstimmiger Gesang. Die Instrumente klangen für mein Empfinden etwas verstimmt, aber das erinnerte mich an die durchgeknallte Katercombo in *Aristocats* und deshalb fand ich es nicht so schlimm.

Mein Fünfzigcentstück in der Hand, wartete ich, dass der Typ mit dem leeren Kaffeebecher bei mir vorbeikommen würde.

»Sie haben keine Ahnung, wem Sie da Ihr Geld geben«, sagte der Mann neben mir.

»Ich geb's für die Musik, na und?«

Wissendes Nicken. »Sie denken sicher, ich mag keine Musik? Stimmt aber nicht.«

»Na, was soll's dann«, sagte ich. »Dafür sind die den ganzen Tag unterwegs.« Ich warf meine Münze in den mir hingehaltenen Becher und bekam mit, wie mein Sitznachbar den Musikern einen fürchterlichen Blick zuwarf.

Kaum waren sie weg, wandte er sich mir wieder zu. »Sehen Sie das?«, fragte er und zeigte mir seinen Schneidezahn, an dem ein Stück fehlte. Die Stelle sah frisch aus.

»Wie ist das passiert?«, fragte ich.

»Den Zahn hat mir so einer wie die mit der Trompete ausgeschlagen!«

Mein Asphalt, meine Bühne

Zur Zahnattacke mit der Trompete ist es wirklich gekommen. In der U2 war es zwischen Fahrgästen und einer rumänischen Band zum Streit gekommen, als den Mitfahrenden die Musik einfach zu laut wurde. Nach Angaben der Polizei wurde der Trompetespieler so zornig, dass er einem Fahrgast mit seinem Instrument zwei Zähne ausschlug.

Fahrende Musiker sind in einer verzwickten Lage: Einerseits gehört Musizieren zu den letzten Erwerbsmöglichkeiten ohne Genehmigung, andererseits ist Musikmachen in allen U- und S-Bahnen in Berlin verboten.

Den meisten Berlinern macht es Freude, wenn plötzlich im Abteil *Love me do, See you later, Alligator* oder *Wonderwall* ertönt. Eine Sprecherin der BVG sprach ihnen dafür ihre Hochachtung aus, wenn auch mit gemischten Gefühlen: »Die Berliner sind unheimlich tolerant – oder unheimlich abgehärtet.« Dabei braucht man nicht abgehärtet zu sein, solange nur das Wichtigste stimmt: Die Ausstrahlung der Musiker. Wenn sie gutgelaunt reinkommen, so als ob sie überall auf der Welt zu Hause sind und ihr knackiges Repertoire schnell und gekonnt runterreißen, ist es fast egal, was sie spielen.

Die Bahnabteile sind besser geeignet, das Publikum zur Kasse zu bitten, als die Straße. Zwei Songs, einmal mit dem leeren Kaffeebecher rumgehen, fertig. Nächster Waggon. Bemerkenswert ist, wie mühelos man als Fahrgast die jungen, schlaksigen Sänger aus Australien oder England wohlwollend als Touristenattraktion hinnimmt. Wenn dagegen Rumänen oder Bulgaren mit Akkordeon und Trompete losmusizieren, kommt das als Bettelei und damit deutlich weniger gut an. Fehlt den Combos aus dem Balkan die leichte Ausstrahlung? Oder zu viele Zähne? Dafür können sie meistens nichts, denn die medizinische Versorgung ist in ihrer Heimat nicht so, wie wir es gewohnt sind.

Von den Straßenmusikanten sagen viele, für sie komme es nicht in Frage, in der Bahn zu spielen. Nicht unbedingt wegen des Verbots, sondern aus Rücksicht auf die Fahrgäste. Das sei doch Nötigung, die einfach mit Gesang und Geschrammel zu überfallen. Straßenmusiker gehören fest ins Berliner Stadtbild. Manche von ihnen, etwa Kreuzbergs Lokalmatador Peter Subway (engl. »U-Bahn«), spielen schon seit Jahrzehnten in der Bahn und auf den Straßen und Plätzen der Stadt.

Manche werden Saisonsensation. Richard Danton aus Newcastle etwa entzückte einen Sommer lang die Spaziergänger am Landwehrkanal vor dem Familienitaliener Casolare bei der Admiralbrücke. Seinen Panamahut auf dem Kopf und eine Harry-Potter-Brille auf der Nase, sang Danton solo die Evergreens der Comedian Harmonists und beendete seine Darbietung jedes Mal damit, dass er eine kleine Stoffkuh in die Luft hielt und sich langsam im Kreis drehte. Wenn alle die Kuh gesehen hatten, setzte er sie vor sich auf dem Boden ab, machte eine Verbeugung und rief: »Jetzt kommt der Kuh!« (= Coup) Woraufhin er seinen Hut zog und charmant zur Kasse bat.

Ein Plausch mit den Straßenmusikern

Wer gern Straßenmusiker sehen möchte, hat gute Chancen, wenn Maybachufer-Markttag ist. Auf der Kottbusser Brücke steht oft ein Sänger mit einer heiser-traurigen Stimme á la Jeff Buckley, der seinen Synthesizer mitbringt. Auch vor der versponnen-maritimen Ankerklause stehen oft richtig gute Musiker.

Während die einen den Markttag nutzen, wenn noch mehr Leute unterwegs sind als sonst, setzen andere auf Mitgefühl und singen, wenn's nieselt und schneit. Valeska zum Beispiel. Die 26-Jährige steht vor einem Mikrofonständer, spielt Gitarre und singt, was sie selbst komponiert hat. Das blaue Samtfutter ihres Gitarrenkastens verfärbt sich zwar dunkel vom Regen, aber die Münzen klimpern. Unter ihren aufgespannten Regenschirmen bleiben die Leute stehen und hören Valeska zu. »Meine neue CD verkaufe ich gut«, erzählt Valeska mit ihrer hellen, klaren Stimme. Die CD hat sie selbst aufgenommen und verkauft sie für fünf Euro pro Stück. »Wenn die Leute nebenan im Einkaufszentrum einkaufen gehen, nehmen viele eine mit.« An guten Tagen verdient sie etwa dreißig Euro. Träumt sie von einer großen Karriere und Auftritten auf einer richtigen Bühne? »Ich trete manchmal auf«, sagt Valeska. Und schließlich ist die Straße kein schlechter Ort, um entdeckt zu werden. »Eine Freundin von mir singt auch auf der Straße. Die ist mal für eine Talentshow gecastet worden. Sie hat es bis in die zweite Runde geschafft.« Damit kann man hinterher die nächste Hürde vielleicht schon leichter nehmen. Durchhalten ist alles.

Mateo Vilarino ist mit dem Motorrad aus Palma de Mallorca nach Berlin gekommen und hat seine Gitarre mitgebracht. Stürmische Locken, schmeichelnde Augen. Mit sicherem Vibrato singt Mateo Jim Morrison's Superhit *Light my fire* auf Spanisch. »Den Mädchen gefällt es, und die Mädchen gefallen mir.« Mateo steht vor dem Mauerpark, am Ende der Oderberger Straße. Die Leute kommen sonntags vom Flohmarkt oder schlendern abends von Bar zu Bar und bleiben zum Zuhören stehen. »Ich singe nicht nur wegen des Geldes«, sagt der Mallorquiner. »Man kommt mit den Leuten in Kontakt, das mag ich. Die Berliner lieben Musik.« Manchmal macht er fünfzig Euro an einem Tag, das reicht locker für Essen und um sich die Stadt anzusehen. Untergebracht hat ihn der Freund einer Bekannten aus Palma, der Saxophon spielt. Mateo schläft im Schlafsack in der Küche, aber im Sommer geht das. »Den Winter in Berlin habe ich einmal mitgemacht. Das war nichts für mich, die Kälte ist mir zu hart«, sagt er.

Und Daniel und Martin aus St. Pauli? Die beiden 25-Jährigen spielen im Wrangelkiez. Singen kann Daniel nicht, behauptet er jedenfalls. Aber er und Martin bringen ihren Verstärker mit und spielen Jazz in Zweierbesetzung. Daniel spielt Trompete und Saxophon, Martin mal Gitarre, mal Bass. Auf ihrem Programm stehen anspruchsvolle Stücke. *Some Skunkfunk* von den Brecker Brothers, Jaco Pastorius' *The Chicken* oder *Sir Duke* von Stevie Wonder. Im Gegensatz zu Mateo lernen die beiden nicht jeden Tag Mädchen kennen. »Zum Baggern haben wir aufs falsche Pferd gesetzt. Frauen hören keinen Jazz«, sagt Daniel. Die beiden treten in Hamburg seit Jahren regelmäßig auf. Wenn sie in Berlin bei Freunden zu Besuch sind, verdienen sie das Geld für Essen mit ihrer Mucke. Außerdem ist das jedes Mal wie öffentlich proben, und das bringt manchmal mehr als der Übungsraum. In Hamburg sei das Publikum auf jeden Fall gebildeter als in Berlin, meinen beide. Aber das heißt nicht, dass die Berliner nicht gern zuhörten. Ja, es sei sogar schon vorkommen, dass sie abends mit fast hundert Euro nach Hause gegangen seien.

»Ich hab meinen Liebsten kennengelernt, als ich auf der Admiralbrücke Saxophon gespielt habe«, erinnert sich Steffi lächelnd. »Das war vor drei Jahren. Ich spiele eigentlich Klavier und komponiere. Hab erst in dem Sommer mit Saxophon angefangen. Damals konnte ich *Ganz Paris träumt von der Liebe* und *Tequila,* das war's praktisch auch schon. Ich hab dann so vor mich hin gespielt. Ole hat sich da auf einen Pfeiler gehockt und zugehört. Eine Stunde. Zwei Stunden. Und irgendwann hatte ich genug verdient und hab ihn gefragt, ob er Lust auf eine Pizza gegenüber im Casolare hat. Dann der Sonnenuntergang über der Brücke. War unser erster Sommer. Deshalb spiele ich jetzt immer hier. Wegen dem Glücksfaktor.« Auf der Admiralbrücke muss man auf die Nachbarn Rücksicht nehmen, aber das findet Steffi auch ok. Nach 22 Uhr ist eben Schluss. Im Sommer kann man sehr gut verdienen als Straßenmusiker. Aber zum Leben reicht es natürlich nicht. Steffi gibt in ihrer Wohnung Klavierunterricht und kommt einigermaßen über die Runden.

Fast jeden Abend steigt hinter den Kiosks an der S-Bahnstation Warschauer Straße ein Gratiskonzert. Neben dem rauschenden Verkehr muss die Balkan-Pop-Combo Gas geben, um akustisch nicht unterzugehen. Und sie geben Gas, lässig und tanzbar. Die berauschende Zigeunermusik der Sinti und Roma kombiniert mit Elektro reißt die Leute mit. Und hoch oben über den S-Bahn-gleisen beschweren sich auch keine Anwohner, egal wie laut es wird. Bei jedem Wetter versammelt sich hier ein Publikum und macht begeistert zusammen Party. Solange, bis das Ordnungsamt kommt.

★ Do it yourself ★

Den meisten Straßenmusikern kann man an folgenden Stellen lauschen:

Admiralbrücke [U-Bahn: Schönleinstraße]

Oberbaumbrücke [U-Bahn: Schlesisches Tor]

Warschauer Brücke [S-Bahn: Warschauer Straße]

Auch im **Mauerpark** gibt es ganz oft draußen Musik.
▌U-Bahn: Eberswalder Straße

Am 21. Juni findet die **Fête de la Musique** statt, umsonst und draußen präsentieren sich Musizierende ohne Honorar auf 21 Bühnen.
▌www.fetedelamusique.de/berlin

38 Verbrechen in Berlin

»Ihr habt eine Robbe gemietet?«, fragte ich. Wow. Robben sind mit die süßesten Tiere, die es gibt. »Wird es Frank und dir nicht das Herz brechen, wenn ihr sie zurückgeben müsst?«

»Schatz«, sagte Frank. »Die Robbe ist ein Transporter. Stichwort Berlin: Robben und Wientjes.«

Peinlich! Dabei hatte ich Robben und Wientjes schon tausendmal auf der Straße gesehen.

»Bist du noch da?«, fragte Frank.

»Ja. Kein Wort mehr.«

»Hättest du denn vielleicht Samstag Zeit?«, fragte Frank. »Du musst wissen, in Berlin zieht jeder früher oder später um. Helfen ist die beste Methode, geholfen zu kriegen ...«

»Natürlich helfe ich euch. Aber du darfst keinem sagen, wie blöd ich war.«

»Versprochen! Samstag um 12 Uhr bei uns. Für Verpflegung sorgt Torsten.«

»Ich werd da sein«, sagte ich.

»Und ... du?«

»Hm?«

»Keine Heringe einpacken. Robbe trinkt Diesel.«

Wir waren zu acht, Frank und Torsten inklusive. Was das Kistenschleppen aus dem vierten Stock einzig erträglich machte, war die Aussicht, dass die neue Wohnung der beiden im Hochparterre lag. Die Wohnung leerte sich nur langsam. Nach drei Stunden lachte keiner mehr. Aber wir hatten es geschafft, die Robbe war voll, die Wohnung leer. Und da begingen wir den entscheidenden Fehler.

»Dann fahren Torsten und ich jetzt vor«, sagte Frank. »Was jetzt noch kommt, ist praktisch ein Klacks. Ihr wart alle toll, super, großartig!«

»Keiner bei der Robbe?«, rief Torsten, als er uns verschwitzt und durstig vollständig in der Küche versammelt sah. Disko fing an zu bellen und war nicht zu beruhigen. »Kinderchen, seid ihr wahnsinnig?«

Hart aber herzlos: Verbrechen in Berlin

Rechnen Sie in jeder Situation damit, dass jemand versuchen könnte, sie zu beklauen. Und: bleiben Sie entspannt, denn sonst verderben Sie sich ihren Berlinurlaub. Solange Sie in keiner Situation den Überblick verlieren, wird nichts passieren.

Die unverschlossene Robbe ist ein Fall von verlorengegangenem Überblick. Es gibt Leute, die buchstäblich Stellung beziehen, wenn sie vor einem Haus einen der blau-weißen Umzugstransporter von Robben und Wientjes einparken sehen. Diese Leute sieht man nicht. Aber *sie* sehen alles. Und kommt irgendwann der Moment, in dem die ganze Umzugstruppe kurz im Haus verschwunden ist, geht jemand, der vorher nicht da war, ganz unauffällig um die Robbe herum. Fahrertür nicht abgeschlossen? Den Passanten wird es nicht komisch vorkommen, wenn einer die Tür aufmacht, um vom Beifahrersitz eine Handtasche zu angeln. Denkt nicht jeder, der vorbeigeht automatisch, das sei der Fahrer?

In Berlin werden täglich 1.482 Delikte aktenkundig. Dazu gehören Ladenüberfälle, geklaute Brieftaschen, Fahrräder und leergeräumte Pkws. In keiner deutschen Stadt werden so viele Autos geklaut wie in der Spreemetropole. 2013 wurden 6.659 Autodiebstähle gemeldet, 809 mehr als 2012. Auf 100.000 registrierte Fahrzeuge kommen 534 Diebstähle, durchschnittlich macht das in Berlin 18 geklaute Autos pro Tag. Die Polizeidirektionen des Landeskriminalamtes (LKA) registrierte insgesamt eine starke Zunahme der Verbrechen in Berlin. In den ersten drei Monaten des Jahres waren es 136.180 Delikte – im Vergleich zum Vorjahr 15 Prozent mehr. Innerhalb eines Jahres stieg die Anzahl der Vermögensdelikte um 47 Prozent. Die Anzahl der Diebstähle nahm um 19 Prozent zu. Besonders erschreckend ist der dramatische Anstieg der Sexualdelikte in Berlin um 40 Prozent. Und zum Thema Dealerei: In den Sparten Hehlerei und Rauschgift nahm die Anzahl der Straftaten ebenfalls rapide zu. Die einzig ermutigende Entwicklung: Mord und Totschlag sind um 39 Prozent, Raub und räuberische Erpressung um elf Prozent gesunken.

Wenn man mit dem Fahrrad in Berlin unterwegs ist, sollte man beim Anschließen alles mitnehmen, was sich abnehmen lässt. Es sei denn, man hat vor, es zu verschenken. Dann kann man es getrost dran lassen. Sie werden sehen, selbst der älteste, abgewetzte Sattelwärmer ist nach zehn Minuten weg. Auf dem Fahrrad sollten Handtaschen immer im »Briefträgerstil« getragen werden, also nicht von der Schulter hängend, sondern vor der Brust.

Wo sollte man in Berlin besonders gut aufpassen? Gibt es von der Polizei so bezeichnete »Kriminalitätsschwerpunkte« in der Stadt? Ja. Es gibt sie, und man tut gut daran, zu wissen, wo. Einige U-Bahnen sind Umschlagplatz für Drogen. Auf den Bahnhöfen dieser Linien warten die Dealer den ganzen Tag und die ganze Nacht auf Kundschaft. Kommen Polizeikontrollen, ist es leicht für sie, unauffällig zu verschwinden. Besonders gilt das für Bahnhöfe der Linie U8 (dunkelblau) und der Linie U9 (orange). Drehen Sie die Aufmerksamkeit auf folgenden U-Bahnhöfen ruhig etwas höher, rät die Polizei: Kottbusser Tor in Kreuzberg und die Haltestellen Rudow, Rathaus Steglitz, Mierendorffplatz und Jungfernheide der Linie U7 (blau).

Die Parks von Berlin sind nicht länger nur zum Erholen und Spazierengehen, sondern leider auch zum Drogenholen und Spritzen da. Die Hasenheide in Neukölln/Kreuzberg gehört dazu. Im Görlitzer Park in Kreuzberg, zwischen Wiener Straße, Skalitzer Straße, Görlitzer Straße und Landwehrkanal, versucht die Polizei es seit einiger Zeit mit einer neuen Taktik. Der großflächige Grünzug hat genug Ein- und Ausgänge, die zu Fluchtwegen werden, wenn die Dealer von ihren Kurieren vor Polizei oder Ordnungsamtes gewarnt werden. Hier wenden sich die Polizeibeamten prophylaktisch mit Infoflyern an potentielle Drogenkunden. In den Broschüren wird auf Deutsch und Englisch vor den Risiken des Drogenkaufs (nicht etwa der Drogeneinnahme) gewarnt. Nach über 500 Übergriffen auf Parkbesucher hat sich die Polizei entschlossen, die Tricks der Dealer an die Bevölkerung weiterzugeben. Auch Handtaschendiebstähle und Überfälle, die mit Drogen nichts zu tun haben, häufen sich in den Parks. Die Infoflyer der Berliner Polizei kann man als eine Art Kapitulationserklärung sehen. So als sollte damit gesagt werden: »Die Dinge sind außer Kontrolle geraten. Tut uns leid, lösen können wir das Problem nicht mehr. Wir können es Euch nur genau beschreiben.« Wovon handelt die Broschüre? Es wird davor gewarnt, sich von Dealern kumpelhaft umarmen oder antanzen zu lassen, denn die meisten sind geübte Taschendiebe. Häufig gehen die Dealer mit ihren Käufern in Hinterhöfe, angeblich weil es da sicherer ist. Im Hinterhof kommt es dann zum Überfall des Käufers und die Dealer verschwinden. Die Dealer arbeiten in gut organisierten Banden, die Gold, Schmuck, Handys und Brieftaschen abzocken.

Erhöhte Aufmerksamkeit ist auf allen belebten Plätzen empfohlen. Am Breitscheidplatz und am Hardenbergplatz in Charlottenburg, am Hackeschen Markt und am Alexanderplatz in Mitte, am Leopoldplatz in Wedding und am Hermannplatz in Neukölln sind im Kriminalitätsatlas der Polizei besonders gehäuft Straftaten verzeichnet. Menschenmengen ziehen Taschendiebe an, deshalb sollten Handtaschen unter der Jacke getragen werden und Brieftaschen nicht gut sichtbar in der hinteren Hosentasche stecken.

In der Potsdamer Straße bis zum Kleistpark in Schöneberg, rund um den Nollendorfplatz bis zur Bülowstraße, rund um die Sandstraße in Wilhelmstadt und im Neuköllner Norden wird zunehmend mit Drogen gedealt. Auch im Friedrichshain an der Warschauer Brücke und in der Revaler Straße um das RAW Gelände herum stehen Dealer. Die Berliner Polizei verstärkt ständig Einsatz und Ermittlungsgruppen. Doch die Anzahl der Straftaten wächst proportional mit. Niemand wird von Dealern zum Kauf von Drogen gezwungen. Weiß man, wo sie stehen und geht dort an ihnen vorüber, ohne zu reagieren, wenn sie einen ansprechen, wird nichts passieren.

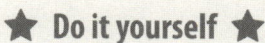

★ **Do it yourself** ★

Die Bustour »Hauptstadt des Verbrechens«

Die Tour folgt den Spuren berühmter Mordfälle, Raubzüge und Brandstiftungen. Am Tatort zeigt das Team auf Monitoren im Bus historische Filmaufnahmen zum jeweiligen Verbrechen. Der Reiseleiter erzählt die Story dazu. Die Tour »Hauptstadt des Verbrechens« wurde schon 2011 mit dem Tourismus-Award Champion 2011 ausgezeichnet.

‖ Jeden ersten Samstag im Monat, Start 19.30 Uhr • 19,50 €, ermäßigt 16,50 € • Unter den Linden 40, Mitte • Bus: Unter den Linden/Friedrichstraße oder S-Bahn: Brandenburger Tor • www.videobustour.de/stadtrundfahrt/hauptstadt-des-verbrechens

Epilog

Lydia, Emma und ich waren zu dritt auf einer Party in Kreuzberg. In der Wohnung und auf dem Balkon war es irgendwann so voll, dass die Leute sich im Treppenhaus auf die Stufen setzten. Jemand feierte Geburtstag oder seine Rückkehr aus Sidney oder beides, genau hab ich's nicht rausbekommen, es war eigentlich auch egal. Um halb drei kam ein Typ rein, mit den schönsten, heißesten braunen Augen, die ich jemals gesehen habe. Er machte sich mit den Zähnen ein Beck's auf und sagte: »Sorry, war noch im Berghain.«

Die einzige, die laut lachte, war ich, sonst keiner. Ich fühlte die Zeit auf Stunde null gestellt. Ich hatte David kennengelernt.

Die Amsel sang vor meinem Küchenfenster, als ich nach Hause kam. Mein Anrufbeantworter blinkte. War er das? Berauscht vor Verliebtheit starrte ich die Maschine an. Selbst wenn ich mir den Brockhaus auf die Hände gestellt hätte, hätten meine Finger nicht aufgehört, zu zittern. Ich rannte vor den Badezimmerspiegel, sah mir mit dem erprobten Du-bist-eine-tolle-Frau-und-alles-wird-gut-Blick sekundenlang fest in die Augen, rannte zurück in den Flur, bekam weiche Knie und spielte das Band ab.

»Hallo, du Süße. Wo bist du?«

Es war Tante Alice. Neiiin!

»Liebling, ich kann meine Kamera nirgends finden. Hab ich die bei dir vergessen? Ruf doch bitte zurück.«

Biep. Der nächste Anruf.

»Hallo, Schatz. Hab sie grad gefunden, alles ok. Aber mein silberner Kugelschreiber ist weg. Liegt der irgendwo bei dir? Meld dich doch mal kurz.«

Meine Stimmung ging rapide den Bach runter. Stichwort: Höhe = Fallhöhe.

Biep. Nächster Anruf.

»Liebes, der Kuli war in meiner Handtasche, tut mir leid. Das Futter hatte ein Loch gekriegt, da ist er reingeflutscht und hat sich versteckt, der Schlingel. Weißt du, was ich glaube?«

Ich konnte nicht erwarten, zu hören, was Tante Alice glaubte.

»Ich glaub, ich möcht einfach zurück nach Berlin. Es war so schön bei dir. Hier versauer ich! Was hältst du davon, wenn ich Ende des Monats auf ein verlängertes Wochenende zu dir komme? Ich würd mich riesig freuen. Ruf doch bitte zurück.«

In diesem Augenblick hörte ich mein Handy klingeln. Ich sprang auf und wühlte in meiner Handtasche. Obsessiver als Disko, wenn er einen Knochen ausbuddelt.

»Hi! Wie geht's dir?«, fragte er.

Danke, Gott. Du bist der beste Schöpfer. Und dies ist die beste Schöpfung. Und bitte mehr davon. Und mögen alle Geschöpfe glücklich sein.

»Mir geht's gut, und dir?«

»Wenn ich deine Stimme höre, sehr gut. Was machst du heute abend?«

»Dich sehen. Hoffe ich ...«, sagte ich.

»Ja? Um neun im Eschloraque?«

»Ja!«

»Haus Schwarzenberg. Weißt du, wo das ist?«

»Ja.«

»Dann bis gleich!«

»Ja!«

»Ja« war alles, was ich noch sagen konnte und alles, was ich sagen wollte. Nur noch: ja.

»Tante Alice, ich bin's.«

»Oh, Liebling, wie schön! Hast du meine Anrufe gehört?«

»Hab ich. Ende des Monats passt mir gut.«

»Das heißt, ich kann meinen Flug buchen?«

»Buch deinen Flug, Tante Alice. Wir sehen uns in Berlin!«

Lösungen der Uhrzeitübungsaufgaben

1. »Wir warten seit viertel elf hier.«
   (Lösung: seit viertel nach zehn)

2. »Vor drei viertel zwölf brauchen Sie es gar nicht zu versuchen.«
   (Lösung: vor viertel vor zwölf)

3. »Um drei viertel vier waren wir noch die Einzigsten hier.«
   (Lösung: um viertel vor vier)

   (Und die Kür: »Einzigste/r/n« (hört man leider oft in Berlin) ist ein genauso unsinniger Superlativ wie »die Schwangerste« oder »die Arbeitslosesten«. Es heißt »der Einzige, die Einzige, die Einzigen«, und damit basta.)

4. »Unser Rechner hat sich um viertel acht aufgehangen.«
   (Lösung: um viertel nach sieben)

   (Und falls Sie dem schmerzbefreiten Berliner Umgang mit der deutschen Sprache entgegentreten möchten: es heißt natürlich »aufgehängt« und nicht, wie man in Berlin und Brandenburg überall hört, »aufgehangen«.

Lesen Sie alles über den weltweiten Ausnahmeumstand

Nadine Luck

Die Nabel der Welt
Die verrücktesten Bräuche rund ums Babymachen, -kriegen und -haben

ISBN 978-3-943176-93-3

Wussten Sie, dass in Mali Männer ihren Frauen unmittelbar vor dem Zeugungsakt von den Vorfahren erzählen? Dass schwangere Filippinas sich über die werdenden Väter rollen, um die Morgenübelkeit auf diese zu übertragen? Und dass Säuglinge auf Bali ganze sechs Monate lang nicht den Boden berühren dürfen und folglich ständig getragen werden?

Aber auch in heimischen Gefilden geht's skurril zu – etwa, wenn Friesen Gummistiefel tragen, um einen Seemann zu zeugen, oder Niederbayern zu Büchsenmachern werden, weil sie ein Mädchen zur Welt bringen. Und wenn Deutschland Fußball-Weltmeister wird, wird auch im Bett gejubelt – was neun Monate später einen regelrechten Baby-Boom auslöst.

In diesem Buch sind die verrücktesten Babybräuche unserer Breiten und der ganzen Welt versammelt. Von Java bis Ghana, von Schottland bis Spanien, vom Allgäu bis Ostfriesland entdecken Sie, dass es zwischen Zeugung und erstem Geburtstag auch anders zugehen kann als in Ihrer Familie und bei Ihren Freunden.

Sammeln Sie Inspiration, ahmen Sie fleißig nach und beflügeln Sie Ihre Freunde mit lustigen Geschichten und tollen Ideen rund um Ihren persönlichen Nabel der Welt.

CONBOOK
www.conbook-verlag.de